나는
다시 나를
설계하기로
했다

Original title: Dieses Buch verändert dein Leben für immer:
Wie du deine Lebensfreude verdoppelst und deine Probleme halbierst
by Martin Wehrle
ⓒ 2024 by Mosaik Verlag
a division of Penguin Random House Verlagsgruppe GmbH, München, Germany.

All rights reserved. No part of this book may be used or reproduced in any manner whatever without written permission except in the case of brief quotations embodied in critical articles or reviews.

Korean Translation Copyright ⓒ 2025 by Maven Contents Co., Ltd.
Korean edition is published by arrangement with Penguin Random House Verlagsgruppe GmbH through BC Agency, Seoul

이 책의 한국어판 저작권은 BC에이전시를 통해
저작권사와 독점 계약을 맺은 '메이븐'에 있습니다.
저작권법에 의해 국내에서 보호를 받는 저작물이므로 무단 전재와 복제를 금합니다.

독일 최고의 멘탈 코치가 증명한 생각·행동·습관 설계의 핵심 52

나는 다시 나를 설계하기로 했다

Dieses Buch verändert dein Leben für immer

마르틴 베를레 지음 | 배명자 옮김

메이븐

PROLOGUE

**23년간
수천 명을 상담하며
증명해 낸
가장 효과적인 방법들**

이 책의 목표는 분명하다. 수천 명을 상담하는 동안 가장 효과를 본 방법들만 골라서, 가장 효과적인 방법으로 전달하는 것이다.

2003년, 대기업을 박차고 나와 오랜 꿈이던 자기 계발 코치로 전업한 나는 사람들의 인생을 바꾸겠다는 희망에 들떠 있었다. 개인 코칭 시간에는 가진 지식을 모두 동원해 의뢰인의 문제를 하나하나 분석했다. 그러면 의뢰인들은 큰 깨달음을 얻은 듯 고개를 주억이며 상담소를 떠났다. 그러나 다음 시간이 되면 똑같은 모습으로 돌아왔다. 도대체 뭐가 문제였을까?

나는 사람이 '습관의 동물'이라는 점을 간과했다. 헌빈 깨달았다고 해서, 그동안의 습관이 획기적으로 고쳐지지 않는다. 습관은 좋건 나쁘건 간에, 뇌가 설정한 가장 효율적인 삶의 방식이기 때문이다. 따라서 인생을 바꾼다는 것은 곧 습관을 바꾼다는 뜻이다. 그리고 습관은 꾸준한 반복을 통해서만 바꿀 수 있다.

잠깐 불타올랐다 사그라드는 일회성 깨달음으로는 아무것도 바꿀 수 없다는 사실을 알게 된 나는 방식을 바꿨다. 최대한 자주 동기를 부여할 것. 과거의 습관으로 돌아가려는 순간 펼쳐 볼 수 있도록 짧게 글로 쓸 것. 잘 잊어버리지 않도록 인상적인 이야기로 시작할 것. 이론이나 연구 결과는 즉시 적용할 수 있도록 방법과 함께 제공할 것.

이런 방식을 본격적으로 적용한 것이 유튜브 채널인 '코칭과 커리어 팁'과 '디지털 365 챌린지'이다. 내가 매일 변화를 돕는 글을 써서 구독자에게 제공하는 '디지털 365 챌린지'를 시작한다고 했을 때, 업계 선배들은 모두 나를 말렸다. 독자에게 주는 글은 일주일에 한 번으로 충분하다고 했다. 하지만 나는 벌써 10년째 강연 영상을 올리고, 5년째 매일 글을 쓰고 있다. 그리고 구독자들은 아침마다 받는 짧은 동기부여야말로 그 어떤 것보다 변화에 큰 도움이 되었다고 해서, 내 선택이 옳았음을 증명해 주었다.

나는 23년간의 개인 코칭에서 의뢰인들에게 가장 효과가 좋았던 방법과, 10년간 쓴 글 가운데 구독자들의 반응이 가장 좋았던 것을 모아 이 책에 정리했다. 사람들은 대개 변화에는 대단한 결심 혹은 충만한 의욕이 선행되어야 한다고 믿는다. 그러나 수천 명을 상담한 결과, 의욕과 결심이 없어도 누구나 충분히 달라질 수 있다. 딱 2분만 행동하면 된다. 2분의 행동이 의욕을 부르고, 행동 하나가 후속 행동으로 이어진다. 변화는 작은 것에서부터 시작해 연쇄적으로 발생한다.

오래된 문제로 고생해 온 사람들은 마음속 깊은 곳에서 이렇게 속삭인다. '내가 과연 달라질 수 있을까?' 나는 그들에게도 같은 답을 들려주고 싶다. 당신이 어떤 유전자를 가지고 태어났든, 어떻게 살아왔든 상관없다. 생각이 행동이 되고, 행동이 습관으로 이어지는 변화의 3단계를 알면 누구나 달라질 수 있다. 변화의 동력은 생각보다 작은 곳에 있다. 변화를 줄줄이 이끄는 '트리거'를 알면, 적은 노력으로도 큰 변화를 달성할 수 있다. 그렇게 인생 시스템을 재설계할 수 있다.

앞서 말했듯, 인간은 습관의 지배를 받는다. 따라서 아는 것만으로는 불충분하다. 만약 당신이 과거의 습관으로 돌아가려고 한다면, 그 순간 이 책을 어디든 펼쳐서 읽어 보기를 바란다. 딱 2분으로 충분하다. 인생을 망치는 것은 대단한 시련이 아니라 사소한 변명이다. 반대로 아주 작은 행동 하나가 인생을 바꿀 수 있다. 그러니 미리 단념하지 말자. 이번에야말로 정말 달라질 시간이다.

마르틴 베를레

CONTENTS

PROLOGUE 23년간 수천 명을 상담하며 증명해 낸
가장 효과적인 방법들

CHAPTER 1 — 인생을 바꾸는 유일한 방법은 바로 나를 바꾸는 것이다

- **015** ① 계속 이렇게 살까 봐 불안하다면
- **021** ② 불안한 당신에게 필요한 건 딱 2분의 행동이다
- **027** ③ 성공한 사람들이 작은 실천에 목숨을 거는 이유
- **033** ④ 인생을 망치는 것은 대단한 시련이 아니라 사소한 변명이다
- **040** ⑤ '남들도 다 그래'라는 세상에서 가장 위험한 말
- **046** ⑥ 바꿀 수 없는 것을 탓하며 인생을 미루는 일은 이제 그만
- **052** ⑦ 최악의 상황에서도 나 자신만은 바꿀 수 있다
- **058** ⑧ 불안과 걱정을 성장의 기폭제로 전환하는 마인드셋

CHAPTER 2 — 나는 다시 나를 설계하기로 했다

- **069** ① 나는 다시 나를 설계하기로 했다
- **076** ② '어떻게'를 묻는 순간, 뇌는 이미 준비를 시작한다
- **082** ③ 정체성을 바꾸면 행동은 저절로 바뀐다
- **086** ④ 걱정은 5분 이상 하지 않는다
- **096** ⑤ 잘하는 것보다 끝내는 것이 중요하다
- **102** ⑥ 인생은 실험과 같다, 시도하고 수정할수록 나아진다
- **108** ⑦ 한계치에서 딱 10퍼센트 더 하는 힘
- **113** ⑧ 약점 안에 대체 불가능함이 숨어 있다
- **120** ⑨ 작게 시작하고 지속적으로 성공하라

CHAPTER 3 — 생각 설계 : 모든 변화의 시작

- **131** ① 심리학자들은 한결같이 말한다, 무조건 잘된다고 생각하라고
- **136** ② 외상 후 스트레스 장애냐, 회복 탄력성이냐
- **143** ③ 생각을 1퍼센트 바꾸면 결과가 극적으로 달라진다
- **150** ④ 자기 제한적 믿음에서 벗어나라
- **156** ⑤ 소리 내어 말하는 즉시 불안은 효력을 잃는다
- **162** ⑥ 항상, 절대, 결코 같은 단어를 입 밖에 내지 말라

169	⑦ 주기적으로 인간관계 필터를 점검하라
176	⑧ '왜 나만 이렇게 힘들까?'라는 질문에 대한 답
182	⑨ 멘탈이 강한 사람들이 세상을 보는 법

CHAPTER 4
행동 설계 : 원하는 인생을 만드는 한 걸음 한 걸음

191	① 나는 15년간 갇혀 있던 '현실 안주'라는 감옥에서 어떻게 탈출했을까?
199	② 듣기 좋은 거짓보다 고통스러운 진실이 낫다
206	③ 후회에 머무르는 사람 vs 그냥 행동하는 사람
213	④ 지금 할 수 있는 아주 작은 일부터 찾아 움직이라
220	⑤ 최악의 경우를 상상하면 뜻밖의 해결책이 나온다
227	⑥ 운을 부르는 행동 설계
233	⑦ 감정 소모 없이 원하는 것을 얻는 똑똑한 말하기
240	⑧ 세상의 의심과 비교 심리에 휘둘리지 않고 끝까지 하는 힘
246	⑨ 액셀을 밟아야 할 때는 주저하지 말라

CHAPTER 5
습관 설계 : 이제 애쓰지 않아도 지속되는 변화

255	① 의지력은 필요 없다, 트리거를 알면 절반은 성공이다
263	② 나는 손톱 물어뜯는 나쁜 습관을 어떻게 고쳤을까?

270	③ 좋은 습관을 만드는 가장 확실하고 간단한 방법
275	④ 비교하는 버릇이 사람을 가장 초라하게 만든다
280	⑤ 현명하게 인생을 설계하는 사람들의 5가지 공통점
287	⑥ 말투 하나만 바꿨을 뿐인데
294	⑦ 죽어라 말 안 듣는 사람을 스스로 변하게 하는 기술
299	⑧ 잘되고 싶다면 잘 쉬라
304	⑨ 강인한 사람들이 감사 일기를 쓰는 이유

CHAPTER 6

멈춤 없이 나아가기 위한 마지막 조언들

313	① **부** 진정한 부자의 길
318	② **처세** 지나친 겸손은 독이다
326	③ **성공** 이타심은 진화한 자기 이익이다
331	④ **인간관계** 사람 때문에 지치지 말고, 여기서 무엇을 배울까만 생각하라
337	⑤ **일** 타인의 시선에 갇히지 말고, 하고 싶은 일을 하라
343	⑥ **태도** 입꼬리만 올려도 뇌는 재미있다고 착각한다
348	⑦ **세상** 그럼에도 사람에게 친절해야 하는 이유
352	⑧ **인생** 불안과 후회를 끊어 내고 오늘을 사는 법

CHAPTER 1

인생을 바꾸는 유일한 방법은 바로 나를 바꾸는 것이다

계속
이렇게 살까 봐

불안하다면

"누가 널 만들었지?" 아빠가 물었다.

열다섯 살 딸이 잠시 생각하더니 대답했다. "아빠와 엄마. 부모잖아."

"부모 말고, 또 누가 널 만들었지?" 아빠가 다시 물었다.

"자연이 나를 만들었어. 진화!"

아빠가 끄덕였다. "그리고 또 누가 널 만들었지?"

딸이 천장을 쳐다보았다. "신이 있다면, 그 신이 손가락을 튕겨 만들었겠지."

"그럴 수 있지. 그럼 지금의 너를 만든 건 누구일까? 네가 생각하는 것을 생각하게 하고, 네가 행하는 것을 행하게 하고, 지금의 네가 되게 한 건?"

"그동안 내가 받은 교육?" 딸이 물었다.

"그것도 맞지." 아빠가 답했다.

"학교?"

"그것도 맞지."

이윽고 딸은 아빠가 원하는 대답이 따로 있다는 것을 알아차렸다. "아빠 생각에는 누가 날 만든 것 같아?"

아빠가 미소를 지으며 말했다. "너! 네가 어떤 사람이 될지 매일 결정하는 사람이 바로 너니까."

딸이 미심쩍은 표정을 지었다. "그럼 아이큐는? 그건 자기가 정하는 게 아니잖아."

"너는 스스로 얼마나 똑똑하다고 생각해? 네가 생각하는 딱 그만큼 너는 똑똑한 거야." 아빠가 대답했다.

"그럼 아빠와 엄마, 그러니까 부모는? 부모는 내가 결정한 게 아니잖아. 내가 태어나기 전에 이미 있었으니까."

"네가 어떤 부모를 가졌는지는 언제나 너의 결정에 달렸어." 아빠가 대답했다.

"그게 무슨 소리야?" 딸이 알쏭달쏭한 표정으로 물었다.

"네가 나를 나쁜 아빠로 생각한다면, 분명 그 이유를 설명할 수 있을 거야. 그리고 좋은 아빠로 생각한다면, 그 이유도 역시 설명할 수 있을 테고."

딸이 아빠를 꼭 안았다. 딸은 이제 아빠 말을 모두 이해했다.

알코올중독자인 아버지 밑에서 자란 기계공이 있었다. 어렸을 때 그는 날마다 술에 취해 비틀거리는 아버지를 보았다. 술에 취한 아버지가 어머니를 때리는 모습을 보았고, 그 자신도 아버지에게 얻어맞았다. 그의 어린 시절은 긴장의 연속이었고 무척 암울했다.

그는 나중에 어떤 어른으로 자랐을까? 아버지의 폭력적인 양육이 그를 잘못된 길로 이끌어, 그 역시 술독에 빠져 사는 주정꾼이 되었을까? 가족을 구타하는 폭군이 되었을까?

아니다. 정반대였다. 그는 주정뱅이 아버지를 절대 닮지 말아야 할 본보기로 삼았다. 그는 지금도 술을 마시지 않는다. 심지어 초콜릿이라도 위스키가 들어 있으면 절대 먹지 않는다. 그는 자신이 누리지 못했던 것, 즉 조건 없는 사랑을 의식적으로 자녀에게 베푼다. 그는 아버지처럼 되지 않는 쪽을 선택했다. 그의 불우한 과거는 그를 잘못된 길로 이끌기는커녕 오히려 잘못된 길로 들어서지 않게 보호해 주었다.

그는 자신이 받은 양육과 반대되는 양육을 선택했다. 프랑스 심리학자 자크 르콩트는 이것을 '대응 모델'이라 불렀다. 르콩트는 곰곰이 생각했다. 어렸을 때 학대를 받았던 사람이 어떻게 좋은 부모가 될 수 있었을까? 성공 비결이 밝혀졌다. 그들은 놀랍게도 대부분 사춘기 혹은 그 이전부터 의식적으로 자신의 부모와 반대로 행동했다.

인생에는 당신이 영향을 미칠 수 없는 것들이 많다. 부모를 골라서 태어날 수 없고, 운명은 허락도 없이 당신을 덮치고, 당신을 구성하는 유전물질은 복권처럼 무작위로 선택된다. 하지만 이러한 제한적인 조건에서도 어떻게 행동할지는 전적으로 당신 손에 달려 있다. 나쁜 어린 시절이 반드시 나쁜 삶으로 이어지는 건 아니다. 운명은 당신에게 휘발유를 제공한다. 그것으로 인생을 태워 버릴 수도 있지만, 귀중한 연료로 사용할 수도 있다.

그런데도 많은 사람이 마치 아무런 선택권이 없는 것처럼 행동한다.

- "나는 쉽게 화를 냅니다. 어머니도 그랬기 때문이죠."
- "다시는 연애할 생각이 없습니다. 상대가 바람을 피워서 헤어졌거든요."
- "가족 중에 대졸자가 아무도 없습니다. 대학 공부는 나와 어울리지 않아요."
- "내가 뚱뚱한 건 아버지를 닮아서 그렇습니다."

우리는 서로 자기 인생을 이야기한다. 이때 드는 생각이 감정을 만들고, 그 감정이 행동을 결정하며, 나아가 삶의 질을 좌우한다. 그런데 우리의 인생 이야기가 사실이 아니라면 어떻게 될까?

> "그때의 기억은 자신이 전하는 이야기에 묻혀 버린다. 이야기를 음반처럼 계속 재생하다 보면, 결국 말만 남고 그때의 경험은 기억나지 않는다."   _막스 프리슈(극작가)

부모, 돈, 환경, 과거가 발목을 잡아 어찌해 볼 도리가 없다는 그들의 말은 사실이 아니다. 그것은 그들이 상정한 한계일 뿐, 실재하지 않는다. 그런데도 스스로 한계를 만들고 여기에 갇히는 순간 꿈은 재로 변한다. 휘발유는 연료로 사용해야 한다. 그래서 나는 그들에게 이렇게 호소하고 싶다.

- 어머니가 불뚝 성질이었다고 해서, 당신도 쉽게 화를 내야 하는 건 아니다. 오히려 어머니를 본보기로 삼아 평온한 사람이 되리라 결정할 수 있다.
- 상대가 바람을 피워서 헤어졌다고 해서 연애를 완전히 끊을 필요는 없다. 정직하고 건강한 인격을 지닌 애인을 찾으리라 결정할 수 있다.
- 집안에 대졸자가 없다고 해서 대학 공부에 부적합한 것은 아니다. 오히려 더욱 자랑스럽게 개척자가 되리라 결정할 수 있다.
- 아버지가 뚱뚱하다고 해서, 당신도 뚱뚱해질 필요는 없다. 오히려 식단에 더 주의를 기울이리라 결정할 수 있다.

당신은 과거의 꼭두각시가 아니다. 과거는 지나갔다. 당신의 삶은 현재에 있다. 어떻게 생각하고, 어떻게 느끼고, 어떻게 살아갈지, 당신은 매일 새롭게 결정할 수 있다.

삶이 당신을 만드는 것이 아니라, 당신이 삶을 만든다. 원한다면 당장이라도 삶을 바꿀 수 있다. 책을 쓰고, 세계를 여행하고, 파티를 열 수 있다. 당신은 양말보다 더 자주 애인을 갈아치우거나 한 사람에게 충실할 수 있고, 바이올린을 배울 수 있고, 벌을 키우거나 술을 빚을 수 있다. 차분한 사람이거나 성미가 급한 사람일 수 있고, 현명하거나 어리석을 수 있고, 세심하거나 무례할 수 있다. 세계 문학을 모조리 읽을 수 있고, 다른 나라 언어를 공부할 수 있고, 뉴욕이나 시골 동네로 이사할 수 있다. 이것 말고도 수없이 많은 일을 당신은 할 수 있다.

무기력, 걱정, 게으름, 지나친 완벽주의… 당신을 괴롭히는 문제가 무엇이건, 오늘은 분명 달라질 수 있다. 당신의 과거는 물론이고, 그 누구도 당신을 막을 수 없다. 모든 것은 전적으로 당신에게 달렸다. 아빠가 딸에게 말했듯이 "당신은 매일 당신이 누구인지 결정한다." 당신은 어떤 사람이 되길 원하는가.

Summary

1. 인생이라는 시나리오를 쓰는 작가로서, 나는 내가 맡은 역할을 매일 새롭게 고쳐 쓰고 창작할 수 있다.

2. 어제의 나빴던 일을 활용하여 오늘 더 잘 살 수 있다.

3. 내 세상의 한계는 내 머릿속에만 있으므로, 마음먹기에 따라 언제든지 확장할 수 있다.

불안한 당신에게
필요한 건

딱 2분의
행동이다

✳

"프레젠테이션에 관한 책을 쓸 예정이야." 친한 동료가 어느 날 자랑스럽게 말했다.

"언제 시작하는데?" 내가 물었다.

"방금 프로그램 하나를 설치했어. 그걸로 자료도 수집하고 참고 문헌도 정리할 수 있대."

"그래서 글쓰기는 언제 시작할 예정인데?"

"자료 조사가 끝나면 바로 시작해야지. 프레젠테이션에 관한 중요한 책들도 읽어 보고 싶어. 독일어책과 영어책 모두."

나는 의심이 들었다. "장담하는데, 글 쓸 준비가 아직 안 되었어. 그렇지?"

"맞아. 그쪽 분야의 최고 전문가들을 인터뷰할 생각이야. 그들의 프레젠테이션을 듣고 나중에 내 책에 그것도 쓸 거야."

우리는 스탠드 테이블 앞에 서 있었고, 각자 앞에 물컵이 하나씩 놓여 있었다. "물을 마셔야겠어. 목이 마르네." 나는 이렇게 말하고는, 물컵을 드는 대신 손가락으로 가리켰다.

"참지 말고 얼른 마셔." 동료가 말했다.

"하지만 마시기 전에 이 물에 든 성분을 알아보고 싶어."

"지금? 정말? 이건 그냥 생수니까 마셔도 돼."

"아니야. 생수 제조사와 먼저 인터뷰를 해야겠어. 그다음 공급망을 자세히 조사할 생각이야. 그리고 이 물이 실제로 어디서 나오는지 명확히 밝힐 거야."

그제야 동료는 내 의도를 이해하고 웃었다. "갈증을 해소하고 싶으면 즉시 물을 마셔야 한다, 이거지? 책을 내고 싶다면 즉시 글을 써야 한다?"

그렇다! 이 대화를 나눈 것이 7년 전이다. 하지만 불행히도 동료는 아직도 원고 작성을 시작하지 않았다.

책을 내겠다던 동료는 거대한 조사 장애물을 만들어 집필의 길을 막았다. 그리고 새로운 습관을 결심한 열 명 중 적어도 다섯 명은, 그와 같이 시작하지 않아서 실패한다. 다음은 실제 일화이다.

- 쉰다섯 살인 허버트는 열여덟 살부터 피운 담배를 끊기로 했다. 그는 금연에 관한 책을 읽고, 영상을 보고, 최면술 강좌를 들었다. 하지만

여전히 계획 단계에 머물러서, 그는 금연을 시작하지 않았다.
- 크리스티네는 자신의 지적 소양이 낮은 것을 안타깝게 여겼다. 그래서 독일 고전 문학을 읽기로 했다. 마르셀 라이히라니츠키의 문학 전집을 주문하여 책꽂이에 진열해 두었다. 하지만 두꺼운 책 여러 권을 보니 읽을 엄두가 안 났다. 결국, 책 등에 적힌 제목만 읽었다.
- 비만으로 고생하는 요르크는 매일 저녁 건강에 좋은 음식을 직접 요리해 먹기로 했다. 그는 유튜브에서 요리 동영상을 보고, 요리책도 사고, 제철 식재료를 구매할 수 있는 지역 농장도 조사했다. 하지만 모든 일이 너무 복잡해 보였다. 결국, 그는 계속 예전처럼 먹었다.
- 아나스타샤는 운동 습관을 만들기 위해 러닝을 시작하리라고 결심했다. 그리고 러닝 옷과 운동화, 올바른 발동작, 몇 킬로미터부터 근육 경련을 조심해야 하는지 등을 조사했다. 그리고 이런 조사 자체가 마라톤으로 변했다. 결국, 그녀는 러닝을 시작하지 않았다.

"힘들어서 감히 하지 못하는 것이 아니라, 하지 않기 때문에 힘든 것이다." _루키우스 안나이우스 세네카(철학자)

큰 목표는 종종 시작점에 갇히고 만다. 그리고 시작은 지연될수록 더 어려워진다. 이렇게 접근해 보라. 우선 새로운 습관을 가능한 한 쉽게 시작할 수 있도록 단계를 정하라. 새로운 습관을 시작하는 첫 번째 단계는 2분 안에 끝낼 수 있어야 한다. 앞으로 며칠 동안 가능한 한 자주 이 첫 번째 단계를 반복하라.

미국의 경영 컨설턴트 데이비드 앨런이 쓴 유명한 책《쏟아지는 일 완벽하게 해내는 법》에서 제시한 '2분 규칙'은 그 효과가 전 세계적으로 입증되었다. 절대 복잡하지 않다. 어떤 일을 수행하는 데 걸리는 시간이 2분 미만이라고 예상된다면, 다른 생각을 하거나 최적의 방법을 찾는 등 복잡한 것을 모두 생략하고 즉시 실시하라는 것이다. 이는 새로운 습관을 갖기 위한 훌륭한 발판이다. 어떤 경우든 2분 정도는 부담 없이 자신 있게 시작할 수 있다.

- 달려본 적 없는 초보자가 러닝에 도전할 때는, 처음부터 킬로미터 단위로 계획을 세우면 안 된다. 운동복을 입고 2분 동안 최대한 빨리 달리라. 몇 미터를 달리든 상관없다. 중요한 것은 시작하는 것이다.
- 매일 저녁 건강에 좋은 음식을 직접 요리해 먹고 싶다면, 처음부터 복잡한 레시피에 도전해선 안 된다. 2분 동안 당근 껍질을 벗겨 천연 요거트에 찍어 먹으라. 그렇게 건강한 식단을 시작하라.
- 고전 문학을 읽고 싶다면, 하루에 5쪽 또는 10쪽씩 읽겠다고 결심하지 말라. 2분 동안 몇 쪽을 읽을 수 있는지 확인한 후 책을 덮으라. 중요한 것은 당신이 독서를 시작했다는 점이다.
- 담배를 끊고 싶다면, 담배를 집자마자 스톱워치를 누르라. 2분만 흡연을 뒤로 미루라. 그렇게 당신은 벌써 금연을 시작했다.

"너무 소소한 거 아닌가?" 아마도 이런 의문이 들었을 터이다. 맞다, 정말 소소하다. 그리고 바로 그것이 비결이다. 소소하기 때문에 당신은 내적 저항 없이 이 모든 것을 실행하게 된다. 그리고 이것을 토대로 긍정적 나선이 시작된다.

- 운동복을 입고 2분 동안 달리기 시작한 지 5일째, 10일째가 되면 어떻게 될까? 몇 분 정도 더 달리고 싶어질 것이다. 그렇게 당신은 완전히 자연스럽게 러닝에 빠져들게 된다.
- 며칠에 걸쳐 2분 동안 책을 읽으면 어떻게 될까? 어느 시점부터는 너무 흥미로워 책을 덮고 싶지 않을 것이다. 그렇게 당신은 자연스럽게 독서에 빠져들게 된다.
- 매일 저녁 2분 동안 신선한 채소를 준비하면 어떻게 될까? 어떤 시점부터는 시간을 더 들여서라도 불을 쓰는 요리를 하고 싶을 것이다. 그렇게 당신은 자연스럽게 건강한 요리에 빠져들게 된다.
- 2분 동안 담배를 참는 데 성공하면 어떻게 될까? 언젠가부터는 3분, 5분, 10분 동안 참을 수 있게 될 것이다. 그러면 하루에 한 대가 줄고, 그다음 두 대, 세 대가 준다. 그렇게 당신은 자연스럽게 금연을 하게 된다.

학습 전문가이자 라이프 코치인 베라 비르켄빌은 《개인의 성공(Der persönliche Erfolg)》에서 다음과 같이 썼다.

"그것은 선순환이다. 대관람차와 같다. 승객을 태우고 첫 번째 한 바퀴를 도는 것이 가장 어려운 부분이다. 그러나 일단 돌기 시작하면 거의 저절로 계속된다. 모든 성공은 나를 강하게 하고 계속

진진할 힘과 용기를 준다."

뭔가를 시작하려면 의욕이 있어야 한다고 생각하는 사람이 많은데, 잘못 안 것이다. 그 반대이다. 일단 시작하면 의욕이 생긴다. 11월에 비를 맞으며 달리는 장면을 상상하면, 달리고 싶은 마음이 사라진다. 하지만 이것을 이겨 내고 일단 달리기 시작하면, 갑자기 의욕이 샘솟는다.

의욕, 자제력, 신뢰 등 모든 미덕은 당신 안에 잠들어 있다. 그들을 깨울 수 있는 것은 당신의 결심이 아니라 행동이다. 모든 생각과 걱정의 말을 뒤로 보내고 딱 2분만 움직이라. 2분의 행동이 의욕을 부르고, 행동 하나가 후속 행동으로 이어진다. 새로운 습관은 그렇게 연쇄적으로 형성된다.

당신이 새롭게 도전하고 싶은 일은 무엇인가? 첫 2분을 시작하라. 당신의 첫 박자는 어떤 모습인가?

Summary

1 새로운 습관을 가능한 한 쉽게 시작할 수 있도록 단계를 정한다.

2 하루에 얼마 동안 하느냐가 아니라, 일단 시작하는 것이 가장 중요하다. 우선 2분이면 충분하다.

3 새로운 습관은 새싹과 같다. 시간이 지남에 따라 저절로 자라 점점 더 커진다.

성공한 사람들이

작은 실천에 목숨을 거는 이유

축구 감독 위르겐 클롭은 리그 13위까지 내려간 데다 경영난까지 겪던 보루시아 도르트문트를 맡아 2년 만에 분데스리가 2연패를 달성한 명장이다. 그는 알짜배기 선수들을 영입하고 빠른 공격 축구를 선보이며 무너진 명가 도르트문트를 완벽하게 부활시켰다. 팬들은 최고의 실력을 갖춘 데다 노동자들의 언어를 구사하는 클롭을 사랑했다.

 클럽의 성격을 보여 주는 재미있는 일화가 있다. 도르트문트 감독 시절, 한 직원이 자기 어머니가 곧 90세가 된다고 이야기하자 그가 말했다. "내가 가서 축하해야 하지 않아요?" 직원은 당연히 농담으로 받아들였다. 그런데 그가 정말로 생일 파티에 왔다. 노부인의 생일을 축하하는 월드 스타를 보고 모두가 입을 다물지 못했다.

클롭과 비슷한 일화를 남긴 또 다른 월드 스타가 있다. 독일 역대 최고 농구 선수 디르크 노비츠키는 새로운 체육관에서 훈련하고 집으로 돌아가는 길에 갑자기 차를 세웠다. 중요한 약속을 잊었으니 다시 체육관으로 돌아가 달라고 부탁했다. 1분 1초가 귀한 최고의 선수를 돌려세운 약속은 뭘까? 그는 훈련 전에 체육관 경비원에게 사진을 찍어 주기로 약속했는데, 훈련이 끝나고 그것을 깜빡 잊고 말았다. 그리고 월드 스타는 경비원과의 약속을 지키기 위해 돌아갔다.

확신하건데, 직원의 어머니 생일을 축하하러 파티에 참석하겠다고 제안하는 축구 감독은 백 명 중 단 한 명뿐일 것이다. 바로 그 한 사람, 위르겐 클롭은 이후 여러 차례 올해의 감독으로 뽑혔다. 우연일까?

확신하건데, 경비원과의 약속을 지키기 위해 차를 돌린 농구 선수는 백 명 중 단 한 명뿐일 것이다. 바로 그 한 사람, 디르크 노비츠키는 2022년 NBA 최고 유럽 선수로 선정되었다. 우연일까? 아니다. 두 결정 모두 어떤 한 태도를 반영한다.

"인성은 위대한 행위로 드러나지 않는다. 사소한 데서 드러난다."

_장 자크 루소(철학자)

의사결정을 내릴 때 따를 수 있는 윤리 유형에는 두 가지가 있다.[1] 첫째는 이미지 윤리다. 이미지 윤리를 따르는 사람들은 이렇게 질문한다. '다른 사람들은 나를 어떻게 보는가?' '무엇이 가장 좋아 보이는가?' '나의 성공에 가장 유익한 것은 무엇인가?' 둘째는 인격 윤리다. 인격 윤리를 따르는 사람들은 이렇게 묻는다. '나는 누구인가?' '인생에서 내게 중요한 것은 무엇인가?' '나는 어떤 가치를 추구하고자 하는가?'

평범한 수준으로 성공한 사람들은 이미지 윤리를 따른다. 그들은 돈을 투자하는 방식으로 시간을 '투자'한다. 그들은 자신이 투여하는 모든 것이 수익, 즉 외적 이익을 가져와야 한다고 생각한다. 이런 측면에서 보면, 노비츠키는 자신에게 이렇게 물었어야 했다. 이 경비원은 나와 내 경력의 발전을 위해 무엇을 할 수 있을까? 아무것도 없다! 클럽 역시 직원의 어머니와 관련하여 같은 결론에 도달하게 될 것이다.

하지만 슈퍼급으로 성공하여 오래도록 최정상의 자리를 지키는 사람들은 인격 윤리를 따르고 내면에 시선을 둔다. 아마도 노비츠키의 신조는 다음과 같았을 터이다.

나는 약속을 지킨다. 예외란 없다. 내 자존심이 그렇게 하라고 시킨다. 오전 6시에 훈련을 시작하기로 했으면, 늦어도 오전 6시까지는 훈련장에 도착할 것이고, 오전 6시 1분에 도착한다면, 그것은 약속을 어긴 것과 같다. 아침에 15킬로미터를 달리기로 했으면 폭우가 내리거나 밤에 잠을 못 잤더라도 정확히 15킬로미터를 달릴 것이다. 약속은 약속이다.

스타 저널리스트든, 학생 기자든, 클럽 소유주든, 경비원이든, 내게 약속을 받았다면, 무조건 그것이 지켜질 것을 믿어도 된다. 말했듯이, 나는 약속을 지킨다. 예외란 없다.

인격 윤리를 따르는 사람은 다른 사람의 기대가 아니라 자기 자신의 기대를 채운다. 그의 자존심이 자신의 가치관을 따르라고 요구한다.

보통 농구 선수들은 "그냥 경비원이잖아, 괜찮을 거야"라고 생각할 것이다. 아마도 이런 선수들은 또한 이렇게 말할 것이다. "훈련에 겨우 1분 늦었어. 이 정도는 괜찮아."(그리고 다음에는 5분, 다음에는 10분을 늦고도 그렇게 생각할 것이다.) 또는 "폭우가 내리면 몇 킬로미터 적게 달려도 괜찮을 거야"라고 말할 것이다. (그리고 다음에는 달리러 나가지 않을 것이다.)

보통 축구 감독들은 이렇게 말할 것이다. "그냥 직원의 어머니인데, 내가 굳이 시간을 내야 할까?" 이런 감독들은 또한 이렇게 생각할 것이다. "그냥 후보 선수에 불과한데, 내가 굳이 그를 위해 시간을 내야 할까?"(그가 내일의 스타일 수도 있다.) "그냥 코치에 불과한데, 내가 굳이 그의 말을 들어야 할까?"(결승전에서 승리할 놀라운 작전을 코치가 갖고 있을 수도 있다.)

가치관은 날씨가 변했다고 벗어던질 수 있는 옷이 아니다. 가치관은 쪼개질 수 없고, 자신의 인격에서 탄생하며, 영구적으로 효력을 미쳐야 한다. 심리학자 너새니얼 브랜든은 《자존감의 여섯 기둥》에서 자신의 가치관에 반하는 행동은 자존감을 해친다고 지적한다.

"아이들에게는 정직하라고 설교하면서 자신은 친구와 이웃에게 거짓말을 하고, 다른 사람이 나에 대한 의무를 지키지 않으면 흥분하고 격분하면서 다른 사람에 대한 자신의 의무는 저버리고, 품질이 매우 중요하다고 설교하면서 자기 고객에게 당연한 듯이 저품질 상품을 판매하고 (…) 그러면 온갖 합리적인 변명을 찾을 수는 있겠지만 (…) 남는 것은 그것으로 자신의 자존감을 해쳤다는 사실뿐이고, 이 사실은 제아무리 기발한 해명으로도 해결할 수 없다."

자존감은 일상의 작은 약속을 지키는 동안 조금씩 단단해진다. 성공은 매일 이루는 사소한 성취들이 차곡차곡 쌓여 이루어진다. 반대로 인생을 망치는 것은 습관적인 자기 합리화와 미세한 좌절이다. 삶은 의외로 작은 것들에 의해 좌우된다. 그러니 뭐든지 하기로 했다면, 그냥 시작하라. 부담스럽다면 더 작게 쪼개서 하기 쉽게 만들라. 작은 결심과 행동은 지금 당장이라도 마음만 먹으면 할 수 있다. 그러나 실패가 누적되면 한번에 되돌리기 힘들다.

당신은 인격 윤리를 얼마나 따르고 있는가? 당신의 가치관은 목표 수익과 별개로 효력을 내는가? 모든 사람이 당신의 말을 믿을 수 있는가? 당신 자신뿐 아니라 다른 사람도? 당신의 가치관은 믿음직한 등대 구실을 하고 있는가?

그렇다면 당신은 성공의 길을 걷고 있다. 작은 일을 보면, 큰일을 알 수 있다. 당신이 경비원을 어떻게 대하는지 내가 안다면, 나는 당신이 인생의 경기장에서 얼마나 큰 업적을 세울지도 알 수 있다.

Summary

1. 성공한 사람들은 자기와의 약속에 엄격하다.
2. 약속을 지킬 때마다 나는 내 가치관을 지킨다.
3. 매일 이루는 작은 성취가 결국 성공을 가져다준다.

인생을
망치는 것은

대단한 시련이 아니라
사소한 변명이다

남자 넷이 매년 그렇듯 알래스카로 사슴 사냥을 나갔다. 수상 비행기가 그들을 사냥터로 데려다주었다. 사냥은 성공적이었다. 모두가 한 마리씩 잡았다. 그들은 뿌듯한 기분으로 사냥감을 챙겨 수상 비행기로 돌아갔다.

조종사가 물었다. "사슴은 어쩌실 겁니까?"
"비행기 위 양쪽에 두 마리씩 묶읍시다."
"안 됩니다. 그러면 너무 무거워서 위험합니다."
"전에도 그렇게 했어요. 매년 그렇게 합니다."

조종사는 내키지 않지만 어쩔 수 없이 동의했다. 사슴을 비행기 위에 묶었다. 그런 다음 이륙했으나 수면에서 거의 벗어나지 못했다. 비행기는 나무들을 긁으며 날았고, 500미터쯤 가다 추락했다.

탑승자들은 비행기에서 겨우 빠져나왔다. 모두가 여기저기 긁히고 다쳤다. "그러게 위험하다고 했잖습니까? 사슴이 너무 무겁다고 했잖아요!" 조종사가 야단치듯 외쳤다.

"도대체 뭘 더 바라는 거요?" 한 남자가 대꾸했다. "올해는 작년보다 100미터를 더 날았어요!"[2]

지혜로운 어른이 되고 싶은 사람이 집에 돌아오면 소파에 앉아 바로 리모컨부터 찾는다. 건강하게 장수하고 싶은 사람이 저녁으로 피자를 주문한다. 인생에서 관계가 가장 소중하다고 말하는 사람이 가까운 사람에게 버럭 화를 낸다. 자기 자신을 사랑하겠다고 다짐한 사람이 밤마다 지난 일을 떠올리며 자신을 비난한다.

인간은 반복해서 잘못을 저지른다. 잘못된 길인 줄 알면서도 익숙하기에 그 길을 간다. 사슴을 매달면 비행기가 추락할 걸 알았음에도 매년 똑같이 행동하는 남자들처럼 변화를 거부하고 쉬운 길을 택한다. 그 길의 끝엔 무엇이 있나? 원하던 목적지가 거기에 있을까? 아니다. 목표와 다른 행동은 예상치도 못한 곳에 우리를 데려다 놓을 것이다.

> "미친 짓의 정수는 모든 것을 그대로 놔두면서 동시에 무언가가 변하기를 바라는 것이다."　　　　　　_알베르트 아인슈타인(과학자)

목표를 세우기란 쉽다. 어쨌든 말뿐이기 때문이다. 목표를 이루기 위한 행동은 어렵다. 지금 당장 변화를 요구하기 때문이다. 하지만 인생은 정직하다. 딱 행동한 만큼만 달라진다. 오늘 하루 목표에 다다르기 위해 무엇을 했는가? 어제와 똑같이 행동하면서 내일은 마법처럼 달라지길 기대해선 안 된다. 목표와 일치하는 행동이 쌓이고 쌓여 목적지에 도달한다.

운전할 때 목적지에 도착하기 위해 네비게이션을 설정하듯, 인생의 목적지를 정했다면 경로를 설정하고 1미터, 10미터, 1킬로미터씩 전진하라. 그리고 네비게이션이 주기적으로 경로를 재탐색하듯, 우리가 영위하는 일상도 목표에 부합하는지 주기적으로 점검해야 한다. 매주 혹은 매일, 시간을 정해 인생의 GPS를 재설정하라. 그러지 않으면 뇌는 하던 대로 행동하도록 명령을 내릴 것이고, 우리는 무의식적으로 살던 대로 돌아가기가 쉽다.

인생의 GPS를 재설정할 땐 무엇보다 솔직한 평가가 중요하다. 지난 일주일 혹은 하루를 돌아보고, 목표에 부합하는 행동과 목표에 반하는 행동을 모두 가감 없이 살펴야 한다. 건강한 인생을 목표로 다이어트와 운동 계획을 세웠다면, 그것을 얼마나 실천했는가? 계획 중 효과적인 것은 무엇이었고, 실천하기 힘든 것은 무엇이었는가? 지속해야 할 것과 이제 그만해야 할 것은 무엇인가? 자기도 모르게 감자칩에 손을 뻗지 않았는가? 그렇다면 나쁜 습관을 어떻게 방지할 수 있을까? 등등.

이때는 전부 아니면 전무라는 비합리적 사고에 빠지지 않도록 주의해야 한다. 아침에 30분 일찍 일어나겠다는 계획을 세웠는데,

월요일부터 늦잠을 자고 말았다. 이럴 때 전부 아니면 전무라는 생각이 당신에게 속삭인다. "계획은 실패했어. 그러니 남은 날에도 그냥 늦잠을 자." 그러나 계획은 실패하지 않았다. 객관적 사고를 활성화하면 다른 대답을 들을 수 있다. "일주일은 7일이야. 늦잠을 잔 건 그중 하루뿐이고. 내 계획은 아직 6일이나 남았어."

    호스피스 및 완화 의료 전문 간호사 브로니 웨어는 죽어 가는 사람들이 가장 후회하는 다섯 가지를 모아 《내가 원하는 삶을 살았더라면》이라는 책을 썼다. 나는 이 감동적인 책을 읽으면서 특이한 점을 하나 발견했다. 죽어 가는 이들은 삶의 마지막에 이르러 미처 몰랐던 진실을 깨닫고 후회하는 게 아니었다. 그들은 한창 건강할 때도 그 진실을 명확히 알고 있었다. 그런데도 그들은 삶의 경로를 바꾸지 않았다. 그저 살던 방향대로 계속 나아갔다. 그리고 죽음을 앞두고 자신이 과거에 그런 선택을 내린 것을 후회했다.

    폭군 남편을 둔 마음씨 착한 그레이스가 그 예이다. 그녀는 결혼 생활이 감옥과 같다고 항상 느꼈고, 예전에 벌써 이혼하는 게 옳다고 생각했다. 그러나 다른 사람들의 시선이 두려워 실행하지 못했다. 그래서 마땅히 누렸어야 할 행복을 제대로 누리지 못했다. 그녀는 죽기 직전에 자신에게 이렇게 물었다.

    "나는 왜 내가 원하는 내로 하지 않았지? 나는 왜 남편이 끊임없이 나를 지배하도록 내버려 두었을까? 나는 왜 충분히 강하지 못했을까?"

죽어 가는 사람들이 들려주는 이 후회는, 오늘을 살아가는 우리에게 큰 울림을 준다. '나는 어떠한가. 원하는 목적지를 향해 가고 있는가, 아니면 목적지와 반대로 가면서 나 자신을 합리화하고 있는가.'

인생을 망치는 것은 대단한 시련이 아니라 사소한 변명이다. '괜찮겠지', '어쩔 수 없잖아', '나만 참으면 모두가 편해' 같은 순간순간 내뱉는 자조 섞인 말이 변화를 가로막고 인생을 정체시킨다. 이런 삶을 원하는 사람은 아무도 없을 것이다. 그렇다면 브로니 웨어가 책에 쓴 죽어 가는 사람들의 다섯 가지 후회를 되새기며, 당신 인생의 목적지와 경로를 재탐색해 보라.

- "다른 사람들이 내게 기대하는 대로 살기보다는, 나에게 솔직할 용기가 있었더라면…"
- "일을 너무 많이 하지 않았더라면…"
- "내 감정을 표현할 용기가 있었더라면…"
- "친구들과 계속 연락하고 지냈더라면…"
- "나 자신에게 더 많은 즐거움을 허용했더라면…"

목표는 멀어 보이고 실천은 어렵지만, 일상의 유혹은 즉각적이고 강력하다. 그래서 우리는 종종 휘발성 쾌락과 소중한 가치를 맞바꾼다. 아이와 함께할 시간을 스마트폰에 써 버린다. 술과 담배로 건강을 낭비한다. 돈을 쇼핑에 탕진하고 위험한 투자를 감행한다.

그러다 인생의 마지막 정거장에 이르러 기대한 곳에 도착하지 못했음을 알고 후회한다. 하지만 때는 너무 늦었다.

소중한 가치는 가지기는 어려워도 무엇과도 맞바꿀 수 없는 지속적인 만족감을 선물한다. 나는 당신의 인생이 그런 소중한 가치로 채워지길 바란다. 결국 오늘 하루, 한 시간, 30분을 무얼 하며 보냈는가가 삶의 종착지를 결정한다. 오늘 경로가 1도 틀어지면 1년 후엔 과연 어디에 도착할까. 그러니 오늘의 일상을 살피라. 경로를 정방향으로 수정하라.

Summary

1 다른 인생을 바란다면 다르게 행동해야 한다.

2 계획을 실천할 땐 전부 아니면 전무의 오류를 조심하라.

3 인생의 마지막을 떠올리면 지금 무엇을 해야 할지 알 수 있다.

최소 노력, 최대 효과

어떤 습관이 나를 힘들게 하는가?

_____

_____

만일 습관 때문에 힘들어하는 친구가 있다면 어떤 대안을 추천하겠는가?

_____

_____

그리고 추천한 대안을 내가 직접 실행한다면, 내 인생에서 무엇이 더 쉬워지고 좋아질까?

나의 예상

_____

_____

체험 결과

_____

_____

'남들도 다 그래'라는

세상에서
가장 위험한
말

황금연휴를 이용해 뉴욕에 여행을 갔는데, 갑자기 몸이 안 좋아져 병원에 들렀다고 상상해 보자. 대기실에서 설문을 작성하며 진료 순서를 기다리고 있는데, 갑자기 문 밑에서 시커먼 연기가 뿜어져 들어오는 것을 발견했다. 대기실이 점점 뿌옇게 변하는 걸 보니 화재가 분명하다! 당신이라면 어떻게 하겠는가? 화재경보기를 울릴까, 아니면 그냥 가만히 앉아 있을까?

사회심리학자 존 달리와 빕 라타네가 바로 이런 상황을 실험했나. 그들은 실험 참가자들을 대기실에 혼자 있는 경우와 두 명의 실험 보조자와 함께 있는 경우로 나누었다. 이때 실험 보조자는 연기 발생 시 아무것도 하지 않고 가만히 있도록 지시받았다. 물론 실험 참가자들은 이런 사실을 전혀 몰랐다.

결과는 어땠을까? 혼자 대기실에 있던 참가자 중 75퍼센트가 연기가 나자 이 상황을 신고했다. 하지만 두 명의 실험 보조자와 함께 대기실에 머물던 참가자는 단지 10퍼센트만 신고했다. 대기실에 혼자 있는 사람은 책임감을 느끼고 즉각 행동을 취했지만, 실험 보조자와 함께 머문 사람은 그저 그들을 따라했다. 목숨이 달린 위험한 상황인데도, 시커먼 연기가 세상에서 가장 평범한 일인 것처럼 행동했다.

'집단 지성'의 반대는 '집단 어리석음'이다. 사람들이 어리석은 일을 하는 것은 다른 사람들도 그렇게 하기 때문이다.

우리 편집팀의 한 동료는 순환계 질환을 앓고 있다. 그는 어느 날 기차에서 내리던 중에 현기증으로 쓰러지고 말았다. 그때 다른 승객이 이렇게 중얼거리는 소리를 들었다. "어쩜 이른 아침부터 저렇게 술에 취했을까."

수십 명이 마치 쓰레기봉투를 피해 가듯, 쓰러져 있는 그를 멀찍이 피해 지나갔다. 아무도 괜찮은지 묻지 않았고, 누구도 도와주지 않았다. 이런 현상을 심리학 용어로 '방관자 효과'라고 부른다.

이 용어는 1964년 뉴욕에서 발생한 살인 사건에서 생겨났다. 키티 제노비스라는 스물여덟 살의 젊은 여성이 귀가하던 중에 괴한으로부터 공격을 받았다. 제노비스는 약 40분 동안 비명을 지르며 격렬히 저항했고, 이 과정에서 38명이 공격을 목격했거나 비명을 들었다. 그러나 아무도 이 젊은 여성을 도와주지 않았다. 결국 범인이 쫓아와 그녀를 잔인하게 살해했다.

어떻게 이런 일이 일어날 수 있었는지를 달리와 라타네가 연구를 통해 밝혀냈다. 목격자들은 저마다 자신이 아니라 다른 누군가가 도울 거라고 생각했다. 다른 사람들도 그녀의 비명을 들었기 때문이다. 모두에게 책임을 돌릴 수 있는 경우에는, 아무도 책임감을 느끼지 않는다. 이것을 '다원적 무지'라고 한다.

다수의 생각과 행동이 올바를 수도, 더 현명할 수도 있다. 그러나 늘 그런 것은 아니다. 맹목적인 집단 추종은 목숨이 경각에 달린 상황도 외면하게 할 만큼 무섭다. 따라서 인생에는 자기만의 나침반이 필요하다. "남들도 다 그래"라는 말만큼 무책임하고 무서운 말이 없다. 시류에서 빠져나와 스스로 옳고 그름을 판별할 수 있는 내면적 기준을 가져야 한다. 결국 인생은 오로지 내 책임이다. 그것은 내가 한 일뿐만 아니라 하지 않은 일도 포함한다.

- 옳다고 생각하면 돕는다. 다른 사람들이 외면하든 말든 상관없다.
- 진짜 내 생각을 말한다. 다른 사람들에게 위선적으로 보이든 말든 상관없다.
- 위급 시엔 경보기를 울린다. 다른 사람이 가만히 있더라도 상관없다.
- 나만의 길을 간다. 다른 사람들이 내게 무엇을 조언하든, 그 길이 완전히 다른 방향이어도 상관없다.

2021년, 내 인생에서도 문 밑으로 연기가 뿜어져 들어왔다. 코로나로 인해 나의 '디지털 365 챌린지'가 주목을 받았고, 문의가 폭증해 감당하기 어려울 정도로 업무가 늘었다. 상담에서 영상 제작까지, 책 집필에서 칼럼 원고까지, 매일 거대한 이메일 쓰나미가 메일함으로 쏟아져 들어왔다. 개인 생활이 무너졌다. 나는 수면 장애를 겪었다.

동료들이 나를 다독였고, 한 나이 많은 선배는 이렇게 말했다. "사업이 그렇게 잘 되는 것에 기뻐해야지! 이 업계에서 분주한 건 아주 당연한 일이야. 나도 매일 정신없이 돌아다녀." 내가 6개월 정도 쉬고 싶다고 하자, 그는 이렇게 말했다. "금전적 손해가 너무 클 텐데? 물 들어왔을 때 노를 저어야지."

그러나 나는 그런 조언을 무시하고 스웨덴으로 떠났다. 4월부터 9월 말까지, 6개월 동안 달라르나의 야생의 숲을 누볐다. 나는 강물 소리를 들으며 잠이 들었다. 숲속을 몇 시간씩 걸었다. 부드러운 이끼가 발걸음을 편안하게 해 주었고, 오래된 나무들이 보호하듯 내 머리 위로 그늘을 드리웠다. 나는 자연을 즐겼다. 날마다 기분이 더 좋아졌다.

6개월이 지나 나는 배터리가 완전히 충전된 상태로 돌아왔다. 좋은 아이디어도 많이 가져왔다. 나는 전보다 더 잘 잤고, 매일 새로운 날을 고대했다. 문 밑으로 들어오는 연기를 진지하게 받아들이길 잘했다. 그러지 않았다면 번아웃에 빠졌을지도 모른다.

다른 사람들이 무엇을 하든, 당신에게 뭐라고 조언하든, 그것은 모두 그들의 일이다. 당신 인생의 책임자는 당신이다. 다른 사람의 어리석음에 감염되어선 안 된다.

- 모두가 경영진을 험담하며 부정적인 자세를 취한다고 해서, 당신도 반드시 그렇게 해야 하는 건 아니다.
- 친구들 모두가 외도에 관대하다고 해서, 당신도 반드시 그래야 하는 건 아니다.
- 다른 사람들이 경력을 위해 수단과 방법을 가리지 않는다고 해서, 당신도 반드시 그렇게 해야 하는 건 아니다.
- 다른 사람들이 집중력 대신 스마트폰의 중독성을 선택한다고 해서, 당신도 반드시 그렇게 해야 하는 건 아니다.
- 많은 사람이 누군가의 도움 요청을 외면한다고 해서, 당신도 그렇게 해야 하는 건 아니다.

"보고 싶지 않을 때는 눈을 감을 수 있지만, 느끼고 싶지 않다고 해서 마음을 닫을 수는 없다."
_조니 뎁(배우)

때때로 우리는 다른 사람에게 너무 집중한 나머지 정작 자신의 욕구를 인식하지 못한다. 그러나 다수가 따르는 길이 내게도 적합하다고 누가 장담하겠는가. 내면의 소리에 집중하지 않고, 무작정 남들을 따라 사는 것은 비효율의 길로 우리를 이끈다. 시류에 따라 자꾸만 흔들리고, 세상의 소음에 신경을 쓰게 되기 때문이다.

남들의 발자국을 따라가지 말고, 당신만의 길을 만들라. 당신의 마음에 귀를 기울이고, 내면의 힘을 키우라. 버스나 지하철에서 다른 사람들이 스마트폰을 보고 있을 때, 당신은 명상하라. 혼잡한 도로에서 다른 운전자들이 얼굴을 찌푸릴 때, 당신은 옆 차의 운전자에게 미소를 보내라. 다른 사람들이 모두 자리에 남아 직장 생활과 인생을 혼동할 때, 당신은 일찍 퇴근하라.

집단 어리석음을 피하고 내면의 지혜를 활용하라. 그리고 문 밑으로 연기가 뿜어져 들어오면 얼른 소화기를 들라.

Summary

1. 다른 사람의 행동을 그대로 따라 한다면, 어리석은 행동까지도 모두 따라 할 것이다. 좋은 생각이 아니다.

2. 덩달아 달리지 말고 스스로 달리면, 흔한 실수들을 쉽게 피할 수 있다.

3. 다른 사람이 아니라 내 가치관에 따라 결정한다.

바꿀 수 없는 것을
탓하며

인생을 미루는 일은
이제 그만

캐나다 온타리오주에서 휴가를 보내던 중에, 독일 보훔에서 온 목수 헤르만을 만났다. 그는 독일의 자연 휴양 전문 여행사의 의뢰로 섬의 오두막들을 개조하고 있었다. 그러나 그는 망치보다 술병을 더 자주 손에 들었다. 구름이 달을 가린 어느 깜깜한 밤에 그는 호숫가에 앉아 있는 내게로 다가왔다. 나는 그를 보기도 전에 냄새부터 맡을 수 있었다. 그보다 술 냄새가 먼저 왔기 때문이다.

헤르만은 찰랑대는 물소리를 배경으로 자기 이야기를 들려주었다. 독일에 있을 때 아내가 가장 친한 친구와 바람을 피웠다. 그 후로 술독에 빠져 살았고, 직장을 잃었고, 집에서 더는 버틸 수가 없었다. 그래서 새롭게 시작하려고 3년 전에 캐나다로 이주했다.

그런데 이것을 정말 '새로운 시작'이라 할 수 있을까? 그는 바다

건너 몇천 킬로미터나 떨어진 나라로 왔으나 문제도 같이 데려왔다. 내 옆에는 슬픔을 술에 수장시키려는 불행한 남자가 앉아 있었다. 그러나 슬픔은 수영할 줄 알았는지, 대양을 건넜고 수장되지도 않았다.

> "한 곳에서 불행했던 사람이 다른 곳에서 더 행복해지는 경우는 거의 없다."
>
> _아이소포스(작가)

그렇다. 우리는 거주지를 바꿀 수 있고, 함께 지내는 사람을 바꿀 수 있고, 직업을 바꿀 수 있고, 옷을 갈아입을 수 있다. 그러나 이런 것들은 모두 외적인 변화일 뿐이다. 우리는 태도와 관점을 그대로 유지한다.

많은 사람이 착각에 빠진다. 사무실에 우울하게 앉아서 "야자수가 자라는 따뜻한 섬에 있다면 행복할 텐데"라고 생각한다. 관계 문제로 좌절하면서, 행복하게 평생을 함께할 꿈의 파트너를 상상한다. 행복은 언제나 여기가 아닌 다른 곳에 있다고 믿는다.

그러나 진정한 행복은 내면에서 나온다. 당신이 세상 안에 있는 게 아니라, 세상이 당신 안에 있다. 태도가 외부 상황보다 더 중요하다. 행복한 사람이 되기로 선택한다면, 어디든지 행복한 장소가 될 수 있다.

우리는 종종 돈, 높은 지위, 권력, 인맥 같은 특정 조건을 갖추는 것이 성공이고, 성공해야 행복해진다고 믿는다. 그러나 행복에 관한 현대 심리학 연구들은 반대의 주장을 펼친다.

1. 소유보다 경험이 더 많은 행복을 준다.

같은 금액이라도 옷이나 보석 같은 물질적 상품에 지출할 때보다 파인다이닝, 홈파티, 헬리콥터 체험, 짧은 여행 등에 사용할 때 더 큰 만족감을 얻을 수 있다.[3] 그러므로 소유와 경험 중에 고른다면 경험을 선택하라.

2. 공동체 경험이 특별한 행복을 만든다.

애플파이를 구우면서 자기 효능감을 느끼는 것은 멋진 일이다. 애플파이를 먹자 도파민이 분비되고 행복감이 밀려오는 것 역시 멋진 일이다. 하지만 당신이 믿고 의지할 수 있는 사람들과 함께 애플파이를 먹는 것이야말로 가장 멋지다. 이는 당신의 수고를 의미 있게 만들고, 식사를 경험으로 바꾸고, 소속감을 강화한다. 사교적인 사람은 더 즐겁게 살아간다. 연구에 따르면, 안정된 애정 관계를 유지하는 사람은 기대 수명이 최대 9년까지 늘어난다.[4] 인간관계에 들이는 노력은 그만한 가치가 있다.

3. 운동이 약보다 낫다.

몸을 움직이거나 운농을 하면 금세 기분이 좋아진다. 일주일에 30분씩 달리면 항우울제를 복용한 것과 비슷한 효과를 얻는다.[5] 또 하루에 15분씩 운동하는 사람은 사망 위험이 14퍼센트 감소하고,

50분씩 운동하면 심지어 절반으로 감소한다. 운동은 체세포에 활력을 불어넣고 유기체를 강화한다. 당신의 몸은 도파민, 세로토닌, 노르에피네프린 같은 천연 행복 약물을 생산한다. 보상 시스템이 작동하고 스트레스가 줄어든다. 움직이면 행복감도 올라간다.

4. 당신을 행복하게 하는 것은 나이에 따라 달라진다.

젊은이들은 탐험처럼 행복을 얻기 위해 특별한 경험을 찾는 경향이 있다. 그러나 노년이 되면 집 앞에서 즐겁게 산책하는 등 일상적인 경험을 더 선호하게 된다. 젊은이들은 인생의 빈 페이지를 모험으로 채워 자신의 정체성을 찾고자 한다. 그러다가 나이가 들고 자신을 더 잘 알게 되면 작은 경험만으로도 행복해질 수 있다.[6]

5. 사실보다 해석이 더 중요하다.

같은 상황이어도 어떤 안경을 통해 보느냐에 따라 밝기도 하고 어둡기도 하다. 불행하다면, 그것은 당신이 불행하다고 생각하기 때문이다. 행복도 마찬가지다. 예를 들어 아들과 딸이 점점 쇠약해지는 노모를 바라볼 때, 아들은 다음과 같이 생각한다.

"어머니는 점점 쇠약해지고 있다. 정말 끔찍한 일이다. 어머니의 몸은 속수무책으로 나날이 무너지고 있다. 지금의 어머니는 옛날 모습의 그림자일 뿐이다. 죽음의 소용돌이가 서서히 어머니를 끌어당긴다. 상상만 해도 정말 비참하다!"

그러나 딸은 다음과 같이 생각한다.

"어머니가 이렇게 오래 사시다니 얼마나 놀라운 일인가! 이토록 담담하게 체력 저하를 받아들이고 충만한 삶을 회고하는 모습이 참으로 멋지다. 그리고 자세히 보면 여전히 어머니의 얼굴에서 젊었을 때의 장난기를 읽을 수 있다. 어머니는 내면에서부터 빛이 난다. 나를 위해 해 주신 모든 일을 생각하면 너무나 감사하다."

심리학자 고든 바우어에 따르면, 우리가 기억하는 경험은 기분을 비추는 거울이다. 우리는 세상을 본다고 생각하지만, 사실은 우리 자신을 본다. 슬픈 사람은 주변의 슬픈 것들을 본다. 인색한 사람은 사방에 구두쇠뿐이라고 느낀다. 쾌활한 사람은 주변의 즐거운 일을 보고, 긍정적으로 느낀다.

"일부러 시간을 내서 잘 진행되고 있는 일을 확인하면, 하루 동안 수많은 작은 보상을 받게 된다." _마틴 셀리그만(심리학자)

내부 세계가 외부 세계를 결정한다. 나는 상담에서, 현재의 직장에 만족하지 못하여 다른 회사에서 '다시 시작'하고 싶다는 사람을 자주 만난다. 하지만 나는 이직이 아니라 태도의 변화를 첫 번째 목표로 삼는다.

- 현재 직장에 가장 감사할 때는 언제인가?
- 회의 때마다 의견을 기대하게 되는 믿음직한 동료는 누구인가?

- 어려운 상황에 직면했을 때, 그것을 통해 얼마나 성장하는가?
- 가장 즐거운 활동은 무엇이며, 그것을 확장할 방법은 무엇인가?
- 현재 당신을 괴롭히는 문제 가운데, 새로운 직장에서도 발생할 수 있는 문제는 무엇인가?
- 새로운 직장에서 추가로 발생할 수 있는 문제는 무엇인가?

때로는 관점만 살짝 바꿔도 금세 해답이 나온다. 인생이라는 산에는 정상과 골짜기가 모두 있다. 그리고 무엇에 집중할지는 스스로 선택할 수 있다. 물론, 직장을 바꾸거나 새로운 파트너를 찾거나 이사하는 것이 합리적일 때도 있다. 그러나 태도가 새로운 직장, 새로운 관계, 새로운 거주지로 따라간다는 것을 기억하라. 행복의 섬은 헤르만이 도망 온 캐나다가 아니라 각자의 머릿속에 있다.

Summary

1. 인생의 모든 것을 바꾸더라도 생각을 바꾸지 않으면, 아무것도 바뀌지 않는다.

2. 인생의 모든 것을 그대로 둔 채 생각만 바꾸더라도, 모든 것이 바뀔 수 있다.

3. 어디를 가든 빛과 그림자가 함께할 것이다. 두 가지 모두를 환영하면, 두 가지 모두에서 성장할 수 있다.

최악의
상황에서도

나 자신만은
바꿀 수 있다

✳

분노에 찬 남자가 현자에게 와서 부모님을 원망했다.

"저는 불행한 어린 시절을 보냈습니다. 부모님은 저를 돌보지 않으셨어요."

"그래서 당신은 혼자 두 발로 서는 법을 일찍 배웠습니다." 현자가 대답했다.

"부모님은 걸핏하면 싸우셨어요." 남자가 불평했다.

"그래서 당신은 화목함이 얼마나 중요한지 배울 수 있었습니다." 현자가 말했다.

"아버지는 내 학교 성적에 관심도 없었어요."

"그래서 당신은 미래를 스스로 책임질 기회를 얻었습니다."

"부모님은 내가 뭔가를 해낼 거라고 믿지 않았어요."

"그래서 당신은 자신감을 훈련하게 되었습니다."

남자가 깊이 숨을 들이쉬고 주먹을 움켜쥐었다. "내 얘기를 진지하게 듣기는 한 겁니까? 지금 나더러 힘들었던 어린 시절에 감사라도 하라는 말씀인가요?"

"당신의 어린 시절은 레몬과 같습니다." 현자가 말했다. "시다고 불평할 수 있습니다. 아니면 그것으로 달콤한 레모네이드를 만들 수도 있습니다. 어느 쪽이 당신의 인생에 더 좋을까요?"

불행에 짓눌리더라도 무너지지 않는 힘은 어디에서 올까? 1950년대 중반에 시작된 회복 탄력성 연구가 이에 대한 답을 구했다. 이를테면 극심한 빈곤 속에서 보낸 유년기는 노년기에 어떤 영향을 미치는가? 부모가 끊임없이 다투고, 주정뱅이이고, 자식을 때리고, 돌보지 않는 등 힘든 가정환경에서 자란 사람은 나중에 어떻게 살까?

심리학자 에미 베르너와 루스 스미스는 하와이 카우아이섬에서 1955년에 태어난 신생아 약 700명을 대상으로 약 30년간 그들이 어떤 삶을 사는지를 추적 조사했다. 당시 카우아이섬은 주민 대부분이 지독한 가난과 질병으로 고통받았고, 알코올중독 비율과 범죄율이 다른 지역보다 높았다. 실제로 열악한 가정환경에서 자라난 아이들 중 일부는 사회에 적응하지 못하고 약물 남용이나 범죄, 정신적인 문제로 불행한 인생을 살았다.

그러나 놀랍게도 극단적으로 열악한 환경에 놓였던 200명 중 3

분의 1에 해당하는 72명은 불우한 어린 시절을 '덕분에' 특히 강인해졌다. 이 아이들은 나중에 성공적인 인생을 살았다. 그들은 직업이 있었고, 건강을 관리하고, 감정을 조절하고, 사람들과 좋은 관계를 맺었다. 그들은 자신감이 특별히 강했다.

불우한 어린 시절이 성공의 원동력이 되느냐, 걸림돌이 되느냐를 결정짓는 것은 무엇일까?

"부모는 아이들이 이를 날카롭게 가는 뼈와 같다."

_피터 유스티노프(배우, 작가)

독일의 전 총리 게르하르트 슈뢰더가 좋은 예이다. 그는 극심한 빈곤 속에서 자랐다. 아버지 프리츠 슈뢰더는 전과자에 일용직 노동자였다. 그는 21세에 심각한 절도로 처음 징역을 살았다. 프리츠는 1940년에 징집돼 1944년에 제2차 세계대전에서 전사했다. 게르하르트 슈뢰더는 아버지를 본 적이 없다.

어머니 에리카는 여섯 자녀를 데리고 어떻게든 살아가기 위해 매일 14~16시간씩 청소부로 일했다. 아이들은 거의 온종일 혼자 시간을 보내며 모든 것을 스스로 해야 했다. 이런 힘든 환경에서도 게르하르트 슈뢰더는 강인하게 성장했다. 그는 야간 학교에서 공부해 대학에 갔고, 법학 학위를 취득해 변호사가 되었으며 마침내 총리직까지 올랐다.

그는 불우한 어린 시절을 보냈기 '때문에' 자기 자신을 더욱 강하게 단련시켰다. 회복 탄력성 연구가 밝혀냈듯이, 불우한 어린 시절이 사람을 강인하게 만들기도 한다. 시련을 견디고 이겨 내는 과정에서 아이는 자제력과 야망, 공감 능력, 관용 같은 긍정적인 성격을 발달시킨다. 이는 어른이 되어 성공을 거두는 데도 매우 필요한 자질이다.

부모의 보호를 받아 스스로 방어할 필요가 전혀 없었던 사람은, 나중에 역경에 직면했을 때 무너져 버릴 수도 있다. 그러나 스스로 자신을 보호해야 했던 게르하르트 슈뢰더는 끊임없이 자신을 채찍질해야 했고, 특별한 업적을 달성해야 했다. 그것만이 인정받을 수 있는 유일한 방법이었다. 함께 축구했던 동료들은 다른 사람보다 더 많이 더 열심히 몸을 날리고 뛰는 그를 '악커(친구 또는 동료를 뜻하는 속어로, 보통 별명으로 사용된다.-옮긴이 주)'라고 불렀다.

열악했던 어린 시절이 무조건 현재를 불행하게 만들지는 않는다. 어린 시절은 마치 피트니스 센터에서 근육 운동을 하는 것과 같다. 제대로 컨트롤하면, 무게가 무거울수록 마음의 근육을 크게 키울 수 있다.

미 해군 특수부대 출신으로 세계 최강의 철인이라 불리는 데이비드 고긴스는 자신의 어린 시절을 '지옥'으로 묘사했다. 그의 아버지는 가족을 때리는 주정뱅이였고, 그는 검은 피부색 때문에 인종차별주의자들의 표적이 되었다. 그러나 고긴스는 나중에 어른이 되어 여러 놀라운 기록을 세웠다. 그는 하루 4030회 턱걸이로 기네스북에 올랐다. 그는 심장 질환에도 불구하고 발이 부러진 채

100킬로미터가 넘는 극한의 마라톤에서 우승했다. 그는 자서전 《누구도 나를 파괴할 수 없다》에서 독자에게 이렇게 묻는다.

"당신은 어떤 최악의 카드를 손에 들었는가? 어린 시절 어떤 종류의 개 같은 상황을 견뎌야 했는가? 구타를 당했는가? 학대? 괴롭힘? 불안에 떨었던 적이 있는가? 당신을 제한하는 요인은 아마도, 자기를 단련할 필요가 없을 정도로 보호받고 보살핌을 받으며 자란 환경일 것이다."

어려서 시련을 겪은 모든 사람이 고통을 이기고 성공적인 인생을 살아가지는 않는다. 슈뢰더나 고긴스처럼 '최악의 카드'를 으뜸 패로 바꾸느냐 마느냐는 무엇에 달렸을까? 한 가지 요소가 중요하다. 불우한 환경에서 자랐으나 훗날 좋은 삶을 사는 사람 중 많은 수가 어린 시절에 친절한 어른 한 명의 보살핌을 받으며 안정적으로 애착 관계를 형성했다. 할아버지나 할머니, 삼촌이나 숙모, 유치원 선생님, 학교 선생님, 이웃, 스포츠클럽 코치 등 아이를 믿어주는 단 한 명만 있어도 모든 것이 변한다. 게르하르트 슈뢰더에게는 어머니 에리카가 있었다. 그는 가족의 생계를 위해 고군분투하는 어머니를 '암사자'에 비유했다.

회복 탄력성 연구자들의 눈에 띈 또 다른 특이 사항이 있다. 불우한 어린 시절을 이겨 내고 강인하게 성장한 사람에게는 종종 부모보다 더 많은 가르침을 준 롤모델이 있었다. 롤모델은 꿈과 희망 그리고 어려운 시기를 버틸 힘을 준다.

만약 안정된 애착 관계 또는 롤모델이 즉시 떠오르지 않는 사람은 어떻게 해야 할까? 다음 세 가지 질문이 도움이 될 것이다.

- 힘든 어린 시절이 없었다면, 나는 무엇을 성취하지 못했을까?
- 나를 강인하게 만든, 어린 시절의 가장 힘들었던 순간은 언제인가?
- 어린 시절에 나를 누구보다 많이 지지해 주었던 사람은 누구인가? 그리고 그의 지지가 지금도 삶에 얼마나 많은 영향을 미치는가?

어린 시절의 숨겨진 힘의 원천이 점점 더 명확해질 때까지, 이 질문들의 답을 찾으라. 니체의 유명한 말처럼 당신을 죽이지 못한 것은 당신을 강하게 만든다. 현자는 분노에 찬 남자의 모든 불평 뒤에 숨어 있는 성장 기회를 꿰뚫어 보았다. 강인해지라. 당신의 가슴에 사는 나약한 어린아이는 정말로 그것을 바란다.

Summary

1. 어린 시절의 힘들었던 순간은 평생 나를 강인하게 해 준 훈련 캠프였다.
2. 어린 시절의 모든 롤모델은 나의 소망, 욕구, 가치관을 거울처럼 비춰 준다. 종종 오늘날까지도.
3. 어린 시절부터 극복해 온 장애물과 비교하면, 현재 내 인생의 모든 과제는 식은 죽 먹기다.

불안과 걱정을
성장의 기폭제로

전환하는
마인드셋

현명한 신하를 구하고 싶은 여왕이 있었다. 여왕은 고민 끝에 거액의 상금을 걸고 '긍정적인 사고 겨루기 시합'을 개최한다는 소식을 온 나라에 알렸다.

시합 날이 밝았다. 아침부터 비가 내렸다. 여왕은 참가자들에게 물었다. "바깥 날씨는 어떠한가?" 첫 번째 참가자가 대답했다. "존경하는 여왕님, 태양이 구름 드레스를 입고 있습니다." 두 번째 참가자가 말했다. "파란 하늘이 보이네요. 저는 구름 틈새를 보거든요." 세 번째 참가자 역시 비슷한 대답을 내놓았다. "아주 멋진 내일이 우리를 기다리고 있네요!" 여왕은 표정이 점점 어두워지나.

드디어 마지막 참가자가 대답할 차례가 되었다. 그는 평범해 보이는 청년이었다. 그러나 그의 답은 남달랐다. "여왕님, 보시다시

피 비가 내립니다. 외출할 때 우산을 챙기세요."

여왕은 흡족하여 고개를 끄덕였고, 청년은 우승 상금과 함께 여왕의 신하로 임명받았다.

대개의 참가자처럼, 긍정적 사고를 밝은 면에만 집중하는 태도로 잘못 이해하는 경우가 많다. 그러나 정말로 긍정적인 사람은 누구보다 냉철하다. 현실을 직시하고 문제를 인정한다. 그러면서도 행동에 선택권이 있음을 알고, 예리하게 대책을 세운다.

나는 거짓 긍정과 참된 긍정의 차이를 출판사에서 인턴으로 근무하던 시절에 직접 경험했다. 어느 날 편집부의 프리랜서 삽화가인 볼프강이 나쁜 소식을 들고 나타났다. "오늘 병원에 다녀왔는데, 의사가 제가 곧 죽는다네요. 길어야 2개월 남았대요."

그때 나는 고작 스물두 살에 불과했다. 아무 감정 없이 기계처럼 말하는 일흔두 살의 노인을 어떻게 대해야 할지 난감했다. 나는 볼프강을 위로할 말을 필사적으로 찾아보았고, 몇 개의 문장이 머리를 스쳤다.

- "오진일 수도 있잖아요? 어쩌면 훨씬 더 오래 사실 수 있을 거예요."
- "다른 병원에서 다시 검사를 받아보세요. 잘못된 진단일 수도 있어요."
- "체념하지 말고, 남은 날들을 최선을 다해 사세요."

내가 이런 생각을 하는 동안, 나보다 스무 살 위인 나의 멘토 리하르트가 이렇게 말했다. "볼프강, 당신에겐 참으로 가혹한 일이네요! 당신은 삶을 아주 사랑하잖아요." 그 순간 볼프강은 온몸을 들썩이며 울음을 터뜨렸다. 리하르트는 그를 꼭 안았다. 두 사람은 오랫동안 그렇게 서 있었다.

포옹을 마친 후 볼프강이 물었다. "내게 의뢰할 삽화는 뭔가요?"

"계속 일을 하시겠어요? 확실해요?" 리하르트가 의아해하며 물었다.

"물론입니다. 나는 그림을 그릴 때 가장 행복합니다. 마지막 순간까지 그릴 겁니다." 볼프강이 말했다.

그는 말한 대로 했고, 두 달 후 사망했다. 당시 내가 생각만 하던 말들을 내뱉지 않아서 너무나 다행이었다.

현실이 너무 가혹해 보인 나머지, 나는 '해로운 긍정주의'로 그것을 덮으려 했다. 여왕의 시합에서 참가자들이 비를 보고도 못 본 체한 것처럼, 나는 그 치명적인 질병을 인정하지 않으려 했다.

하지만 그런 태도는 볼프강의 상황을 진지하게 여기지 않는 것과 마찬가지였다. 거짓 긍정에서 우러난 말을 들었다면, 볼프강은 자신이 너무 부정적이라고 지적당하는 기분이 들었을 터이다.

거짓 긍정은 해롭고 위험하다. 왜 그럴까? 현실을 부정하고 사람의 감정을 지워 버리려 하기 때문이다. "직업이 있다는 사실에 기뻐하세요"라는 말은 누군가가 매일 직장에서 지옥을 겪더라도, 그것을 대수롭지 않게 만들어 버린다. "몸이 건강하다는 사실에 기뻐하세요"라는 말은 누군가가 겪고 있는 우울증을 그저 사치스러운 문제로 만들어 버린다. "과민하게 겁먹지 말아요. 모든 걸 개인적인 공격으로 여기지 마세요." 이것은 집단 괴롭힘을 당하는 사람을 너무 예민한 사람으로 만들어 버린다.

또 거짓 긍정은 잡초처럼 퍼져 문제를 악화시킨다. 특히 비즈니스 세계에서 해로운 긍정주의가 막대한 피해를 초래한 경우를 심심치 않게 만난다. 한 예로, 어느 건설회사에서 공항을 짓는 큰 프로젝트를 수주하며, 마감 기한을 촉박하게 잡았다. 그 프로젝트를 맡은 팀장은 문제를 열거하며, 그때까지 공사를 완료하기란 불가능하다고 경영진에 보고했다. 하지만 회사의 CEO는 이렇게 말했다. "해 보지도 않고 그렇게 부정적으로 단정하지 마세요. 잘만 하면, 이번 기한도 쉽게 맞출 수 있을 겁니다."

팀장은 모든 문제가 결국 자신에게 돌아오리라는 것을 감지했다. 그는 그 후 입을 다물고 조용히 지냈다. 그리고 예정된 개관식 직전에 폭탄이 터졌다. 바로 9년이나 늦게 개관한 베를린 브란덴부르크 공항의 이야기다. 이 공항은 개관 날짜가 무려 7번이나 연기되었다. 그 사이에 회사는 큰 타격을 입었고 시민들까지 피해를 보았다.

> "진정한 낙관주의자는 모든 일이 잘되리라 확신하는 게 아니라, 모든 일이 잘못될 수는 없다고 확신한다."   _프리드리히 쉴러(시인)

쉴러의 말처럼, 진정한 낙관주의자와 해로운 긍정주의자는 완전히 다르다. 진정한 낙관주의자는 상황이 나쁘게 흘러갈지라도 해결책은 반드시 있다고 생각하고, 그것을 찾고자 노력한다. 예를 들어 보자. 일주일 뒤에 중요한 시험을 보는데, 준비가 부족한 기분이 들 때 해로운 긍정주의자와 진정한 낙관주의자는 어떻게 다르게 반응하는가?

- **해로운 긍정주의자라면**

생각: '쓸데없는 생각! 준비는 잘 됐어. 침착함을 유지하고 이 빌어먹을 긴장만 통제하면 돼. 그럼 좋은 결과가 있을 거야.'

행동: (있을지 모르는) 문제에 대비하기 위해 아무것도 하지 않는다. 상황을 보기 좋게 포장하고, 자신의 걱정을 진지하게 여기지 않으며, 긴장 상태를 적으로 보고 진정시키려고만 한다. 그러나 걱정은 억누르려 할수록, 안에서 더 크게 비명을 지른다.

- **건강한 낙관주의자라면**

생각: '이렇게 걱정이 드는 것은 좋은 일이야. 걱정과 불안은 중요한 단서를 제공하니까. 나는 최선을 다해 시험을 준비하고 싶어. 일부는 이미 완벽하게 끝냈어. 그리고 나머지를 공부할 시간이 아직 일주일 넘있어. 남은 시간에 열심히 준비하면 합격 확률이 높아질 거야.'

행동: 자신의 걱정을 진지하게 여긴다. 상황을 낙관하되, 멋지게 포장

하지 않는다. 그리고 생각을 행동으로 옮긴다.

해로운 긍정주의는 화재 경보를 무시한다. "아무것도 타지 않아!" 건강한 낙관주의는 경보를 확인하고 대책을 궁리한다. "어떻게 하면 이 상황에서 최선의 결과를 낼 수 있을까?" 이것이 기회를 열어 준다.

문제를 해결하려면 먼저 문제가 존재한다는 사실을 인정해야 한다. 문제 해결 심리학의 아버지 앨런 뉴얼과 허버트 사이먼은 이것을 "목표를 설정하고 인생의 협곡을 극복하기 위한 첫 번째이자 가장 중요한 단계"로 본다.

이때 걱정과 불안은 유용하게 작용한다. 못 본 척 피해 가려고 해도, 우리의 몸은 본능적인 경고를 보낸다. 우리 안에 풀어야 할 문제가 있다고 외친다. 그것에 귀를 기울이면 문제의 절반은 해결된 것이나 다름없다. 문제가 생길까 두려워서 아무것도 하지 않으면, 한 발짝도 나아갈 수 없다. 반대로 문제를 인정하고 돌파하면, 소중한 성장의 밑거름이 된다.

일부를 '긍정적'이라고 환영하고, 다른 일부를 '부정적'이라고 배척하는 것은 좋은 생각이 아니다. 둘은 서로를 보완한다. 밤이 낮보다 나쁠까? 아니다. 밤이 있기에 낮이 빛난다. 비가 태양보다 나쁠까? 아니다. 비는 땅을 비옥하게 하고, 햇볕을 쬐는 기쁨을 증가시킨다. 성공보다 실패가 나쁠까? 아니다. 과정에서 겪는 모든 실패는 성공을 더욱 값지게 만든다.

내가 생각하는 건강한 낙관주의는, 인생에서 바라는 것과 바라지 않는 것 모두를 수용하는 것이다. 있는 그대로 받아들일 때, 당신은 그것을 잘 헤쳐 나갈 수 있다. 삽화가 볼프강처럼 현실을 받아들이는 사람은 현실과 화해할 수 있다.

해로운 긍정주의는 창밖의 비를 부정한다. 건강한 낙관주의는 비를 보고 우산을 챙긴다.

Summary

1 문제는 타이어 펑크와 같다. 뭔가 원활하지 않다는 것을 인지해야 바꿀 수 있다.

2 어려움을 보고 고개를 돌리면, 어려움은 더욱 커진다.

3 어려움과 적극적으로 대면하면, 두려움은 줄어들고 해결이 가능해진다.

 최소 노력, 최대 효과

스스로 인정하기 꺼리는 문제 하나를 적으라.

이제 이 문제가 존재한다는 것을 받아들이라. 내가 멘탈 코치이고, 이 문제로 힘들어하는 사람에게 해결 방법을 조언해야 한다면, 뭐라고 할까? 그리고 내가 그것을 직접 실천한다면 어떻게 될까?

나의 예상

체험 결과

CHAPTER 2

나는
다시 나를
설계하기로
했다

나는
다시 나를

설계하기로
했다

✷

절망에 빠진 한 학생이 이웃집 할아버지를 찾아가, 기억력이 좋지 않아 학교 성적이 너무 나쁘다고 한탄했다. 할아버지가 말했다.

"기억력이 그렇게 안 좋다면, 좋아하는 영화의 결말도 분명 잊었겠구나."

"아니에요. 정확히 기억하고 있어요." 학생이 말했다.

"기억력이 그렇게 나쁘다면, 스마트폰 비밀번호도 잊어 버렸겠구나."

"그럴 리가요. 그건 제 머릿속에 있어요."

"기억력이 그렇게 나쁘다면, 널 모욕한 사람의 이름도 잊어 버렸겠구나."

"아니에요! 그런 건 절대 잊지 않습니다. 하지만 공부는 완전히 달라요. 이 형편없는 기억력을 어떻게 해야 할까요?"

"아주 간단해." 할아버지가 말했다. "공부한 내용을 중요하게 여기기로 결정하거라."

월급에 만족하지 못하는 한 트레이너가 최근에 상담을 의뢰했다. 그가 말했다.

"저는 연봉 협상을 못합니다. 벼룩시장에서도 가격 흥정을 못 해요. 뭔가에 가로막혀 있습니다."

"그럼에도 일단 시도해 보면 어떻게 될까요?"

"그냥 말을 더듬거나 우물쭈물할 겁니다. 아니면 땅속으로 가라앉겠죠. 절망 그 자체일 겁니다."

"연봉 협상 때 어떤 기분이 들까요?"

"상사에게 과도한 부담을 준다고 생각할 것 같습니다. 내가 그를 힘들게 하고, 내가 너무 이기적이라는 기분이 들 겁니다."

그는 15세 딸을 혼자 키우고 있었다. 그래서 나는 이렇게 물었다. "딸이 주말 저녁에 외출하면 늦어도 몇 시까지 귀가해야 합니까?"

"올해부터 밤 11시로 정했어요."

"딸의 제안이었나요?"

"아니요. 딸은 자정을 원했어요. 친구들도 모두 자정까지 들어가면 된다면서요. 하지만 저는 동의할 수 없었습니다."

"딸에게 뭐라고 말했나요?"

"내가 책임져야 할 사람은 딸의 친구들이 아니라 딸이라고 말했죠. 그리고 밤 11시면 아주 후한 거라고 명확히 말했습니다."

"그때 말을 더듬거나 우물쭈물했나요?"

트레이너가 눈을 동그랗게 뜨고 나를 바라보았다. "이게 협상이었다고요? 그냥 딸과 나눈 대화였어요."

"맞습니다. 연봉 협상도 상사와 나누는 대화일 뿐입니다. 당신은 이런 종류의 대화에 아주 능숙합니다."

당신은 무엇에 가장 취약한가? 어떤 분야에서 완전히 빵점인가? 당신 스스로 "난 이걸 정말 못해"라고 느끼는 일은 무엇인가? 어떤 대답을 하든 상관없이, 장담하건데 당신은 그것을 할 수 있다.

당신은 인생의 한 영역에서 취약할 수 있다. 하지만 당신의 강점이 드러나는 다른 영역도 분명히 있다. 당신이 해야 할 일은 강점 영역의 능력을 약점 영역으로 옮기는 것이다. 내 의뢰인들의 이야기를 들어 보자.

- 리디아는 자신을 이렇게 평가한다. "저는 동료들과 대화를 거의 나누지 않아요. 제 인생에는 얘기할 만한 일이 없어요. 더군다나 저는 재밌게 얘기할 줄도 몰라요. 그래서 인기가 없는 것 같아요."
하지만 상담 중에 밝혀졌는데, 리디아는 가족 내에서 가장 인정받는 이야기꾼이었다. 그녀가 얘기를 시작하면 모두가 집중한다.
- 마르쿠스는 자신에 대해 이렇게 말했다. "저는 중간 관리자에게 필요한 단호함이 부족합니다. 그래서 사람들에게 이용당하기 일쑤입니다.

저는 주저할 때가 너무 많고, 제 이익을 제대로 주장하지 못합니다."
상담을 진행하면서 나는 마르쿠스가 아마추어 축구 선수로 활발히 활동한다는 사실을 알았다. 그는 수비수이고 단호한 플레이로 유명하다. 그는 적극적인 몸싸움으로 능숙하게 공을 보유할 뿐만 아니라, 종종 태클을 걸어 중요한 순간에 상대 공격수의 발에서 공을 빼앗는다.

- 율리안의 고민은 이렇다. "저는 딸에게 쉽게 화를 내요. 딸에게 한번 화가 나면 저도 모르게 이성을 잃고 말아요. 나중에는 후회하지만, 화가 나는 그 순간에는 멈출 수가 없어요."

그러나 상담 중에 알게 된 사실은, 율리안은 항상 자신을 '화나게' 하는 상사 앞에서 결코 이성을 잃지 않는다. 큰소리조차 내지 않는다. 언제나 정중함을 유지한다.

나는 이들 의뢰인에게 새로운 기술을 배울 것이 아니라, 가진 기술을 한 영역에서 다른 영역으로 옮기기만 하면 된다는 것을 깨닫게 했다.

- 나는 리디아에게 말했다. "다음에 동료를 만나면, 가족이라고 상상해 보세요. 모두가 기대에 차서 귀를 쫑긋 세우고 당신의 말을 듣고 있다고 상상해 보세요. 대화가 얼마나 쉽게 느껴지는지 확인해 보세요."
- 나는 마르쿠스에게 말했다. "다음에 직장에서 누군가가 당신의 실적을 낚아채려 하면, 축구 경기를 떠올려 보세요. 상대 선수가 당신의 공을 낚아채려 합니다. 어떻게 하시겠습니까? 최고 수비수의 자질을 경

기장에서 직장으로 옮기면 어떤 일이 발생하는지 주목해 보세요. 당신의 이익을 방어하는 것이 심지어 재밌게 느껴질 겁니다."
- 나는 율리안에게 말했다. "딸 때문에 화가 나면 딸을 상사로 생각하세요. 상사가 당신 앞에 있다고 상상해 보세요. 갑자기 평정심을 되찾고 딸에게 친절해질 것입니다."

이런 전환의 기술에는 중요한 함의가 있다. 율리안이 자신을 '이성을 잃고 분노를 터트리는 사람'으로 생각하는 한, 율리안은 자신의 분노 폭발에 대한 정당한 책임을 짊어지지 않는다. 분노 행위를 타고난 성격으로 체념하듯 받아들일 뿐이다. 이는 겉으로는 고통스러워 보인다. 그러나 다른 한편으론 홀가분한 기분을 선물한다. 성격과 행동 변화의 책임을 회피할 수 있기 때문이다.

그러나 자신이 평정심을 유지할 줄 안다는 것을 깨닫는 순간, 책임은 다시 율리안에게로 옮겨진다. 율리안은 마음먹기에 따라 다르게 행동할 수 있다. 그렇게 그는 무력함을 버리고 의사 결정권을 쥐게 된다.

> "자신의 행동에 전적으로 책임을 느끼고, 아무리 심각한 결과라도 자기 행동의 결과로 여겨 책임을 지려는 태도가 인품을 만든다."
>
> _리카르다 후흐(작가)

당신은 무엇을 정말 못한다고 생각하는가. 어떤 고정관념이 당신을 지배하고 있는가. 거절할 줄 모르는가? 성공적으로 거절했던 상대와 상황을 떠올려 보라. 자신감이 부족한 것 같은가? 살면서 자신감이 넘쳤던 상황이 단 한 번도 없었을까? 걱정이 너무 많은가? 근심 걱정 없었던 순간을 떠올려 보라. 의지력이 너무 약한 것 같은가? 내면의 게으름뱅이를 움직이는 데 성공했던 순간을 기억해 보라.

거의 모든 특성을 갖춘 모자가 당신의 머리 위에 있다. 당신이 이미 그것을 쓰고 있다는 사실을 깨닫기만 하면 된다.

당신을 축구 감독이라고 생각하라. 선수들은 당신이 가진 능력이다. 인생 경기장에서 지금 부족하다고 생각되는 자질 대부분은 후보자 벤치에서 찾을 수 있다. 벤치에 대기 중인 자질들을 경기에 기용하라. 예를 들어, 순발력이 있었으면 좋겠는가? 잠재된 순발력을 더 자주 불러낼수록, 그 자질은 경기 경험이 많아지고 더욱 발전한다.

신체는 단련하면서 정신은 손댈 수 없다고 믿는 것은 이상하다. 우리는 근육을 만들기 위해 무거운 역기를 든다. 체력을 기르기 위해 달린다. 하지만 재치, 의지력, 거리 두기를 훈련해야 한다는 생각은 하지 못한다. 그러나 정신적 자질도 다르지 않다. 반복 훈련으로 실력을 키우고 안정감을 높일 수 있다.

> "들은 것은 잊을 것이다. 본 것은 아마 기억할 것이다. 행한 것은 할 수 있게 될 것이다."
> _공자

반복 훈련은 놀라울 정도로 빠른 효과를 낼 수 있다. 부족하다고 여기는 자질을 자주 불러내 더욱 발전시키라. 학생의 문제는 기억력이 아니라 기억력을 활용하려는 의지의 부족이다.

Summary

1 나에게 부족한 자질은 없다. 이미 가졌다는 사실을 아직 인식하지 못하고 있을 뿐이다.

2 '할 수 없다'는 생각은 책임을 회피하려는 의도에서 나온다. 나는 이미 만능임을 알면 행동을 선택할 수 있게 된다. 즉 책임감, 결정권과 함께 자유도 온전히 누리게 된다.

3 정신 근육을 단련하라. 자주 반복할수록 점점 더 강해진다.

'어떻게'를 묻는 순간,

뇌는 이미 준비를 시작한다

※

2천 미터 상공에서 끔찍한 상황이 벌어졌다. 경비행기 조종사가 갑자기 기절했고, 탑승객은 당신뿐이다. 비행기가 회전하며 아래로 추락하는 것이 느껴진다.

살 방법은 하나뿐이다. 직접 비행기를 조종해야 한다. 관건은 당신이 과연 정신을 바짝 차리고 모든 역량을 쏟아부을 수 있느냐다. 당신은 관제탑의 지시에 따라 착륙할 수 있을까?

'내가 과연 추락하지 않고 무사히 착륙할 수 있을까?'

아마도 당신은 속으로 이렇게 물을 것이다. 그러나 그 생각을 떠올리는 순간, 이미 추락한 비행기에서 뿜어져 나오는 불기둥이 눈앞에 그려졌으리라. 부정적인 생각은 뇌를 혼란스럽게 한다. 과연 해낼 수 있을지 의심할 때마다, 무의식은 "실패할 수도 있어!"라고 외친다. 그래서 큰 도전 앞에 섰을 때는, 먼저 자신이 어떤 질문을 마음에 품고 있는지 확인해야 한다. 성공이라는 비행기가 무사히 착륙할지 추락할지는 무엇보다 당신 마음속의 질문에 달려 있다.

'비행기를 무사히 착륙시키려면 어떻게 해야 할까?'

질문을 조금만 바꾸면 생존 가능성이 극적으로 높아진다. 컨설팅 전문가들은 이것을 '최면 질문'이라고 부른다. '어떻게'는 가능성이 있음을 암시하기 때문이다. 그리고 당신은 이 암시를 믿으므로, 생존을 위해 어떻게든 최선을 다할 것이다. 더는 재난이나 추락 같은 단어가 질문에 등장하지 않는다.

> "오류를 찾지 말고 해결책을 찾으라." _헨리 포드(기업가)

"내가 이 책을 읽게 될까?" 이런 질문은 의심을 불러온다. 책을 안 읽을 가능성을 전제한다. 하지만 "이 책을 어떻게 읽을까?"라고 물으면, 당신은 한 걸음 더 나아가게 된다. 이제 이 책을 읽는 것은 기정사실이 되었다. 그리고 '어떻게'를 물음으로써 언제 읽을지, 그리고 하루에 몇 쪽씩 읽을지 등 구체적인 목표를 세우게 된다.

나는 최근 스트레스에 시달리는 영업 사원을 상담했다. 그의 건강은 이미 망가졌고, 아내와 두 자녀는 다른 사람을 통해 그의 건강 악화 소식을 들었다. 그는 쉬는 날 없이 전국을 돌아다녔는데, 이동 거리만 1년에 7만 5천 킬로미터나 됐다.

"가족을 위한 시간도 낼 수 있고, 건강도 챙길 수 있으면 좋겠습니다." 그가 말했다. 여기에는 다음과 같은 말이 숨어 있다. '이런 일이 실제로 이루어질지 나는 확신하지 못한다. 그것을 위해 내가 할 수 있는 일이 아무것도 없으니 그저 희망할 뿐이다.'

아직도 많은 사람이 이른바 산타클로스 원칙을 따르고 있다는 사실에 나는 항상 놀란다. 그들은 인생에서 뭔가를 원하지만, 그것을 위해 목표를 세우고 행동하려는 노력은 하지 않고 그저 바라기만 한다. 이런 미성숙한 태도는 무력감만 안겨 준다.

나는 이렇게 질문했다. "가족과 건강을 위해 더 많은 시간을 할애하려면 어떻게 해야 할까요?" 그는 즉시 아이디어를 내기 시작했다. "멀리 있는 고객을 매번 직접 방문하지 말고 더러는 온라인으로 만나면 어떨까요?" 그러면 그는 심지어 집에서 일해도 되고, 가족과 더 많은 시간을 보낼 수 있을 것이다. '어떻게'를 묻는 물음 하나에, 벌써 그는 인생의 강에서 휘청거리기를 끝내고 스스로 조종석에 앉아 구체적인 가능성과 목표를 도출해 냈다.

다른 사람과 대화할 때도 마찬가지다. 가능성이 아니라 '어떻게'를 묻는 편이 더 낫다.

관계 문제를 겪는 사람에게 결혼 생활을 유지할 수 있겠냐고 물으면 회의적인 답을 들을 것이다. 그러나 결혼 생활 유지를 위해 어떻게 해야 할 것 같냐고 물으면, 그는 방법을 고민할 것이다.

비만으로 고생하는 사람에게 살을 뺄 수 있겠냐고 물으면, 그는 할 말을 잃을 것이다. 그러나 어떻게 하면 날씬해질 것 같냐고 물으면, 그는 문제에서 해결책으로 사고 경로를 변경할 것이다.

불우한 유년기를 보낸 사람에게 과거와 화해할 수 있겠냐고 물으면, 그는 회의적인 얼굴을 할 것이다. 그러나 어떻게 하면 화해할 것 같냐고 물으면, 그는 갑자기 대안을 모색할 것이다.

그것을 할 수 있겠냐는 물음에는 이미 의심과 실패 가능성이 내포되어 있다. 우리는 이것을 무의식적으로 인식한다. 균형을 유지할 수 있을지 걱정하는 줄광대는 이미 생각으로는 아래로 추락한 상태이다. 반면에 어떻게 균형을 유지할지 자문하는 줄광대는 해결책을 찾기 시작한다.

가능성을 묻는 것은 건설적이지 못하다. "6개월 안에 승진할 수 있을까?" 이 질문은 비록 목표를 암시하지만, 그 안에 실행 동력은 없다. 반면에 "6개월 안에 승진하려면 어떻게 해야 할까?"라고 물으면, 목표와 해결책에 동시에 주의를 집중하게 된다. 당신은 이미 적극적으로 행동하는 자신을 보게 될 것이다.

실행력을 높이고 싶다면, '어떻게'를 더 구체적으로 쪼개 보는 방법이 있다. '지금' 혹은 '첫 번째'로 할 수 있는 일이 무엇인지 생각해 보라. 육하원칙에 따라 명확하고 간략하게 행동 지향적 질문을 하라. 그러면 당장 소매를 걷어붙이고 행동하는 모습을 눈앞에 그릴 수 있다. 첫 번째 행동은 두 번째, 세 번째 행동으로 이어진다. 그렇게 행동이 쌓이면 결국 목표를 이루게 된다. 예를 들어 보자.

- **"시험에 합격하려면 첫 번째로 무엇을 할 수 있을까?"**
  숨은 확신: 1. 나는 시험에 합격할 것이다. 2. 나는 주도적으로 어떤

일에 착수한다. 3. 첫 번째 단계는 두 번째 단계로 이어질 것이다. 그렇지 않으면 이것은 첫 번째 단계가 아닐 터이다. 4. 나는 주체적으로 행동할 수 있고, 시험에 '확실히' 합격한다.

- "더 조직적으로 행동하기 위해 내가 할 수 있는 첫 번째 작은 일은 무엇일까?"

  숨은 확신: 1. 나는 더 조직적으로 행동할 수 있다. 2. 나는 행동하는 사람이고 일에 착수한다. 3. 작은 일이 벌써 효력을 낸다. 4. 또 다른 작은 일이 뒤따를 것이다. 5. 나의 계획은 '확실히' 성공한다.

그것을 '어떻게' 해낼지 묻되, 그 첫 번째 단계를 궁리하라. 목표 달성에 이르는 첫 번째 단계가 미미해 보인다고 실망할 필요 없다. 작게 시작할수록 심리적 저항도가 낮아지고, 다음 행동이 연쇄적으로 발생한다. 질문을 조금만 바꾸면 행동이 바뀌고, 결과적으로 인생의 방향이 바뀐다. 변화는 언제나 도미노처럼 일어난다.

"내가 더 조직적으로 행동할 수 있을까?" 당신의 무의식이 답한다. "아마 못할 거야. 이미 몇 번 시도해 봤지만, 매번 예전 패턴으로 되돌아갔잖아."

"더 조직적으로 행동하기 위해 내가 할 수 있는 첫 번째 작은 일은 무엇일까?" 당신의 무의식이 답한다. "작은 일 하나 정도는 지금 할 수 있지. 어쩌면 이 첫 번째 단계가 나머지 단계도 이끌어 줄 거야. 예를 들어, 나는 아침에 일어나서 딱 3분만 명상을 할 거야.

조직적으로 행동하는 내 모습을 떠올려야지. 그리고 그날 해야 할 일을 딱 3분 동안 계획할 거야. 그리고 또…"

대단한 시련이 아니라 사소한 좌절이 누적되어 인생이 망가지는 것과 마찬가지로, 작고 쉬운 행동이 쌓여서 인생이 목표한 방향으로 흘러간다. 그래서 행동의 문을 여는 첫 번째 단계는 작지만 작지 않다. 적극적으로 행동하는 자신을 상상하고 첫 번째 단계를 궁리하라. 그러면 위험한 상황에서도 인생의 비행기를 안전하게 착륙시킬 수 있을 것이다.

Summary

1 뭔가를 과연 해낼 수 있을지를 묻지 말고, 어떻게 해낼지를 묻는다. 그것이 정신을 긍정적으로 설정한다.

2 나를 행동으로 이끄는 표현을 사용한다. "~을 달성하기 위해, 나는 무엇을 할 수 있을까?"

3 첫 번째 단계를 겨냥해서 질문한다. "~을 확실히 달성하기 위한 첫 번째 단계로, 나는 무엇을 할 수 있을까?"

정체성을
바꾸면

행동은
저절로 바뀐다

✳

밤새도록 사이렌이 울렸다. 폭탄이 온 도시를 떨게 했고, 폐허로 변한 집들이 점점 더 늘어났다. 끔찍한 전쟁 중에도 매일 평화를 위해 기도하리라 결심한 두 자매가 있었다. 그들은 이 결심을 흔들림 없이 이행했다. 매일 아침 6시에 무릎을 꿇고 앉아 30분 동안 기도했다. "주여, 평화를 주소서!"

2년이 지나서야 평화가 찾아왔다. 동생은 이제 아침마다 기도하지 않아도 되어 기뻤다. 그런데 언니는 변함없이 새벽같이 일어나 계속 기도했다. 동생이 의아해서 물었다. "왜 계속 기도하는 거야? 이제 평화로워졌잖아."

"전쟁이 다시 일어날 때까지 마냥 손 놓고 있기는 싫으니까." 언니가 말했다.

당신은 이 이야기를 어떻게 해석하는가? 언니는 전쟁 재발을 막기 위해 기도하는 걸까, 아니면 그저 기도를 너무 좋아하는 걸까? 나는 두 번째 해석을 선호한다. 그런 경우라면, 언니는 무언가를 이루기 위해서가 아니라 내면의 나침반을 따라서 기도하는 것이다. 하지만 오늘날에는 반대인 경우가 많다.

- 달리기가 좋아서가 아니라, 살을 빼기 위해 달린다.
- 명상이 좋아서가 아니라, 평온을 얻기 위해 명상한다.
- 공부가 좋아서가 아니라, 시험에 합격하기 위해 공부한다.
- 기도가 좋아서가 아니라, 전쟁을 끝내기 위해 기도한다.

"목적을 위한 수단으로 어떤 행위를 하는 것이 나쁜 일인가?" 이렇게 묻고 싶으리라. 그렇다면 이걸 한번 생각해 보자. 결승선을 통과한 육상 선수는 무엇을 하는가? 그는 멈춘다. 좋은 습관도 마찬가지다. 목표를 달성하고 나면 습관을 유지하기가 어려워진다.

- 살을 빼려고 다이어트를 하는 사람은 목표 체중에 도달하면 무엇을 할까? 다이어트를 멈추고 예전의 식습관으로 돌아간다.
- 더 차분해지기 위해 명상 강좌를 듣는 사람은 어떨까? 강좌가 끝나자마자 명상을 그만두고 예전처럼 흥분한다.
- 시험을 위해 공부하는 사람은 어떨까? 시험이 끝나자마자 공부를 멈추고, 배움을 포기한다.

목적을 이루기 위한 행위는 투자와 같다. 쾌락을 포기하고, 일찍 일어나고, 노력하고, 공원을 달린다. 그 대가로 체중이 줄고 체력이 향상되고, 시험에 합격하기를 기대한다. 물물교환이다.

반대로 내면의 나침반에 따르는 행위는 대가를 요구하지 않는다. 보답을 기대하지 않고, 지금 하고 싶은 일을 한다. 러닝 그 자체, 내딛는 모든 발걸음, 내쉬는 모든 숨을 즐기기 위해 달린다. 줄어들 체중이나 튼튼해질 체력을 생각하지 않는다. 그저 러닝을 즐기는 사람이므로 달린다. 달릴 수밖에 없다. 그리고 이 순간을 사랑한다.

단지 더 차분해지려고 명상을 한다면, 명상 습관은 그저 도구일 뿐이다. 도구를 사용한 후에는 어떻게 하나? 손에서 내려놓는다. 지속 가능한 습관은 그 자체를 사랑할 때 만들어진다. 러닝, 명상, 요가, 외국어, 건강한 식습관, 일찍 일어나기, 독서, 자연에 머물기, 비폭력적 의사소통 등을 사랑할 때, 이런 습관이 지속 가능해진다.

가지고 싶은 습관이 있는가? 습관을 실천하려고 무작정 애쓰기에 앞서 습관 자체를 상세히 살피라. 그 습관의 어떤 점이 좋은가? 어떤 감각을 자극하나? 어떤 긍정적 사고를 불러일으키나? 당신의 어떤 장점을 드러내나? 이 습관을 유지하는 동안 당신은 얼마나 발전할까? 이 습관이 사라지면 인생에서 무엇을 놓치게 될까? 이 습관이 꼭 필요한 이유는 무엇인가? 즐기면 미루지 않는다.

> "인생의 마지막 순간에 어떻게 살고 싶은가? 지금 당장 그렇게 살 수 있다."
> _마르쿠스 아우렐리우스(로마의 황제, 철학자)

언니는 신앙인이 되었고 계속해서 기도했다. 기도를 사랑했고, 그것이 그녀의 일부가 되었기 때문이다. 새는 날기 위해 노력할 필요가 없다. 새는 저절로 난다. 당신 자신에게 물어보라.

- 나의 습관은 이미 나의 일부가 되었는가?
- 나는 아직도 달리는가? 아니면 이미 러너인가?
- 나는 아직도 책을 읽는가? 아니면 이미 독자인가?
- 나는 아직도 악기를 연주하나? 아니면 이미 음악가인가?

"투표하러 갑니다"라는 말과 "나는 유권자입니다"라는 말에 차이가 있을까? 차이가 크다! 미국의 연구자들이 실험한 결과 "유권자가 되세요"라고 투표를 독려하면 "투표하러 가세요"라고 말했을 때보다 실제로 투표할 확률이 11퍼센트 더 높았다. 정체성은 행동의 원천이 된다. 내가 어떤 사람인지 정의하면 행동은 저절로 이루어진다. 당신은 두 자매 중 어느 쪽이길 원하는가?

Summary

1. 특정 목적을 위한 습관은 한순간에 사라져 버리는 유성과 같다.
2. 자기 자신을 위한 습관은 평생 빛날 수 있는 별이다.
3. 내가 '운동을 하려면' 나는 애를 써야 한다. 내가 '운동 선수'라면 저절로 하게 된다.

걱정은

5분 이상
하지 않는다

※

숲 전체에 공포가 번지고, 동물들이 서로 수군거렸다. "곰한테 데스노트가 있대!" 과연 누구의 이름이 적혀 있을까? 사슴이 용기 내어 곰에게 다가갔다. "곰아, 말해 줘. 내 이름이 목록에 있어?"

"응." 곰이 말했다. "너도 후보자 중 하나야."

사슴은 겁에 질려 도망쳤다. 그리고 며칠 후 공터에서 숨진 채 발견되었다.

다른 동물들은 잔뜩 겁에 질렸다. 그들은 넋이 나가 나무 사이를 이리저리 뛰어다녔다. 이제 얘깃거리는 단 하나뿐이었다. 곰의 데스노트.

여우는 이런 불확실성을 더는 견딜 수가 없었다. 그는 곧장 곰에게 가서, 자기 이름이 목록에 있는지 물었다. "응, 친구야." 곰이 대답했다. "너도 여기 목록에 있어."

여우는 거의 질식할 것처럼 숨이 막혔다. 그는 정신이 나간 듯, 자기 굴로 들어갔다. 그리고 다음 날 숨진 채 발견되었다.

숲속의 동물들은 미쳐 버리기 직전이었다. 다 같이 도망치자고 멧돼지가 제안했다. 하지만 숲 너머로 간다고 해서 데스노트가 적용되지 않는다는 보장이 있을까?

오직 토끼만이 곰에게 다가갈 용기가 남아 있었다. "안녕, 곰아. 너의 목록에 내 이름도 있어?"

"그래, 토끼야. 네 이름도 있어."

"내 이름을 지워 줄 수 있겠니?" 토끼가 물었다.

"물론이지." 곰이 대답했다.

사형 선고나 마찬가지였던 딱딱한 혹을 발견한 날이 생각난다. 나는 2000년대 초반에 라이프 스타일 기업의 중간 관리자로 일하고 있었다. 당시에 나는 시간이 날 때마다 달리러 나갔는데, 어느 날 러닝을 마치고 나서 뭔가 불길해 보이는 것을 발견했다. 완두콩보다 두 배 정도 큰 혹이 아킬레스건 위쪽에 튀어나와 있었다.

친척 중에 젊어서 암으로 사망한 사람이 여럿 있었다. 내 발목에 난 혹도 틀림없이 악성 종양 같았다. 아니면 뭐겠는가? 이제 내 이름도 데스노트에 올랐다!

나는 기운을 잃었다. 하지만 억지로라도 집 밖으로 나가 최선을 다해 기운을 차려야 했다. 나는 계속 달렸다. 그러나 그것은 죽음을 피해 도망치는 어리석은 몸부림이었다. 나는 계속 일했지만, 사실은 죽음의 두려움을 잊기 위한 안간힘이었다. 나는 오직 종양만 생각했다. 그렇게 몇 주가 흘렀다.

내 여자 친구가 곰에게 나를 보냈다. "안절부절못하느니 차라리 당장 병원에 가서 그 혹이 뭔지 알아봐." 진찰 결과, 그냥 굳은살이었다. "종양은 항상 말랑말랑합니다." 의사가 말했다.

우리는 파국을 확신하는 경향이 있다. 우리는 걱정이라는 눈덩이가 현실을 덮어 버릴 때까지 점점 커지도록, 그것을 머릿속으로 계속 굴린다. 예를 들어, 온라인 뱅킹에 접속하려는데 로그인이 안 된다고 해 보자. 두 번째 시도마저 실패하면, 해킹당했을지 모른다고 의심한다. 5분 뒤에는 계좌의 모든 돈이 사라졌다고 확신한다. 10분 뒤에는 집세를 내지 못해 다리 밑에서 노숙하는 자신을 떠올린다. 그러나 현실은 은행 서버에 잠깐 문제가 있었을 뿐이다.

우리는 아주 사소한 사건에서도 극단적인 전개를 끌어내는 막장 드라마의 시나리오 작가다. 그 시나리오는 항상 비극으로 치닫는다. 이런 말들을 얼마나 자주 듣는지 생각해 보라.

- "수습 기간에 또 잘릴 것 같아요. 상사가 나를 탐탁지 않아 해요. 그냥 그런 기분이 듭니다."
- "그는 나를 사랑하지 않아요. 나를 사랑한다면 나와 더 많은 시간을 보낼 테죠. 그는 오로지 자기 일에만 매달려 있어요."
- "의뢰인에게 보낸 제안에 문제가 있나 봅니다. 5일 전에 보냈는데 아

직도 아무런 답이 없습니다."
- "이웃이 나를 좋아하지 않는 것 같아요. 길에서 만나면 그는 항상 내게 악의적인 미소를 짓습니다."
- "그 자리에는 지원하지 않는 게 맞아요. 내 조건으로 채용될 리가 없어요."
- "내 여자 친구는 이제 나와 헤어지고 싶은가 봅니다. 문자를 두 번이나 보냈는데, 답을 하지 않아요."

근거 없이 상황을 부정적으로 해석하려는 경향 때문에, 우리는 시도 때도 없이 걱정과 불안 그리고 두려움에 휩싸인다. 누구도 시키지 않은 마음의 고통을 스스로 짊어진다. 대체 왜 그러는 걸까?

오랜 세월을 거치며 인간은 위험에 민감하도록 진화했다. 낯선 사람의 지팡이를 보고 '혹시 몽둥이 아니야?' 하고 의심하는 인간이 갑작스러운 공격에도 재빠르게 도망칠 수 있었다. 위험을 더 많이 볼수록 생존 가능성은 커졌다. 피신은 잦더라도 나쁠 것이 없다. 하지만 제때에 피신하지 못하면 치명적일 수 있다.

현대의 삶은 더 이상 생존 투쟁이 아니다. 예상치 못한 공격이나 맹독성 식물 섭취로 목숨을 잃을 확률은 매우 희박해졌다. 현대인의 생명을 위협하는 요인은 따로 있다. 부정적 경향성으로 인한 불안감과 우울이다. 독일에서 살해되는 사람은 연간 약 250명이다. 반면에 우울과 불안으로 고통받는 사람은 500만 명이 넘는다.

걱정과 불안이 삶의 질을 망치는 가장 큰 적이 되었다. 그리고 이것은 종종 오해의 결과이다. 캘리포니아 버클리 대학교에서 실행한 흥미로운 연구가 이를 뒷받침한다. 연구진은 실험 참가자들을 두 명씩 짝지은 뒤 그들에게 펭귄을 떠올려 보라고 요청했다. 그 결과 두 사람이 같은 펭귄을 떠올릴 확률은 12퍼센트에 불과했다. 한 사람이 어른 펭귄을 생각할 때 다른 사람은 새끼 펭귄을 생각했다. 박제된 펭귄을 떠올린 사람도 있었고, 스티커나 만화에서 본 캐릭터를 떠올리는 사람도 있었다. 사람들의 머릿속에서 최대 30가지의 서로 다른 펭귄이 등장했다.

펭귄을 이렇게나 다양하게 상상한다면, '인정'이나 '신뢰', '우정'이나 '사랑' 그리고 '만족' 같은 추상적 개념에서는 그 편차가 얼마나 크겠는가? 그러므로 상대방이 어떻게 생각하는지, 상황이 어떻게 전개되는지, 그 무엇도 단정하지 말라. 당신의 관점을 확대해석하지 말고, 상대의 생각과 그를 둘러싼 환경을 하나하나 객관적으로 따져 보라.

"다른 사람들이 우리에 대해 어떻게 생각하는지 알면, 언제나 이긴다."

_요한 볼프강 폰 괴테(작가)

걱정과 불안에 휩싸여 있다면, 부정적 추측을 건설적 질문으로 선환할 필요가 있다. 문제 상황에서 떠오른 생각에 의문을 제기하면 도움이 된다. 이를테면, 내가 아는 것은 무엇인가? 내가 추측하는 것은 무엇인가? 그리고 무엇이 터무니없는 추측인가?

- 상사가 정말로 당신을 탐탁지 않아 할까? 당신의 업무 능력을 어떻게 생각하는지 상사에게 물어보라. 칭찬할 만한 것은 무엇이고, 개선해야 할 것은 무엇인지 물으라. 그러면 당신의 실력이 구체적으로 어느 정도인지 알 수 있다.
- 애인의 사랑이 정말로 식었을까? 당신과의 관계를 어떻게 생각하는지 애인에게 물어보라. 당신이 무엇을 어떻게 해 주길 바라는지 허심탄회하게 물으라. 함께 만족하기 위해 두 사람이 기울여야 하는 노력에 관해 이야기 나누라.
- 정말로 일자리, 집, 장학금을 얻을 기회가 전혀 없을까? 담당자와 면담하여 당신에게 기회가 있는지, 기회를 잡을 가능성을 높이려면 무엇을 해야 하는지 물어보라. 어쩌면 이런 질문을 당신만 했기 때문에 경쟁에서 유리해질지도 모른다.
- 오랜 여자 친구는 정말로 헤어지려고 문자에 답하지 않는 걸까? 전화를 걸어 무슨 일인지, 다시 활발히 연락을 주고받을 방법이 없는지 물어보라.

다른 사람이 우리에 대해 품었으리라 추측하는 대부분의 '나쁜 의도'는 동화 《짐 크노프와 기관사 루카스》에 나오는 가짜 거인 투르투르와 비슷하다. 멀리서 보면 굉장히 크고 무섭지만, 가까이 다가갈수록 작아지고 평범해지다가 결국에는 사라진다.

부정적인 경향성 외에 걱정과 불안을 일으키는 원인이 하나 더 있다. 바로 우리 마음속 '구멍'이다. 다른 사람의 머릿속에 있다고 우리가 의심하는 대부분의 '부정적인 생각'은 사실 우리 머릿속에 있는 생각이다. 자기가 하는 일의 가치를 스스로 확신할 수 없어서, 상사가 유독 자기에게 비판적이라고 단정한다. 애인의 사랑을 받을 자격이 있는지 확신하지 못해서, 애인의 사랑이 식었다고 생각한다. 우리 마음속엔 언제 생겼는지 까마득한 어두운 구멍이 있다. 그리고 상사가 끊임없이 칭찬하여 이 구멍을 메워 주길 바란다. 애인이 끊임없이 사랑을 증명하여 이 구멍을 메워 주길 바란다. 그러지 않으면 불안해지고 최악의 상황을 상상하게 된다. 이때 우리는 자기 존중의 책임이 누구에게 있는지 간과한다.

"나를 좋아하는 것은 당신의 임무가 아니다. 그것은 내 임무다."

_바이런 케이티(작가)

다른 사람이 아닌 자기 내면을 보라. 작가이자 영적 지도자 바이런 케이티는 매우 효과적인 도구인 '전환'을 권한다. 당신이 추측하는 것의 반대가 사실일 수 있다고 가정하고, 세 가지 대안을 만들어 보는 것이다. "그녀가 다시 내게 연락해야 한다"라는 추측으로 시범을 보이면, 다음과 같이 된다.

1. 내가 나에게 연락한다.

내가 나에게 해 주지 않는 애정 확인을 오히려 여자 친구한테서 받으려는 건 아닐까? 나는 이런 외적 접촉으로 텅 빈 마음을 채우려는 건 아닐까?

2. 내가 그녀에게 연락한다.

어째서 나는 주도권이 그녀에게 있다고 생각할까? 무엇이 나의 주도적 행동을 가로막는가? 기다리며 괴로워하는 대신 적극적으로 해결에 나설 책임이 있는 건 아닐까?

3. 그녀가 내게 연락하지 않는다.

어쩌면 애정이 고갈되었을까? 가짜로 연기하며 억지로 관계를 유지하느니 차라리 나를 떠나는 편이 낫지 않을까? 그러고 나면 나는 얼마나 자유롭게 새로운 관계를 맺게 될까?

당신이 찾는 진리는 당신 안에 있다. 자기 자신과 평화롭게 지내면, 다른 사람들과의 문제도 웬만큼 해결된다. 당신이 신경 써야 할 것은 오직 하나, 당신 자신을 어떤 사람으로 '자체 제작'할 것이냐다.

코넬 대학교가 발표한 연구 결과에 따르면, 지금 걱정하는 일의 97퍼센트는 결코 일어나지 않거나 쉽게 해결되는 문제라고 한다. 그러니 걱정은 5분 이상 하지 말라. 당신의 이름은 곰의 데스노트에 없다. 설령 있더라도, 지울 수 있다.

Summary

1. 나의 뇌는 과민한 경보 시스템이다. 위험이 없을 때도 종종 경보음을 울린다.

2. 계속 걱정하며 불안에 떨 수도 있다. 아니면 관점을 점검하고 오해를 없앨 수도 있다. 무엇이 내게 더 이로울까?

3. 불안을 없애는 간단한 약이 있다. 무엇이 사실인지 직접 물어보는 것이다!

> 최소 노력, 최대 효과

지금 나를 가장 불안하게 하는 것은 무엇인가?

_____

_____

_____

그리고 이 불안은 사실과 추측이 각각 몇 퍼센트로 구성되어 있나?

사실: _____%

추측: _____%

사실의 퍼센트를 높이려면 누구에게 물어보고, 어디를 조사해야 할까? 이것은 불안감을 얼마나 줄여 줄까?

체험 결과

_____

_____

_____

_____

잘하는 것보다

끝내는 것이 중요하다

✳

 넓은 황무지를 소유한 야심 찬 농부가 있었다. 어느 날 그의 황무지 일부에 건축 허가가 났다. 그래서 그는 집을 지을 수 있게 땀을 흘리며 구덩이를 팠다. 구덩이가 거의 다 완성되었을 때, 추가로 세 곳에 건축 허가가 났다. 그래서 세 곳에도 구덩이를 팠다. 이 과정에서 농부는 몸이 많이 허약해졌다.

 구덩이 세 개가 거의 완성되었을 때, 추가로 열 곳에 주택 건축 허가가 났다. 그래서 농부는 열 곳에도 집을 지을 수 있는 구덩이를 파기 시작했다. 다섯 개를 완성했을 때, 그는 거의 뼈만 남은 것처럼 수척해졌다. 여덟 번째 때는 서 있기도 힘들었다. 그리고 열 번째 땅을 팔 때 심장마비가 왔다. 사흘 후 그는 죽었다.

 장례식장에서 한 이웃이 물었다. "왜 그렇게 구덩이를 많이 파셨대요? 기껏해야 집 한 채 지을 돈밖에 없었을 텐데."

인생 경험이 많은 한 나이 든 이웃이 말했다. "집을 지을 구덩이는 하나뿐인 것 같아요."

"하나요? 열네 개였습니다."

"처음 판 구덩이 하나만 집을 지을 것이었고, 나머지는 제 무덤을 판 거죠."

어릴 때 우리 가족은 조부모님 댁 옆집에 살았다. 어느 날 우리 집 냉동실이 꽉 차자 어머니가 나를 할머니에게 보내 냉동실에 공간이 있는지 물어보게 했다. 다행히 할머니네 냉동실은 절반 정도가 비어 있었다. 우리는 그 절반을 이용했다. 빵, 육류, 생선, 가금류, 채소 등등 할머니네 냉동실에 보관되는 우리 식재료가 점점 늘어났다.

6개월쯤 지나자 할머니네 냉동실이 가득 찼다. 전에는 우리 집 냉동실 정도면 충분했는데, 이제 거의 세 배 더 넓은 냉동실로도 부족했다. 어떻게 그럴 수 있을까?

1955년 영국의 역사학자 시릴 파킨슨은 작업에 쓸 수 있는 시간이 많으면 작업에 드는 수고도 함께 늘어난다는 사실을 발견했다. 일반적으로 일할 시간이 많으면 더 여유롭게 일할 수 있으리라 생각할 것이다. 하지만 실은 그 반대이다. 냉동실의 여유 공간을 식재료로 가득 채운 어머니처럼, 늘어난 시간은 여유 시간이 되지 못하고 부수적이고 반복적인 업무로 채워진다.

나를 예로 들면 이렇다. 예전에는 칼럼 마감일이 매월 15일이면 그 일주일 전부터 글을 쓰기 시작했다. 칼럼을 쓰는 데 드는 시간이 세 시간이면 충분했음에도 그렇게 했다. 먼저 '초안'을 작성했다. 그다음 며칠 동안 자료 조사를 더 하면서 텍스트를 작성했다. 밑 빠진 독에 물 붓는 식의 작업이었다. 책을 대여섯 권 읽었고, 손가락이 아프도록 인터넷을 검색했다. 내가 찾던 것을 발견했을 때, 아직 원고가 술술 읽힐 정도로 다듬어지지 않았음을 깨달았다. 도입부를 다시 쓰고, 장황한 문단을 삭제하고, 문장을 추가하고, 다시 그것을 삭제했다.

나는 칼럼을 언제 끝냈을까? 맞다. 결국 마지막 순간에 허둥지둥 끝냈다.

"오늘 할 수 있는 일을 내일로 미루지 말라."

_벤저민 프랭클린(정치인)

당신은 어떠한가. 세무서에서 분노의 독촉장을 보내기 직전에야 세금 신고를 마치는가? 운행 정지 처분을 받을 위험이 있을 때라야 비로소 차량 정기 검사를 받는가? 시험이 코앞에 닥쳐야 공부를 시작하는가? 아침에 알람 시계의 스누즈 버튼을 세 번이나 누른 후에야 일어나고, 버스나 기차를 아슬아슬하게 타서 겨우 지각을 면하는가? 마감일에 닥쳐서 또는 심지어 기한이 지나서 보고서를 제출하는가?

항상 마감일 전날 자정까지 레이아웃 작업을 하는 프리랜서 디자이너를 상담한 적이 있다. 그녀는 이렇게 말했다. "최상의 레이아웃을 제출하기 위해 저는 마지막 순간까지 모든 시간을 사용해야 합니다."

"마감일이 네 시간 당겨진다고 가정해 봅시다. 그러면 더 나쁜 디자인을 제출하게 될까요?"

그녀는 잠시 고민했다. "아니요, 부족한 디자인을 제출하는 일은 절대 없을 겁니다. 마감 시간이 당겨지더라도 저는 제출 시점까지 최적의 결과물을 만들어 낼 거예요."

"그럼 이렇게 해 보세요. 마감일 아침에 시계를 네 시간 후로 설정해 놓으세요. 아침 8시에 일을 시작한다면, 그때 시계는 정오 12시를 가리키는 거죠. 자정까지 12시간이 남습니다. 하지만 잊지 마세요. 시계가 자정을 가리킬 때 레이아웃 최종본이 나와야 합니다."

처음에 그녀는 이런 설정이 성공할 수 있을지 회의적이었다. 그러나 시키는 대로 했고, 당연히 자정(실제로는 저녁 8시)에 레이아웃을 제출했다. 그렇게 네 시간을 벌었다. 그 후로 그녀는 수년 동안 이 방법을 유지하고 있다.

파킨슨의 법칙을 역으로 서술하면 이렇다. 작업에 쓸 수 있는 시간이 줄어들면, 작업에 드는 수고도 감소한다. 그렇더라도 결과물에는 큰 차이가 없다.

나는 여기에서 내게 매우 유용하고 효과적인 방법을 도출했다. 예를 들어 세 시간 안에 끝낼 수 있지만, 사흘이 걸릴 수도 있는 (칼럼을 포함한) 작업을 할 때는 나 자신을 속인다. 나는 노트북 플러그를 뽑고 배터리를 사용한다. 배터리는 이제 2시간 57분이 남았다. 나는 배터리가 바닥나기 전에 작업을 끝내 전송하기로 나 자신과 약속한다. 배터리가 바닥나면 더는 작업을 할 수 없다. 그러면 놀랍게도 제한 시간 내에 항상 작업을 완료할 수 있었다. 끝내야만 하는 작업이라면 끝내게 된다.

시간을 관리하는 데 파킨슨의 법칙을 적용해 보라.

- 크리스마스가 일주일 빨라졌다고 상상해 보라. 그러면 망설이거나 고민하는 시간이 줄어 훨씬 편안하게 선물을 준비하게 될 것이다.
- 특정 시간에 전원이 꺼지도록 타이머를 설정해 놓으면, 작업을 미리 완료하는 습관이 들게 된다.
- 일정 기간에 사용할 연료량을 정해 놓고 딱 그만큼만 주유하라. 그러면 차를 타는 시간이 줄고 탄소 배출량도 줄어든다.
- 저녁 특정 시간부터 다음 날 아침까지 스마트폰을 잠가 두면, 처리해야 할 모든 작업을 미리 끝낼 수 있다.
- 사용을 줄이고자 하는 제품이 있다면, 쇼핑하기 전에 최소 구매량을 메모해 두라. 그러면 불필요한 낭비를 막을 수 있다.
- 손님이 방문한다면 하루 일찍 온다고 생각하라. 그러면 전날 이미 청소가 끝나고 음식도 준비될 것이나.

선택에 있어서도 파킨슨의 법칙을 적용할 수 있다. 요즘 우리

삶에는 선택지가 너무 많다. 휴지를 하나 사더라도 종류가 천차만별이다. 별로 중요한 선택도 아닌데 자꾸 스트레스를 받거나, 선택을 미루게 된다면 이렇게 생각하라. '선택지가 많을수록 선택에 드는 수고는 늘어나지만, 결과엔 별 차이가 없다.' 각각의 차이를 구별하는 게 당신의 행복에 정말로 필요한가? 그게 아니라면 선택지를 한정하고, 시간을 제한하라.

우리의 유한하고 소중한 삶을 별로 중요하지 않은 일에 허비할 수는 없다. 가치 있게 산다는 것은 시간과 에너지를 가치 있는 일에 쓴다는 것이다. 그러니 필요 이상으로 구덩이를 파지 말라. 정말 중요하고 핵심적인 일을 우선 하고, 그것도 시간을 제한하라. 필요 이상으로 판 구덩이가 무덤이 될 수 있다.

Summary

1 어떤 일에 시간을 많이 할애할수록, 그 일을 끝내는 데 더 오래 걸린다.

2 마감 시간을 앞당기면, 더 빠르고 효과적으로 같은 결과를 얻을 수 있다.

3 선택의 폭을 제한하라. 그러면 집중력이 높아진다.

인생은 실험과 같다,

시도하고 수정할수록 나아진다

✳

한 남자가 우물에서 물을 길어 오기 위해 매일 주전자 두 개를 들고 가파른 모래언덕을 내려갔다. 그는 주전자에 물을 가득 채운 뒤 땀을 뻘뻘 흘리며 비탈길을 올랐다. 그런데 주전자를 너무 급히 내려놓는 바람에 주전자 하나에 그만 금이 가고 말았다. 그 후로 언덕을 오를 때마다 금이 간 주전자에서는 물이 모두 새 나갔다.

어느 날, 금 간 주전자가 우울해져서 멀쩡한 주전자에게 말했다. "너는 가진 물을 모두 꼭대기까지 옮기는데, 나는 전부 흘리고 말아. 난 쓸모가 없어졌어."

멀쩡한 주전사가 내꾸했나. "모든 것은 나름의 쓰임새가 있는 법이지. 네가 물을 흘리는 것도 분명 쓰일 데가 있을 거야."

"농담하지 마!" 금 간 주전자가 대답했다. "나는 물을 담는 주전자야. 물이 샌다면, 아무짝에도 쓸모가 없어."

그러는 동안 남자는 두 주전자를 들고 모래언덕 꼭대기에 올랐다. 그리고 갑자기 돌아서서 말했다. "세상에, 여기에 자라난 것들을 좀 봐. 정말 아름답군." 금 간 주전자는 비탈길에 피어난 아름다운 꽃과 풀을 보고 깜짝 놀랐다. 그것은 우물에서 언덕 꼭대기까지 이어진 생명의 흔적이었다. 두 주전자 모두 감탄했다. "이게 다 네가 흘린 물 덕분이야." 멀쩡한 주전자가 말했다. 그때부터 금 간 주전자는 자랑스럽게 물을 흘렸다.

이 오래된 힌두교 전설에는 우리의 삶이 반영되어 있다. 살다 보면 때로는 계획대로 일이 진행되지 않는다. 실수를 저지르고, 약점이 드러나고, 변수가 생기고, 목표를 놓친다. 이것은 정상이다. 우리는 기계가 아니다. 인생에서 뭔가 잘못될 때 이 주전자처럼 생각하라. 숨겨진 이점이 무엇인지 자문해 보라.

> "인간은 시간을 되돌아보고, 자신의 불행이 사실은 행복이었음을 깨닫는다."
> _오이겐 로스(시인)

2012년에 나는 월세 집에서 쫓겨났다. 집주인이 자기가 쓰겠다며 아무런 예고도 없이 임대계약을 해지해 버렸다. 날벼락 같은 퇴거 통보를 받고 부랴부랴 집을 찾아보았으나 마땅한 집이 없었다. 나는 부담스러운 액수를 대출받아 집을 사기로 했다. 어쩔 수 없이 내린 결정이었다. 그러나 지금 돌이켜 보니, 그것은 훌륭한 판단이었다. 집값도 훌쩍 올랐고 대출도 무사히 갚았으며, 무엇보다도 내 집만큼 안락한 곳은 세상 어디에도 없다.

당시로서는 실패, 위기, 상처인 줄 알았던 사건이 훗날 성공의 기회로 작용한 사례가 적지 않다.

- 경제학을 전공한 내 의뢰인은 지원서를 내는 족족 불합격 통보를 받았다. 어쩔 수 없이 그는 이를 악물고 친구와 함께 회사를 설립했다. 두 사람은 크게 성공했다. 취업 실패가 성공의 발판이 되어 주었다.
- 독일에서 한때 가장 유능한 축구 선수로 꼽혔던 울리 회네스는 27세에 연골 손상으로 은퇴할 수밖에 없었다. 같은 해에 그는 재정이 어려운 바이에른 뮌헨의 단장이 되었다. 그리고 이 축구 클럽은 수익과 실력 두 측면에서 폭발적으로 성장했다. 그가 단장으로 있는 동안 바이에른 뮌헨은 40개가 넘는 우승 트로피를 들어 올렸고, 구단 매출은 20배 이상 증가했다. 그가 선수 생활을 일찍 마감한 것은 오히려 행운이었다.
- 1941년 겨울, 스웨덴의 어느 병원에 아픈 딸을 간호하는 어머니가 있었다. 바쁜 입원 생활 와중에 어머니는 시간을 내어 딸을 위해 이야기를 직접 창작해 들려주었다. 그 이야기가 훗날 동화책으로 나와 세계적인 성공을 거둔 《삐삐 롱스타킹》이다. 어머니의 이름은 아스트리드 린드그렌이나.

우리는 최대한 빨리 성공하려고 애쓴다. 효율적인 계획을 세우고, 세상이 거기에 발맞춰 주기를 바란다. 하지만 예상대로 흘러가는 인생이 어디 있던가. 예기치 못한 변수가 순식간에 뒤통수를 후려친다. 철저한 준비도 변수를 막을 수는 없다. 인생에 대한 불변의 법칙 중 하나는 뜻대로 되지 않는다는 점이다. 인생에서는 변수야말로 상수다.

하지만 그렇기에 삶이 흥미롭다. 각 팀의 전략과 전술을 분석해도 결과를 알 수 없어서 축구 경기를 좋아하듯이, 우리네 인생도 어떻게 전개될지 아무도 모르기 때문에 매력적이다. 변화 가능성이 있어서 우리는 오늘도 노력하며 살아간다. 미래를 꿈꾸고 자신을 단련하며 거기서 생동감을 느낀다. 만약 모든 게 정해진 세상이라면 노력도 성취도 무용지물일 것이다. 사회학자 하르트무트 로자는 그의 저서 《불가용성(Unverfügbarkeit)》에서 다음과 같이 썼다. "만약에 완전히 알려지고, 계획되고, 통제되는 세상이 있다면, 그것은 죽은 세상일 것이다." 죽은 세상에 재미는 발붙일 곳이 없다.

죽은 삶이 아니라 살아 있는 삶, 재미있는 인생을 살도록 하라. 불안한 마음은 세상을 박제하고 싶어 한다. 생동감과 유연성을 제거하고, 통제할 수 있는 멈춘 공간으로 바라보고 싶어 한다. 하지만 앞서 말했듯 세상은 변수로 가득하다. 아무리 대비해도 한계가 있다. 그렇다면 사는 방법을 바꿔야 한다. 예측 불가능한 파도를 타는 서퍼들처럼, 변수가 생기면 재빠르게 대응하는 창업가들처럼, 완벽한 준비보다 즉각적인 대응에 초점을 맞추는 것이다.

물론 실력과 준비는 중요하다. 훌륭한 선수들이 기초 체력 단련을 게을리하지 않듯이, 능력을 개발하며 기회에 대비하는 것은 기본 중의 기본이다. 하지만 어느 정도 준비했다면 나머지는 실전에서 채우라. 완벽한 준비란 애초에 불가능하니, 준비에 모든 에너지를 쏟지 말아야 한다. 인생은 실수 없이 치러야 하는 공연이 아니다. 반대로 실수를 거듭하며 조금씩 나아지는 실험에 가깝다.

실험실의 과학자들은 통제된 환경에서 실험을 수행한다. 그러다 변수가 발견되면 다시 변수를 통제해서 실험을 설계한다. 그렇게 실험을 거듭하다가 이론을 정립한다. 실험은 수행할수록 더 나아진다. 우리 인생도 마찬가지다. 일단 실행하고, 변수가 생기면 그에 대응하면서 경험치를 쌓아 간다. 그렇게 생각하면 실패는 없다. 실패는 또 하나의 변수를 발견한 사건일 뿐이고, 이는 우리의 대응력을 향상시킨다.

우리가 인생의 과학자라면, 인생이 계획대로 흘러가지 않을 때마다 이렇게 물을 것이다. "이것의 이점은 무엇일까? 여기서 나는 무엇을 배울 수 있을까? 이것을 통해 얼마나 성장하고 있는가?"

> **"현명한 사람이 어리석은 사람과 다른 점은, 실수를 저지르지 않는 게 아니라, 실수하더라도 자신의 어리석음을 한탄하는 대신 실수로부터 교훈을 얻는다는 것이다."**
>
> _아널드 라자루스, 클리퍼드 라자루스(심리학자)

계획이 어그러졌을 때 이에 대응하는 두 가지 버전이 있다. 하나는 실패로 단정하고, 자학으로 대응하는 버전이다. 예를 들어 연인과 헤어진 경우, 첫 번째 버전은 이렇게 속삭인다. "인생이 또 나의 목을 조르는구나. 하필이면 내가 버려지다니, 이건 사실일 리가 없어. 이미 물이 목까지 차올랐는데, 이것으로도 아직 부족하다는 것인가. 이제 연애라면 지긋지긋해!" 이 버전에서 당신은 희생자가 되고, 다르게 행동할 여지는 사라진다.

다른 하나는 이별을 새로운 기회이자 변화의 계기로 삼는 버전이다. "우리가 헤어진 진짜 이유는 무엇일까? 나는 어떤 환상에 빠져 있었나? 이 이별은 내게 어떤 교훈을 줄까? 새로운 관계에서는 무엇을 바꾸는 게 좋을까?" 헤어짐은 가슴 아프지만, 몰랐던 새로운 부분을 일깨우는 계기가 되기도 한다. 이 버전으로 대응하면, 자신을 더 깊이 이해하고 더 낫게 행동하는 법을 배우게 된다.

주전자에 금이 갈 수도 있다. 그러면 다른 용도로 사용하면 된다. 주전자를 버리지만 않으면, 더 좋은 해법을 찾을 수 있다.

Summary

1 오늘 불행처럼 보이는 일이 내일 행운으로 판명될 수 있다.

2 역경은 말한다. "더 좋은 방법이 있으니 찾아봐!"

3 완벽한 계획을 세우려고 애쓰지 말고, 계속 시도하면서 차차 개선해 나가라.

한계치에서

딱 10퍼센트
더 하는 힘

유럽의 한 축구 감독이 아프리카 지역 프로팀을 맡게 되었다. 그는 선수들에 대한 정보가 전혀 없었다. 심지어 누가 스타 선수인지도 몰랐다. 그런데도 수석 코치에게 말했다. "첫 훈련 전에 벌써 나는 누가 가장 뛰어난 선수인지 알 수 있습니다." 코치는 믿을 수 없다는 표정을 지었다. "훈련 전에요? 그게 어떻게 가능합니까?"

훈련 첫날, 시작 시간 30분 전에 첫 번째 선수가 나타나 신발 끈을 묶었다. 그런 다음 운동장으로 가서 몸을 풀고, 골대를 향해 프리킥을 차고, 경기장을 이리저리 달리며 드리블 연습을 했다.

감독은 이 광경을 잠시 지켜보더니 수석 코치에게 말했다. "이 선수가 우리 팀의 스타이자 최고의 선수입니다." 코치가 물었다. "드리블이 훌륭해서인가요?" 감독이 말했다. "아닙니다. 가장 먼저 훈련에 나왔기 때문입니다."

이 이야기는 실화에서 영감을 받아 각색한 것이다. 영국의 전설적인 축구 감독 알렉스 퍼거슨은 팀 최고 선수이자 월드 스타인 호날두에 대해 이렇게 말했다. "그는 예술의 경지에 오른 선수임에도 항상 30분 일찍 나와 훈련을 시작했습니다."

다른 선수들이 경기장에 도착했을 때, 호날두는 이미 30분 동안 체력 훈련과 슈팅 연습을 마친 상태였다. 그리고 다른 선수들이 훈련을 마치고 샤워하고 있을 때, 그는 여전히 프리킥을 연습했다.

가장 바쁘고 성공한 사람들이 기본적인 훈련에 가장 성실하게 임한다. 나도 여러 회차로 구성된 세미나를 진행할 때 비슷한 경우를 자주 목격한다. 회차를 거듭할수록 가장 큰 진전을 보인 사람들은 전부 너무 바빠서 연습할 시간이 가장 적은 참가자였다. 예를 들어, 매주 비행기로 미국에 출장을 가야 하는 대기업 부장, 일주일 내내 매일 강연을 해야 하는 유능한 강사, 환자로 북적대는 병원을 운영하는 의사, 순식간에 예약이 차는 심리 치료사 등이다.

하루 여덟 시간만 근무하고 일정도 여유로운 다른 참가자들은 세미나에서 내준 숙제를 그다지 열심히 하지 않았다. 그래서 진전이 별로 없었다. 그러나 일정이 빡빡한 참가자는 추가 훈련을 스스로 하는 호날두처럼, 자신의 성공 비결인 추가 노력을 내 세미나에서도 보여 주었다.

당신은 어떠한가. 6개월짜리 프로젝트의 마감일이 6월 30일로 정해졌다면, 언제 이 일을 끝마치는가? 6월 30일? 29일? 아니면 6월 1일에 벌써?

악기를 매일 30분씩 연습해야 한다면, 당신은 얼마나 연습하는가? 30분? 한 시간? 아니면 두 시간?

상사가 새로운 제품 아이디어를 내라고 하면, 당신은 몇 개의 아이디어를 내는가? 한 개? 두 개? 아니면 다섯 개?

정시에 출근하려면 아침 6시에 일어나야 한다. 당신은 몇 시에 일어나는가? 아침 6시? 5시? 아니면 4시?

미국에서 실시한 한 조사에 따르면, 새벽 4~5시에 일어나는 사람들은 그보다 늦게 일어나는 사람들보다 평균 50퍼센트 이상을 더 많이 번다.[7] 그리고 4시에 일어나는 사람들은 여전히 잠들어 있는 사람들보다 더 생산적이고 건강하며 행복하다고 느낀다.

리더십 전문가 로빈 샤르마는 《변화의 시작 5AM 클럽》에서 다음과 같이 썼다.

"세계적 수준의 의지력은 타고나는 강점이 아니라 끊임없는 연습을 통해 습득한 기술이다. 새벽 기상은 자제력을 키우는 완벽한 훈련이다."

만약 엄청난 성공을 원하지 않고 그럭저럭 살아갈 정도면 충분하다고 생각한다면, 수면을 우선순위에 두고 초연함을 연습하는 것이 현명한 선택일 수 있다. 하지만 특별한 야망이 있다면, 자기 분야에서 탁월해지고 싶다면, 호날두를 꿈꾼다면, 해야 할 일은 단 한 가지다. 전력을 다하는 것이다. 필요보다 더 많이 노력하라. 결승선에서 멈추지 말고 계속 달리라. 한계치에서 끝내지 말고 딱 10퍼센트 더 하라.

"다른 사람이 아니라 자기 자신을 능가하려 노력하라."

_마르쿠스 툴리우스 키케로(정치가)

나도 책을 낼 때는 110퍼센트를 목표로 한다. 다른 사람들이 아무리 탈고해도 된다고 말해도 나는 몇 주를 더 할애하여 원고를 다듬고 또 다듬는다. 그리고 책이 출간되면, 홍보 책임은 출판사에 있으므로 굳이 신경 쓰지 않아도 되지만, 나는 몇 달 동안 자발적으로 책을 홍보한다.

2011년에 《나는 정신병원으로 출근한다》가 출간되었을 때, 나는 사전 인쇄본을 인맥을 통해 대형 언론사인 슈피겔 온라인에 보냈다. 방송인 마르쿠스 란츠가 이 책을 인상 깊게 읽고 나를 자신의 쇼에 초대했다. 이를 계기로 책은 베스트셀러 목록에 올랐고, 3년 동안 그 자리를 지켰다. 주어진 책임 이상으로 책을 홍보한 덕분에 얻은 놀라운 결과였다.

'디지털 365 챌린지'를 기획했을 때, 동료 코치들이 참가자들에게 주는 격려는 일주일에 한 번이면 충분하다고 말했다. 그러나 나는 매일 글을 썼다. 하루도 빠짐없이 글을 완성해야 하니 고단하고 지쳤다. 그러나 매일 격려를 받는 참가자들의 긍정적 피드백은 내 결정이 옳았음을 확인해 준다.

기대치를 충족시키려 하지 말고, 기대치를 뛰어넘으라. 무엇보다 자신의 기대치를 뛰어넘으려고 노력하라. 자신의 한계를 시험하고 그것을 더 끌어올리라. 몇 걸음을 더 가라. 이런 태도는 당신을 군중 속에서 돋보이게 한다. 직원이라면 승진할 것이고, 자영업자라면 예약이 꽉 찰 것이고, 운동 선수라면 이길 것이고, 작가라면 더 많이 읽힐 것이다.

흔히들 "너무 멀리 가지 마라"라고 말한다. 그러나 많은 사람이 충분히 멀리 가지 못하고, 잠재력 이하로 성과를 낸다. 평범하거나 약간 좋은 정도로 만족하기엔, 당신이 가진 능력이 너무 아깝다. 자신의 가능성을 넓히고, 더 많은 보상을 손에 넣는 일은 짜릿하고 지속적인 만족감을 준다. 당신은 어디까지 갈 수 있는가. 스스로 시험해 보라. 당신 안에도 호날두가 있다. 그를 깨우고 싶은가? 그렇다면 남들보다 더 일찍 훈련을 시작하라.

Summary

1 몇 걸음을 더 가면, 훨씬 큰 성공을 거둘 수 있다.

2 목표를 달성하면 해야 할 일을 한 것이고, 목표를 초과하면 주목을 받는다.

3 큰 성공을 위해서는 뛰어난 재능이 아니라 평균 이상의 노력이 필요하다.

약점 안에

대체 불가능함이
숨어 있다

✳

1980년대 초, 독일의 유명한 음반 제작자인 지크프리트 로흐는 뷔르츠부르크 시립 극장에서 열린 팝 페스티벌에서 한 청년을 발견했다. 이제 겨우 23세인 이 청년은 뛰어난 음유시인의 호소력으로 포크 부문에서 1등을 차지했다.

하지만 이 청년은 전형적인 록스타처럼 보이지 않았다. 유행이 지난 넓은 넥타이를 매고 있었고, 밋밋한 안경이 얼굴의 절반을 가리고 있었다. 체구는 왜소했고, 학창 시절 체육 수업에 참여하지 못했을 만큼 걷는 데 어려움이 있었다. 무대보다는 보험회사 책상이 더 어울리는 외모였다.

이 젊은 음악가는 독문학 교수만큼이나 박식하고 언변이 뛰어났다. 당시 그는 사범대학교 학생이었는데, 고등학생 때는 늘 1등을 차지했고, 반장으로 선출되어 친구들은 물론이고 선생님들과도 사이가 아주 좋았다.

그는 영락없는 모범생처럼 보였고, 그 자신도 이것을 잘 알고 있었다. 그래서 자기 같은 모범생을 어떻게 대중에게 팔 생각이냐고 음반 제작자에게 걱정스레 물었다. 그는 이제 '이미지 세차장'에 들어가게 될 거라고 추측했다. 밋밋한 안경을 쓴 모범생 같은 남자가 들어가면, 안경 대신 콘택트렌즈를 착용하고, 아름다운 시어 대신 시궁창 속어를 말하고, 셔츠 대신 가죽점퍼를 입은 로커가 나오는 세차장 말이다.

영리한 음반 제작자인 로흐가 대답했다. "맞습니다. 당신은 교감 선생님처럼 보입니다. 그리고 우리가 만들 당신의 이미지가 바로 그것입니다." 그렇게 데뷔한 하인츠 루돌프 쿤체는 록스타가 되어 40년 넘게 나를 포함한 여러 팬을 기쁘게 해 오고 있다.

로흐는 쿤체의 약점을 가리려 애쓰는 대신 오히려 브랜드의 핵심으로 삼았다. 쿤체는 당시 시장에 넘쳐 나는 수많은 로커 중 한 명이 아니었다. 그는 언론이 때로는 조롱으로, 때로는 존중을 담아 불렀듯이 '교감 선생님'이었다. 이 이미지는 그를 돋보이게 했고, 성공의 발판이 되었다.

그리고 쿤체의 대표곡 〈내 심장 전체가 당신 것입니다〉가 1985년에 크게 히트한 것은 그의 지적 소양 덕분이었다. 그는 프란츠 레하르의 오페레타 〈미소의 나라〉에서 노랫말을 차용했다. 전형적인 로커들은 1929년에 제작된 오페레타에서 노랫말을 가져오지 못한다. 문학 지식이 풍부한 쿤체만이 할 수 있는 일이었다. 이것으로 그는 록스타가 되었고, 음반사는 거액을 벌어들였다.

당신은 약점을 어떻게 처리하는가? 그것을 없애려 애쓰고 있는가? 없앨 수 없으면 남들의 눈에 띄지 않게 만들려고 노력하는가? 그런데 관점을 바꾸면 약점은 대체 불가능한 강점이 될 수 있다는 것을 아는가? 결점처럼 보이는 것 뒤에 당신만의 이야기, 감춰진 본질이 숨어 있다.

"결함이 없는 조약돌보다는 결함이 있는 다이아몬드가 더 낫다."

_공자

나의 가장 큰 약점은 사교성 부족이다. 어린 시절, 저녁에 부모님과 남동생이 거실에서 함께 텔레비전을 볼 때도 나는 종종 내 방에서 혼자 시간을 보냈다. 나는 공상에 빠지기도 하고, 음악을 듣거나 책을 읽기도 했다.

나중에 기자로 사회생활을 시작한 이후에도 그런 성향은 여전했다. 회사 야유회를 앞두고 편집팀 모두가 답답한 사무실에서 벗어날 생각에 기뻐했지만, 나는 사무실에 남아 회사를 지키겠다고 자원했다. 시끄러운 유람선 여행보다는 사무실에서 조용히 글을 쓰는 시간이 더 즐거울 것 같았다.

때때로 나 자신을 질책하기도 했다. 왜 더 사교적이지 못할까?

왜 인맥을 넓히지 않고 가까운 몇몇 친구나 지인과만 어울릴까? 그러나 오늘날 나는 명확히 안다. 특별히 사교적이지 않은 내 약점이 바로 내 성공 비결이다. 나는 생각을 발전시키고 열심히 파고들어 새로운 영역을 개척하는 재능이 있다.

나는 한눈팔지 않고 몇 달씩 한 가지 일에 몰입할 수 있다. 그리고 일종의 집필 여행을 떠날 때면(나는 현재 이 책을 쓰기 위해 스웨덴에 머물고 있다), 나는 어린아이가 크리스마스를 기대하듯 앞으로의 조용한 몇 주가 기대되어 마음이 설렌다. 몇 주 동안 나는 혼자지만 전혀 외롭지 않다.

내가 좀 더 사교적인 사람이었다면, 혼자 이렇게 많은 글을 쓰거나 이렇게 많은 동영상을 제작할 수 없었을 터이다. 스마트폰과 그에 따른 방해 요소 없이 지낼 수 없었을 터이다. '디지털 365 챌린지'를 기획하여 이토록 많은 사람을 더 좋은 삶으로 안내하지 못했을 터이다. 지금 내가 서 있는 여기까지 오지 못했을 터이다. 그리고 나는 지금의 내가 정말 좋다!

소수 몇 명과의 친분만으로도 충분히 행복하기에, 나는 독립적으로 산다. 나는 친구가 손에 꼽을 정도로 적은데, 내게는 그 정도가 딱 알맞다. 소위 약점이라고 하는 나의 특성이 실은 나를 강하게 만든다.

미국의 배우이자 캘리포니아 주지사였던 아널드 슈워제네거는 자서전 《토탈 리콜(Total Recall)》에 이렇게 썼다.

"내가 영화를 찍고 싶다고 했을 때, 할리우드 에이전트는 나에게 (…) 잊어버리는 게 좋겠다고 말했다. 내 체형과 이름과 억양이 너무 이상하다는 것이다. (…) 나는 〈코난〉과 〈터미네이터〉로 돌파구를 찾았다. 내가 배역을 맡지 못할 이유로 에이전트가 꼽은 나의 단점이 갑자기 나를 스타로 만들었다."

이제 당신이 생각하는 '약점'을 다음과 같이 새로운 눈으로 살피라.

- **참지 못하고 종종 불같이 화를 내는가?**
당신은 다른 사람과의 경계를 확실히 설정할 줄 안다. 자신의 가치를 고수하고, 다른 사람에게 쉽게 이용당하지 않는다. 자신의 감정을 솔직하게 드러낼 수 있다. 또한 듣기 싫지만 도움이 되는 진실도 과감하게 말할 수 있다. 자기주장과 개척 정신이 강하다. 많은 리더와 기업가가 이런 특성을 가진다.

- **쉽게 주의가 산만해지고 게을러지는가?**
당신은 연상적 사고에 능하고 시야가 넓어 여러 측면에서 볼 줄 안다. 당신은 아마 아이디어가 풍부하고 사교적이며, 늘 플랜 B를 가지고 있을 것이다. 당신은 융통성이 있고 창의적이다. 예기치 않은 갑작스러운 기회가 당신을 기다린다.

- 다른 사람에게 때때로 '아니오'라고 말하기가 힘든가?

    당신은 감정 이입을 잘한다. 다른 사람들이 어떻게 지내는지, 그들에게 무엇이 중요한지를 잘 감지한다. 당신은 아마 행간을 읽는 데 능숙할 것이다. 다른 사람들은 당신과 함께 있을 때 편안함을 느낀다. 당신은 탁월한 공감 능력을 발휘한다.

- 자신감이 부족하고 생각이 너무 많은가?

    당신은 높은 수준의 성찰 능력을 선물받았다. 끊임없이 더 나아지려 애쓰고, 스스로 정한 기준 역시 매우 높다. 내재한 잠재력을 명확히 인식하고 있으며, 이것이 당신에게 힘을 주고 자만하지 않도록 보호하며, 안일한 사람들 사이에서 당신을 돋보이게 한다.

약점을 유머러스하게 다루는 것도 도움이 된다. 나는 맞춤법에 약한 한 팀장이 중요한 회의를 시작하면서 이렇게 말하는 것을 본 적이 있다. "내 서류에 맞춤법 오류가 전혀 없다면, 그건 표절했다는 뜻일 겁니다." 모두가 크게 웃었다. 자신의 약점을 그토록 유쾌하게 다뤘기 때문에 사람들의 마음을 얻을 수 있었다.

약점은 결코 나쁘지 않다. 다루기에 따라 성공의 원동력이 된다. 하인츠 루돌프 쿤체는 부족한 부분을 오히려 미덕으로 만들었다. 그의 사례를 따라, 당신도 '약점'을 활용하라. 당신만의 대체 불가능한 이야기로 각색하라. 그것으로 성공을 거두라.

Summary

1 모든 약점에는 그 나름의 강점이 있다. 이를테면, 말을 적게 하는 사람은 더 잘 듣는다.

2 자신의 특성과 평화롭게 잘 지낼수록, 그 특성은 삶에 도움이 되는 방향으로 작용한다.

3 모든 약점은 성공의 도구가 될 수 있다. 단, 그러려면 약점을 다루는 방식을 살펴야 한다. 음반 제작자 로흐가 쿤체를 보듯, 자기 자신을 보라.

작게 시작하고

지속적으로 성공하라

※

소년은 아버지가 판자벽에 못을 박는 모습을 지켜보았다. 망치질 세 번에 못이 판자 속으로 사라졌다.

"아빠, 나도 해 보고 싶어요."

"그럴래?" 아버지가 망치를 건넸다.

소년은 손가락으로 못을 잡고, 다치지 않게 조심조심 망치로 때렸다. 그러다 못을 놓쳤다. 소년은 바닥에 떨어진 못을 주워 다시 시도했지만, 또 놓치고 말았다.

"못하겠어요, 아빠." 소년이 말했다. "망치질 같은 거, 다시는 안 할 거예요."

"무슨 소리야! 넌 손가락을 때리지 않고 정확히 못을 때렸어. 그 정도면 훌륭한 거야." 아버지가 말했다.

아들이 놀란 눈으로 아버지를 빤히 보았다. "하지만 아빠, 나는 못을 벽에 박고 싶었어요. 그런데 못이 자꾸 바닥에 떨어져요."

"손을 다치지 말아야겠다는 생각도 했었니?"

"그럼요. 그래서 조심했어요."

"그것 봐, 그 목표는 달성했잖니."

"그리고 망치질이 어떤 것인지 느껴 보려는 거 아니었어?" 아버지가 물었다.

"맞아요!"

"그것 봐, 그 목표도 달성했잖니. 그리고 못이 휘지 않고 그대로인 것도 다행이지?" 아버지가 물었다.

"맞아요!"

"그것 봐, 그 목표도 달성했잖니."

이제 아버지는 밖으로 나와 몰래 창문으로 들여다보았다. 다시 망치와 못을 집는 아들이 보였다. 소년은 망치로 못을 때렸고 다섯 번째 시도에 성공했다.

아버지의 얼굴에 자랑스러운 미소가 번졌다.

외국어를 처음 배운다고 가정해 보자. 첫 수업이 쉬울 리 없다. 어휘가 부족하고 문법이 뒤죽박죽이라, 처음에는 못을 떨어뜨린 소년처럼 모든 게 서툴 것이다. 이제 당신은 어떻게 하는가? 외국어 공부 같은 새로운 습관을 시작할 때, 자신을 바라보는 두 가지 관점이 있다.

- **'할 수 없다' 관점**

    두 번째 수업인데, 아직 아무것도 모르겠다. 인사말도 제대로 못 하고 발음도 엉망이다. 앞으로 외워야 할 어휘를 생각하면 현기증이 난다. 문법은 두말할 필요도 없다. 나는 외국어 공부에 재능이 없다.

- **'할 수 있다' 관점**

    처음보다는 할 수 있는 말이 한두 개 더 생겼다. 인사말 발음이 좀 자연스러워졌다. 어휘 몇 개도 완전히 암기했다. 일단 외국어를 배우기 '시작'한 것 자체가 대단한 성과다. 이런 자발적 의욕이 나를 돋보이게 한다. 수많은 단어를 외우고 새로운 문법을 익히는 것은 얼마나 흥미진진한 목표인가. 이것을 통해 나는 머리를 젊게 유지한다.

당신은 작은 성공에 기뻐하며 자신을 칭찬하는가? 용기를 주며 격려하는가? 아니면 부족한 점을 확인하는 계기로 삼고, 그 일을 할 수 없다고 재빨리 인정하고 포기하는가?

아버지를 생각하라. 그는 간과되었던 모든 성공을 아들에게 일깨워 주었다. 그래서 아들은 새로운 눈으로 자신을 보기 시작했고, 재도전할 용기를 얻었다.

여러 전문가에 따르면, 악기, 외국어, 운동 등 무엇을 배우든 3수 농안 지속해야 비로소 그것이 뇌에 뿌리를 내리고, 점차 하고 싶은 욕구가 생긴다고 한다. 21일이라는 수치는 학계에서 논란의 여지가 있지만, 나는 다음과 같이 계산한다.

21일을 지속했다는 것은 첫날 포기한 경우보다 20일을 더 했다는 뜻이다. 그리고 새로운 습관을 시작한 100명 중 약 90명은 첫날에 벌써 포기의 수건을 던진다. 그러므로 21일 지속은 아주 대단한 도전이다. '할 수 있다 관점'은 이런 험난한 습관화의 시작 단계를 겁먹지 않고 이겨 내도록 돕는다.

"열 번 반복하면, 마음에 들 것이다."　　　　　　　_호라티우스(시인)

3주 동안 매일 꾸준히 외국어를 공부하고, 악기를 연습하고, 파트너에게 매일 세 번씩 칭찬하고, 10분 명상으로 하루를 시작하고, 찬물로 샤워하고, 아침에 공원을 산책하고, 성공 일기를 쓰고, 잠들기 전에 긍정적인 생각 세 가지를 한다면, 삶에 어떤 효과가 있을까?

매일 이렇게 하면 당신은 눈에 띄게 발전할 것이다. 외국어로 간단한 문장을 말할 수 있고, 악기로 쉬운 곡을 연주할 수 있으며, 명상으로 내면의 중심을 더 빨리 잡을 수 있을 것이다. 그리고 그것이 두 번째 효과를 이끈다. 실력이 향상됨에 따라 즐거움을 느끼고, 그것을 하려는 욕구가 샘솟는다.

톰은 운동이라는 것을 평생 한 번도 하지 않았지만, 운동을 하기로 결심한 후 21일 연속으로 피트니스 센터에 갔다. 그러고 나서 느낀 기분을 일기장에 이렇게 적었다.

'운동을 마치고 샤워하다가 알아차렸다. 오늘이 벌써 22번째 날이었다! 나와 약속했던 의무 기한이 정말로 끝났다. 하지만 모든 일이 저절로 일어날 정도로, 나는 매일 아침 운동하러 가는 것에 완전히 익숙해졌다. 운동 가방이 복도에 놓여 있고, 차는 마치 저절로 움직이듯 피트니스 센터로 향했고, 나는 벌써 러닝머신 위에서 달리고 있었다. 처음에는 매일 아침 억지로 가야 했다. 그것은 투쟁이자 고문이었다. 그러나 체력이 좋아질수록 운동하러 가기가 더 쉬워졌다. 체력이 좋아지는 것을 느끼니 운동이 즐거워졌다. 그래서 나는 계속했다.'

 21일 후에는 습관을 유지하는 것보다 버리기가 더 어려워질 것이다. 그런데 21일 동안 익숙지 않은 습관을 계속하려면 위에 언급한 '할 수 있다 관점'만으로는 부족하다. 다음의 수단이 습관화에 도움이 될 것이다.

- 습관 일기를 쓰라. 오늘 새로운 습관을 얼마나 오랫동안 했는지 쓰고, 다음 날 언제 다시 할 것인지 기록하라.
- 잊어버리지 않도록, 새로운 습관을 당신의 일과와 결합하라. 예를 들어 당신이 좋아하는 활동과 새로운 습관을 한 세트로 묶으라. (그러면 새로운 습관에 대한 뇌의 저항을 줄일 수도 있다. 272쪽 프리맥 원리를 참조하라.)
- 매일 무엇이 조금 더 좋아졌는지 관찰하라. 그리고 발전을 칭찬하라.
- 새로운 습관을 십고 완벽하게 실행하는 모습을 계속 상상하라. 그런 긍정적 이미지는 뇌 신경에 발자국을 남겨 습관화를 더 수월하게 만든다.
- '비전 보드'를 만들라. 예를 들어, 오랫동안 꿈꿔 온 세계 여행을 위해

외국어를 배운다면, 당신이 방문하고 싶은 가장 아름다운 장소와 해변의 사진을 걸고, 그 한복판에 배낭을 맨 당신 사진을 붙이라. 비전 보드는 외국어를 배워야 하는 이유를 매번 상기시킨다.
- 역경이 있을 때마다, 오직 전진한 사람만이 후진할 수 있다는 사실을 기억하라. 즉 당신은 올바른 방향으로 나아가고 있기 때문에 지금 힘든 것이다.

나는 몇 년째 아침에 찬물 샤워를 하고 있다. 처음 며칠 동안은 정말로 너무나 힘들었다. 그래서 때때로 샤워 시간을 짧게 단축하기도 했다. 하지만 어쨌든 매일 해냈다. 찬물 샤워를 한 지 한 달쯤 되었을 때, 출장으로 호텔에 머물게 되었다. 아침에 호텔 샤워실에 들어가 수도를 틀자마자 나는 반사적으로 수도를 잠갔다. 뭔가 잘못되었다! 그러다가 깨달았다. 나는 따뜻한 물에 흠칫 놀란 것이다. 한 달간 찬물 샤워 습관을 들이려던 내 고군분투가 정말로 몸을 길들였다. 이제 예전만큼 애쓰지 않아도 몸이 먼저 움직였다.

마지막으로 성과를 대폭 향상할 수 있는 업무 습관을 소개한다. 이것은 내 의뢰인들이 현장에서 큰 효과를 본 것이기도 하다. 리더십 전문가 로빈 샤르마는 90일 동안 매일 첫 90분을 가장 큰 진전을 가져올 프로젝트 하나에만 집중하라고 권한다. 이른바 '90/90/1 규칙'이다.

두뇌가 완전히 깨어 있는 아침 시간에 90분간 핵심 업무에 집중하라. 그렇게 90일을 하면 성과가 달라진다. 이때는 다른 모든 것,

즉 일상 업무나 이메일 그리고 메신저도 차단해야 한다. 이런 업무 습관을 들이면 어떤 프로젝트를 맡건 성공 확률이 높아지고, 부수적인 업무의 쓰나미와 야근에서도 무사히 빠져나올 수 있다.

꾸준한 사람들은 눈앞의 작은 성공에 집중한다. 그렇게 딱 한 걸음씩 전진해 어느덧 목표에 도달한다. 그리고 그 누구라도 딱 한 걸음은 나아갈 수 있다. 그러니 지금 할 수 있는 아주 작은 목표에 집중하고, 그것을 해내면 자신을 칭찬하자. 앞의 이야기에서 소년이 어떻게 되었는지 누가 알겠는가. 어쩌면 망치 없이는 살 수 없게 되었을지도 모른다. 어쩌면 목수가 되었을지도 모른다.

Summary

1. 작은 성공에 집중하는 '할 수 있다 관점'은 새로운 습관 만들기의 시작이다.

2. 처음 3주는 어려울 수 있지만, 그 후로는 욕구가 샘솟고 몸이 먼저 반응해 저절로 진행될 것이다.

3. 90일 동안 업무 개시 첫 90분을 가장 중요한 프로젝트 하나에만 집중한다.

> **최소 노력, 최대 효과**

시작했다가 금세 포기한 습관은 무엇인가?

대략 며칠을 지속했는가?

다음번 시도에서 습관을 적어도 21일 동안 지속하려면 어떻게 해야 할까? 그리고 그것을 통해 무엇이 바뀔까?

나의 메모

CHAPTER 3

생각 설계 : 모든 변화의 시작

심리학자들은
한결같이 말한다,

무조건 잘된다고
생각하라고

옛날에 한 왕이 새로운 국무대신을 찾고 있었다. 수많은 지원자가 면접을 보러 왔다. 왕은 지원자들을 궁전 지하로 데려갔다. 그들은 거대한 철문 앞에 섰다. 철문 뒤에는 화려한 보석으로 장식한 왕관이 보관되어 있었다. 그리고 왕국 최고의 자물쇠 장인이 만들어 절대 깨지지 않는다는 자물쇠가 걸려 있었다.

왕이 말했다. "이 철문을 여는 사람을 국무대신으로 임명하겠노라." 몇몇 지원자들이 고개를 저으며 자리를 떠났다. 몇몇은 자물쇠를 자세히 살펴보았으나 결국 포기했다. "이 자물쇠는 아무도 깰 수 없습니다." 지원자들이 줄줄이 물러났다.

결국 철문 앞에는 지원자 단 한 명만 남았다. 왕이 그에게 물었다. "그대는 어떠한가? 이 문을 열 수 있겠는가?"

"그럴 것 같습니다." 지원자가 말했다. 그는 자물쇠를 그대로 둔 채, 거대한 철문을 힘껏 밀었다. 철문이 끼익 소리를 내며 움직였다. 보물 창고의 철문은 애초에 잠겨 있지 않았다.

자물쇠로 굳게 잠겼다고 믿는 사람에겐 문을 여는 방법이 보이지 않는다. 철문은 열린다고 생각해야 가능성이 생기고, 그것이 현실이 된다.

운동에서도 이와 비슷한 연구 결과가 있다. 테니스를 치면서 "나는 할 수 있다", "내 스트로크는 빗나가는 법이 없다", "나는 이번에 점수를 올린다"라고 혼잣말로 자신을 응원하면 어떻게 될까? 보통은 스스로 우긴다고 실력이 좋아지진 않는다고 생각할 것이다. 그러나 여러 연구에 따르면, 긍정적인 자기 암시는 주의 집중력을 강화하고 자신감을 높여 성과를 향상시킨다.[8] 스스로 자기를 응원하는 사람은 더 많은 것을 성취할 수 있다.

이와 비슷한 연구 결과가 더 있다. 암스테르담 대학의 한 연구에서, 연구진은 지능과 교육적 배경이 비슷한 실험 참가자들을 두 그룹으로 나누었다. 한 그룹에는 축구 훌리건으로 산다는 것에 대해 쓰라고 지시했고, 다른 한 그룹에는 교수로 산다는 것에 대해 써 보라고 지시했다. 그리고 후속 실험으로 어려운 문제를 풀어 보는 테스트를 신행했는데, '상상 속 교수'가 '상상 속 훌리건'보다 더 나은 점수를 받았다.

스스로 능력이 있다고 말하고 믿는 것이 왜 효과를 낼까? 우리의 생각과 감정은 갑자기 생겨 나는 것이 아니다. 그것은 맥락에 따라 생성되고 유도된다. 그래서 특정 자극을 받으면 무의식적으로 그것과 연관된 생각을 하게 되고, 비슷한 행동을 한다. 심리학에서는 이를 '프라이밍 효과'라고 부른다. 예를 들어, 건망증이나 주름 등 노인에 대한 고정관념과 관련한 단어에 노출된 피험자들은 대조군에 비해 시험장을 더 천천히 걸어 나왔다. 또 '기다리다, 예의, 참을성 있는' 같은 단어에 노출된 피험자들에게서 실험 중 연구진을 더욱 오래 기다리는 경향이 나타났다.

프라이밍은 단순히 타인을 조종하는 데 그치지 않는다. 이를 활용하여 성과를 높이고 더 큰 성공을 거둘 수도 있다. 위스콘신 대학의 알렉산더 스타이코비치가 실시한 실험에서 입증되었다. 연구진은 한 그룹에는 승리, 성공, 경쟁 같은 단어를 사용했고, 다른 그룹에는 완전히 중립적인 단어를 사용했다. 그 결과 이후 과제에서 첫 번째 그룹은 지속적으로 더 나은 성과를 냈고, 매번 승리를 거두었다.

당신은 자기 자신에게 어떤 말을 들려주는가? 그 말이 곧 현실이 된다. 그러므로 자신에 대해 말할 때는 신중하라.

세상에 있는 것은 모두 당신 안에도 있다. 이 세상의 영리함, 힘, 지혜, 풍요가 당신을 통과해 흐른다. 불행하게도 그 반대 역시 마찬가지다. 세상에 있는 모든 어리석음이 모든 사람에게 내재해 있다. 우리 모두의 안에는 어리석음, 무지, 이기심의 씨앗이 있다.

당신 안에 있는 무엇을 가장 먼저 밖으로 드러내고 싶은가? 당신이 자신에게 "내가 이긴다"라고 말하면, 승리자 자질이 맨 앞으로 나온다. 그러면 자신감이 커진다. 당신은 야망을 갖고 최고의 성과를 낸다.

당신이 자신에게 "나는 교수만큼 똑똑하다"라고 말하면, 지성이 맨 앞으로 나온다. 그러면 당신은 더 명료하게 생각하고, 기억을 더 잘 떠올리고, 지식의 퍼즐 조각을 잘 맞출 수 있다. 반대로 실수한 후에 "난 정말 멍청해", "난 아무것도 제대로 할 줄 몰라"라고 하면 어떻게 될까? 자기 자신에게 불을 지르는 꼴이다.

> "자신 안에서 행복을 찾기는 어렵다. 그리고 다른 곳에서 행복을 찾기는 완전히 불가능하다."　　　　　　　　　　　_니콜라 샹포르(작가)

미국 국립과학재단의 연구에 따르면, 우리는 하루에 1만 2천에서 6만 가지 생각을 한다. 그런데 이중 부정적인 생각이 무려 80퍼센트를 차지한다. 부정적인 생각은 끝없이 반복된다. 긍정적인 확언으로 균형을 맞춰야 한다.

예상하는 일은, 예상하기 때문에 실제로 발생한다. 심리학에서는 이것을 '자기실현적 예언'이라고 부른다. 이를 긍정적으로 활용하면 어떨까? 예를 들어, 어떤 사람은 자신이 영어를 잘하고 재능이 있다고 믿는다. 그러면 도전이 쉬워진다. 영어 원서에 도전하고, CNN 뉴스를 보고, 기회가 있을 때마다 영어로 말한다. 그 결과, 그는 영어를 점점 더 잘 구사하게 된다. 원래는 영어를 못하고 특출

난 재능이 없었는데도 말이다.

어떤 것이 불가능하다고 믿으면, 철문 앞에 얼어붙어 손도 대 보지 못한다. 그래서 열린 철문도 열어 보지 못한다. 스스로 배움이 전무하고 멍청하다고 생각하는 사람은 머리에서 지식을 찾아 보지도 않는다. 그래서 무식하다는 고정관념이 더욱 강화된다. 스스로 실패자라고 말하는 사람은 성공의 기회를 무시한다. 그래서 눈앞의 성공도 놓치게 된다.

당신은 인생에서 어떤 문 앞에 서 있는가? 그것을 열 수 있다고 얼마나 강하게 믿고 있는가?

Summary

1. 나는 진실을 믿지 않는다. 나는 내가 믿는 것을 진실로 만든다.
2. 나는 유전자가 아니라, 자기 정의에 따라 결정된다.
3. 내가 원하는 자질을 이미 가졌다고 말하면, 이를 통해 그 자질이 실제로 개발된다.

외상 후 스트레스 장애냐, 회복 탄력성이냐

80대 노인 세 친구가 함께 앉아 과거를 회상했다. 첫 번째 노인이 젊었을 때를 그리워하며 말했다. "그때 나는 바람처럼 빠르고 힘이 넘쳐 났지. 하지만 이제는 쭈글쭈글해진 난파선 같아." 그는 자기 몸을 내려다보며 말했다.

두 번째 노인이 말했다. "예전에는 최고의 미인들이 내 뒤를 따라다녔지. 나는 매력적이고 욕심낼 만한 사람이었어. 하지만 이제 내가 얼마나 쇠약해졌는지 생각하면, 거울 앞에 서기가 무서워."

마지막으로 세 번째 노인이 말했다. "나는 힘에서나 행복에서나 모든 것이 예전과 똑같은 것 같아." 두 친구가 믿을 수 없다는 표정으로 그를 쳐다보았다. "예전처럼 강할 수는 없어. 자신을 과대평가하지 말라고."

"과대평가가 아니야." 세 번째 노인이 말했다. "내 힘을 시험해 봤어. 그리고 예전과 똑같이 할 수 있었지."

두 친구는 궁금해져서 물었다. "근데 어떻게 시험해 본 거야?"

"역도 선수 시절 도전했던 최고 무게를 내 오랜 역기에 걸고, 그것을 들어 올릴 수 있는지 시험해 봤어." 두 친구가 놀라서 그를 바라보았다. "정말로 그 무게를 번쩍 들었어?"

"아니. 하지만 예전에도 들지 못했어. 그러니까 지금 내 힘은 그때와 똑같은 거야. 그리고 그때처럼 계속 훈련하고 있고!"

세 노인의 차이점은 무엇인가? 그들은 육체적으로 비슷한 상태에 있다. 하지만 두 노인은 단점에 집중하며 젊음을 그리워하고 나빠진 부분만 따진다.

첫 번째 노인은 인생에서 나빠진 것을 찾는다. 그의 머리가 구글이라고 상상해 보자. 검색창에 '퇴화'라고 입력하면 무엇이 검색될까? 퇴화와 관련한 것들만 나오고 다른 것은 표시되지 않는다.

두 번째 노인은 자신이 얼마나 쇠약해졌는지를 찾는다. 그것은 검색창에 '쇠약'을 입력하는 것과 같다. 그러면 무엇이 검색될까? 당연히 쇠약한 이미지들이 표시된다.

그러나 세 번째 노인은 자신이 얼마나 강하고 행복한지를 찾는다. 그는 뇌의 검색 엔진으로 힘과 행복의 이미지를 검색한다. 그러므로 그는 역기 시험을 긍정적으로 해석하고 신체적으로 활동적인 상태를 유지한다.

> "우리는 가진 것에 대해서는 거의 생각하지 않고, 가지지 못한 것에 대해서만 늘 생각한다."
> _아르투어 쇼펜하우어(철학자)

최근 상담한 서른여덟 살의 마리아도 가지지 못한 것을 뇌의 검색창에 입력하는 사람이었다. 여행사에서 일하는 그는 부서장 승진을 위해 모든 노력을 기울였지만, 동료에게 그 자리를 빼앗겼다. 상사는 마리아를 위로하며, 사내 공고에 많은 사람이 지원했고 마리아와 그의 동료가 막상막하였다고 설명했다. 마리아는 바닥에 풀썩 주저앉으며 내게 이렇게 하소연했다.

"이건 제 인생 최대의 패배예요. 내가 승진하지 못하다니, 불공평해요. 상사에게 너무 화가 납니다. 어떻게 그런 형편없는 결정을 내릴 수가 있죠? 그리고 업적과 잠재력을 제대로 알리지 못한 나 자신이 한심해 못 견디겠어요. 이런 기회는 다시 오지 않을 거예요. 벌써 마흔 살이 다 되었단 말입니다."

나는 마리아에게 '더블링'을 해도 되겠냐고 허락을 구했다. 더블링은 상담자가 내담자의 관점에서 말하는 상담 기법으로, 내담자가 지금은 하지 않지만 할 수 있을 만한 생각을 상담자가 밖으로 표현하는 것이다. 그러면 내담자의 뇌 검색창에 새로운 용어가 입력된다. 그리고 내담자는 마치 자신이 말하는 것처럼 느낀다. 나는 마리아 옆에 무릎을 꿇고 앉아 그와 같은 방향을 보며 이렇게 말했다.

"팀에서 두각을 나타내는 제가 자랑스러워요. 상사는 이런 저를 인정하고, 유력한 승진 후보로 세웠어요. 나는 많은 후보자를 제쳤습니다. 이제 나는 내 잠재력을 상사에게 알릴 방법을 연구할 거예요. 계속 발전해서 누구와도 비교되지 않을 만큼 탁월해질 겁니다. 나는 이제 38세이고, 30년은 더 직장 생활을 할 수 있어요. 경력을 쌓을 충분한 시간이죠."

나는 조용히 앉아 마리아의 반응을 기다렸다. 잠시 후 마리아가 이렇게 말했다. "물론 그렇게 생각할 수도 있어요. 하지만 나는 이번에 정말로 승진하고 싶었다고요!"

"상사의 결정이 만족스럽지 않은 건 충분히 이해합니다. 하지만 결정은 이미 났고 바꿀 수 없습니다. 이제 중요한 건 어떤 마음 자세가 당신에게 더 도움이 되느냐입니다. 다음 기회에 목표를 달성하려면 어떤 자세를 취하는 게 좋을까요?"

마리아는 신중하게 생각했다. "당연히 두 번째 자세가 용기를 줍니다. 하지만 패배를 좋은 일로 포장하고 싶지는 않아요."

"금메달을 못 딴 것은 사실입니다. 하지만 은메달을 딴 것도 사실이죠. 둘 중 어느 쪽을 선택할지는 당신에게 달려 있습니다."

이야기를 나눌수록 마리아는 자신이 놓친 승진을 더 좋은 방향으로 재평가하게 되었다. 그는 자신이 올바른 길을 가고 있다고 인정했다. 이것이 용기와 에너지를 주어 9개월 후, 그는 다른 여행사에 지원해 부서장으로 채용됐다.

당신은 머릿속에 어떤 검색어를 입력하고 있는가? 가진 것은 몽땅 제외하고 가지지 못한 것만 입력하고 있지는 않은가? 당신의 머릿속 구글을 주의 깊게 설정하라. 만약 잘못된 일만 검색하고 있다면, 다음과 같이 물으라.

- 몇 년 전보다 지금 더 나아진 점은 무엇인가?
- 어떤 생각이 기분을 금세 좋아지게 하는가?
- 어떤 광경이 기쁨을 주는가?
- 영감을 가장 많이 주는 사람은 누구인가?
- 어떤 경험이 성장에 특히 도움이 되는가?
- 내가 (적어도) 예전만큼 강하다는 것을 어떻게 알 수 있을까?

긍정 심리학의 아버지 마틴 셀리그먼은 어느 날 육군 장성들의 점심 식사에 초대되었다. 이라크와 아프가니스탄 전쟁에 투입된 군인 중 최대 20퍼센트가 외상 후 스트레스 장애를 안고 돌아왔는데, 이는 유례없이 높은 수치였다. 사태의 심각성을 깨달은 육군 수뇌부가 그를 초청해 조언을 듣고자 마련한 자리였다.

셀리그먼은 트라우마 경험 이후 나타나는 대다수 반응은 외상 후 스트레스 장애가 아니라 회복 탄력성이라고 설명했다. 인간은 수천 년 동안 생존을 위해 싸우면서 끔찍한 경험을 처리하는 능력을 발전시켰다. 단기간의 우울감과 불안감이 지나가면 정신은 다시 곧게 펴진다.

그런데 상대적으로 드문 현상인 외상 후 스트레스 장애에 대해서는 미군의 90퍼센트가 들어 봤지만, 대다수의 반응인 회복 탄력성에 대해서 들어본 미군은 10퍼센트에 불과했다. 여기서 악순환이 시작된다. 예를 들어, 전투에서 동료를 잃은 후 슬픔에 빠져 식욕을 잃은 사람은 이런 반응을 정상적이고 건전한 애도로 보지 못하고 이렇게 생각한다. '내가 이제 외상 후 스트레스 장애를 앓고 있군. 모든 것이 예전 같지 않을 거야. 내 인생은 망가졌어.' 그는 무의식적으로 질병을 설정한다. 그렇게 불안감과 우울감의 순환이 시작된다.

만약 군인들이 회복 탄력성에 대해 더 많이 알게 되면 어떨까? 끔찍한 경험을 한 후에 찾아오는 우울과 불안의 깊은 골짜기를 정상적인 과정으로 받아들일 것이다. 그리고 애도 후에 정신은 약해지지 않고 오히려 강해지리라 기대할 것이다.

그리고 셀리그먼은 걸프전에서 헬리콥터가 격추당하는 바람에 갖은 고초를 겪은 군의관 론다 코넘의 이야기를 들려주었다. 헬기에 타고 있던 다섯 명 중 세 명이 전사했고, 코넘은 겨우 살아남았으나 크게 다쳤다. 더군다나 적군에게 사로잡혀 심하게 구타를 당했고, 8일 후에야 겨우 석방됐다. 하지만 코넘은 이 충격적인 경험이 직업적으로, 개인적으로, 사회적으로, 모든 면에서 자신을 강하게 만들었다고 회고했다. 코넘은 나중에 여단장이 되었다.

외상 후 스트레스 장애냐, 회복 탄력성이냐. 이는 우리가 자신에게 어떻게 말하느냐에 달려 있다. 셀리그먼은 외상 후 성장을 지원하는 진술로 다음을 제시한다. 이것은 좌절의 이점을 인식하는 데도 도움이 된다.

- 나는 이제 삶의 가치를 더욱 소중히 여기게 되었다.
- 나는 이제 영적인 것을 더 잘 이해하게 되었다.
- 나는 내 삶에 새로운 방향을 제시했다.
- 나는 다른 사람과 더 친밀해졌다.
- 나는 평상시라면 얻지 못했을 새로운 기회를 얻었다.
- 나는 이제 인간관계에 더 많은 노력을 기울인다.
- 나는 생각보다 강하다는 것을 깨달았다.

당신은 상실과 역경 이후의 삶을 어떤 이야기로 써 내려갈 것인가? 그것은 좌절의 이야기인가, 극복의 이야기인가? 둘 중 어떤 이야기가 미래에 도움이 되는가? 앞서 소개한 세 명의 노인 중 누가 되고 싶은가? 들지 못한 역기를 쇠퇴의 증거로 볼 수도 있지만, 힘의 근거로도 볼 수 있음을 기억하라.

Summary

1. 뇌에 입력하는 질문이 내가 얻을 답을 결정한다.
2. 뇌의 검색 엔진에 삶을 더 강하게 만들어 줄 검색어를 입력하라.
3. 장점은 찾아야 찾을 수 있다.

생각을
1퍼센트 바꾸면

결과가
극적으로 달라진다

✳

한 젊은이가 온 신경을 곤두세우고 살금살금 정글을 걷고 있었다. 눈에 불을 켜고 덤불을 살폈고, 바스락거리는 모든 소리에 귀를 쫑긋 세웠다. 위험을 코로 감지하려는 듯 냄새에 집중했다. 맹수나 뱀의 공격에 제때 반응할 수 있도록 모든 감각을 날카롭게 벼렸다.

순간 무언가가 젊은이를 습격했다. 그는 바닥에 내동댕이쳐져 숨을 헐떡이고 쌕쌕거렸다. 상대는 그가 정신을 잃을 때까지 한동안 놓아주지 않았다.

젊은이가 다시 정신을 차렸을 때, 그의 옆에는 늙은 인디언 추장이 앉아 있었다. 그는 믿을 수 없다는 표정으로 노인에게 물었다. "이봐요, 나를 공격한 사람이 당신입니까?"

"아닙니다. 첫째, 그럴 이유가 없습니다. 둘째, 당신을 공격하기에는 내가 너무 약합니다. 셋째, 당신은 온 신경을 곤두세우고 있어서 다른 사람의 공격을 받을 수 없었습니다."

젊은이는 멍하니 추장을 바라보았다. "하지만 분명 공격을 받았어요. 더욱 주의를 기울였어야 했는데, 부족했나 봅니다."

"당신은 두려움에 집중했습니다. 그래서 두려움이 당신을 공격했습니다. 당신은 공황 발작을 일으켰습니다."

젊은이는 정글을 위험천만한 곳이라고 생각했고, 잘못하면 죽을지도 모른다는 두려움에 떨다가, 결국 두려움의 공격을 받고 말았다. 생각은 부메랑이다. 우리가 자주 하는 생각은 현실이 되어 우리에게 닥친다. 히브리어 성경을 지혜롭게 해석한 탈무드에는 다음과 같은 구절이 있다.

"생각은 말이 되니 주의하라. 말은 행동이 되니 주의하라. 행동은 습관이 되니 주의하라. 습관은 성격이 되니 주의하라. 성격에 주의하라. 그것이 너의 운명이 될 것이기 때문이다."

당신의 삶은 벽돌집처럼 생각의 벽돌로 이루어져 있다. 당신이 자주 하는 생각이 곧 운명을 결정짓는다.

아마 당신은 지금 이렇게 따지고 싶으리라. "잠깐, 힘든 사건을 겪어도 생각만 긍정적으로 하면 인생이 풀린다는 말씀입니까? 하지만 사랑을 잃거나 직장에서 잘렸는데, 어떻게 좋게 생각할 수 있겠습니까? 그건 자기기만입니다!" 물론 그런 상황에서 행복해지기는 쉽지 않다. 슬퍼하고 분노하고 좌절하는 게 더 자연스러워 보인다. 하지만 영국의 심리학자 리처드 와이즈먼에 따르면, 행운과 불운을 가르는 요인은 사건이 아니라 그것을 대하는 사고방식에 있다. 그는 이렇게 말한다.

"나의 피험자 대다수는, 예를 들어 중병을 앓거나 사랑하는 사람을 잃었음에도 스스로 운이 좋다고 생각했다."

나는 일방적 해고를 좋은 기회로 여기는 사람들을 많이 만났다. 또 슬픔이 아니라 함께 보낸 시간에 감사하며 사랑하는 사람을 떠나보내는 사람들 역시 많이 만났다. 살면서 닥치는 불운한 사건은 통제 범위 밖의 일이다. 우리 힘으로는 막기 힘든 경우가 대부분이다. 그러나 그 사건을 어떻게 받아들일 것인가는 완벽히 우리의 통제 아래에 있다. 세상을 적대적으로 바라보고 자신을 비운의 주인공으로 남길 것인가, 아니면 불운에도 불구하고 희망을 버리지 않고 성장하는 사람으로 바라볼 것인가. 그것은 순전히 우리의 생각에 달려 있다.

"내일 당신은, 오늘 당신이 생각한 그런 사람이 될 것이다."

_붓다

무슨 일이든 자주 할수록 숙련되기 마련이다. 생각도 마찬가지다. 자주 화를 내고 분노를 떠올리는 사람은 어떤 사건을 겪으면 자동으로 분노가 치밀 것이다. 그 사람은 프로 분노자, 분노의 거장이 될 것이다. 반대로 인생의 즐거운 면을 가능한 한 자주 생각하는 사람은 감사의 달인이자 행복한 사람이 될 것이다.

당신에게 좋은 것을 반복적으로 생각하라. 당신은 어떤 사람이 되고 싶은가? 당신을 이미 그런 사람이라고 여기라. 당신의 성격을 건설적으로 설정하라. 예를 들어, 이렇게 생각을 전환해 보는 것이다.

1. 자책감이 심한 사람인 경우

매일 자신은 멍청하고 항상 모든 일을 잘못하고 있다고 생각하면, 당신은 부정적 사고 분야의 최고 권위자가 될 것이다. 스스로 자기 자신을 존중하지 않기 때문에, 다른 누구도 당신을 존중하지 않을 것이다. 무례함으로 가득 찬 운명이 당신을 기다리고 있다.

그걸 원하지 않는다면, 가능한 한 자주 이렇게 생각하라.

"나는 인생에서 많은 것을 성취했다. 나는 연약한 아기였지만, 이제는 뜻대로 뭐든 할 수 있는 어른이 되었다. 나는 학교를 마쳤고, 직업에 필요한 공부를 했고, 위기를 극복했고, 언제나 순리대로 살았다. 나는 닥치는 모든 일을 처리할 수 있을 만큼 성장했다. 새로운 도전을 할 때마다 그것을 해내는 힘이 생긴다." 이런 생각을 자주 하면, 당신은 자기 효능감의 대가이자 실천적 낙관주의자가 될 것이다.

2. 당당히 요구하지 못하는 사람인 경우

항상 다른 사람을 기쁘게 해야 하고 거절하면 안 된다고 생각하면,

당신은 자기 부정의 대가, 자기 욕구를 무시하는 분야의 챔피언이 될 것이다. 자기 부정을 운명으로 삼길 원치 않는다면, 가능한 한 이렇게 생각하라.

"나에겐 내 길을 갈 권리가 있고, 내 욕구를 실현하고 좋아하지 않는 것을 거부할 권리가 있다. 나에게 무엇이 좋은지는 내가 가장 잘 안다. 나는 수십억 인구 중에서 유일무이한 존재다. 수백만 년 동안, 이 지구상에 나와 똑같은 사람은 없었다. 그러므로 나는 이 땅에서 내가 원하는 방식으로 하루하루를 즐길 것이다." 이런 생각을 자주 하면, 당신은 자존감 분야의 최고 권위자이자 결단력 있는 사람이 될 것이다.

당신은 인생에서 무엇을 바꾸고 싶은가? 어떤 생각과 말이 변화에 도움이 될까? 예를 들어, 당신은 어려움에 직면했을 때 너무 쉽게 포기하는 경향이 있는가? 생각은 많은데 아무것도 실행하지 않는 버릇이 있나? 이제부터는 중요한 일을 해낼 때까지 끈기 있게 추진하고 싶은가? 그렇다면 좋은 습관을 만들어 줄 다음과 같은 유용한 생각을 기록해 보라.

"나는 무엇이든 내 힘으로 성취할 수 있다. 주먹보다 강한 의지로 어떤 장애물도 제거할 수 있다. 목표를 향해 일단 출발하면, 절대 멈추지 않는다. 나는 인생에서 내가 원하는 것과 내게 좋은 것을 얻는 데 필요한 모든 능력을 갖추고 있다."

이런 생각들을 적어 거울에 붙여 두고 휴대전화 화면 보호기에

뜨도록 설정해 두라. 이런 생각을 적은 쪽지를 침대 옆에 두고, 잠들기 전에 한 번씩 상기하여 머릿속에 떠다니게 하라. 중력이 바다를 움직이듯, 당신의 생각과 말이 현실을 움직인다.

스스로 운이 좋다고 믿는 사람은 실제로 운이 좋을 가능성이 더 크다. 예를 들어, '운이 좋은 사람'은 자칭 '불운한 사람'보다 대회에서 더 자주 승리한다. 그들이 더 자주 대회에 참가하기 때문이다.[9] 이처럼 생각은 힘이 세다. 인생이 정글이라면, 건설적인 사고는 당신의 경호원이다. 어떤 생각은 습격으로부터 당신을 보호하고, 목적지까지 안전하게 데려다준다.

Summary

1 내가 생각하고 말하는 모든 것이 현실에 영향을 미친다.

2 생각은 내 힘으로 충분히 통제할 수 있다.

3 생각을 훈련하면 운명이 달라진다.

> 최소 노력, 최대 효과

시험 삼아 _____월 _____일에 생각 일기를 작성해 보자. 한 시간에 한 두 번씩(알림 앱을 이용해도 좋겠다), 그 순간 생각하는 내용을 간략하게 적는다. 이때 다음의 세 가지 사항을 검토한다.

나에 대해 어떻게 생각하는가? 다른 사람들에 대해 어떻게 생각하는가? 세상에 대해 어떻게 생각하는가?

저녁에는 기록한 생각들이 얼마나 마음에 드는지 분석하고, 마음에 들지 않는다면 앞으로 어떻게 수정할지 계획한다.

_____

_____

_____

_____

_____

_____

자기 제한적 믿음에서 벗어나라

은행 강도, 차량 절도범, 협박범이 죽어서 천국의 문 앞에 도착했다. 천국 문을 지키는 베드로가 물었다.

"직업이 뭐였습니까?" 은행 강도가 대답했다. "은행에서 일했습니다." 베드로가 말했다. "당신은 강도였군요. 지옥으로 가세요." 은행 강도는 지옥에 갔다.

이번에는 차량 절도범에게 물었다. "직업이 뭐였습니까?" 차량 절도범은 깊이 숨을 쉰 뒤 "자동차 관련 사업을 했습니다"라고 대답했다. 베드로가 이번에도 말했다. "당신은 차량 절도범이었군요. 지옥으로 가세요." 차량 절도범은 지옥에 갔다.

"그럼 당신은 이승에서 무슨 일을 했습니까?" 베드로가 협박범에게 물었다. 협박범은 총을 꺼내 베드로의 머리에 대고 말했다.

"나는 협박범이다. 지금 당장 나를 들여보내라!"

협박범만 유일하게 천국에 갔다.

전기 기술자 루트거와 상담할 때 있었던 일이다. 우리는 그의 경력 단계와 직장 생활에 대해 한참 이야기를 나누고 있었다. 갑자기 도로에서 시끄러운 경적이 울리자, 순간 그가 얼어붙었다. 그는 입을 꾹 다문 채 퇴근 시간의 번잡한 도로 상황만 멍하니 쳐다보았다. 트럭이 굉음을 내며 지나갔다. 그다음 사이렌이 울부짖었고, 가을 저녁은 깜빡이는 푸른 불빛 속으로 빠져들었다.

루트거는 얼굴을 일그러뜨렸다. "소음 때문에 미칠 것 같아요. 함부르크에 이사 온 후로 잠시도 조용한 시간을 가져 보지 못했습니다. 시끄러운 교차로에 인접해 살아서 더 그럽니다. 대도시의 번잡함이 너무 버거워요."

"소음에 그렇게 민감하신 분이 왜 대도시로 왔고, 게다가 왜 시끄러운 교차로 가까이에 사십니까?" 내 질문에 그는 어깨만 으쓱해 보였다.

루트거만이 아니다. 뻔히 보이는 불행 속으로 달려드는 사람이 너무 많다. 업무를 지시하는 역할이 싫다면서 관리직을 맡은 사원, 사람들 앞에서 말하는 것이 싫다는 교사, 신뢰를 가장 중요하게 여긴다면서도 거짓말하는 애인과 헤어지지 않는 사람…. 그들은 왜 싫어하는 일을 계속할까? 철학자 소크라테스가 가장 간결한 답을 준다.

"사람은 자기 자신을 앎으로써 최고의 선을 경험하고, 자기 자신을 속임으로써 최고의 악을 경험하는 것이 명백한 사실 아닌가요? 자기 자신을 아는 사람은 자신에게 좋은 것이 무엇인지 알고 (…) 자기 자신을 모르는 사람은 (…) 악에 빠집니다."

그들은 자신이 도시 생활, 관리직, 표면적 관계 등을 잘 버텨 낼 수 있다고 생각하지만, 본성에 어긋나게 사는 사람은 고통을 겪을 수밖에 없다. 잘못된 자기 인식이 잘못된 길로 인도한다. 소크라테스가 자기 자신에 대한 앎이 곧 선이라고 말한 이유다.

잘못된 자기 인식의 흔한 사례는 '부정적인 자기 인식'이다. 예를 들어 보자. 한 구직자가 채용 공고를 보고 이렇게 말한다. "내가 지원하기에는 사이즈가 좀 크군." 애인을 원하는 사람이 이상형을 보고 읊조린다. "나와는 잘 안 맞을 거 같아." 자기 사업을 꿈꾸던 사람이 좋은 기회를 만나면 바로 소심해진다. "나는 위험 회피 유형이라 사업 체질이 아니야."

난 못할 거야, 난 인재가 못 돼, 난 원래 게으르고 재능이 없어…. 이런 말은 끝도 없이 이어진다. 하지만 그 자리가 당신에게 딱 맞는 자리일지도 모른다. 그 사람이 당신의 배필이 될지도 모르며, 당신 안에는 모험가 자질이 숨어 있을지도 모른다.

아무리 큰 잠재력이 있어도, 스스로 할 수 없다고 생각하는 한 절대로 발휘되지 않는다. 자기 제한적인 믿음이야말로 목표에 따라 행동하지 못하게 하는 1단계 장애물이다. 그러므로 당신이 생각하는 당신의 모습부터 재점검하라. 부정적인 자기 인식의 정체를 따져 보자. 부모님이 육체 노동자였기 때문에, 자신도 평생 육체 노동을 할 거라고 생각하는 사람들이 의외로 많다. 그런 믿음에 근거랄 게 있는가.

"나를 가장 잘 아는 사람은 바로 나 아닌가?" 어쩌면 당신은 이렇게 물을 수 있으리라. 하지만 그 반대이다. 심리학자 에밀리 프로닌이 증명한 것처럼, 우리는 저마다 왜곡된 거울로 자기 자신을 본다. 프로닌은 이것을 '내성 착각'이라고 부른다.

우리는 타인의 이런 내성 착각을 바로 알아차린다. 이야기할 때마다 너무 지루한데도, 자기가 아주 뛰어난 이야기꾼이라고 생각하는 직장 동료가 있다. 가젤처럼 날씬한데도, 자기가 너무 뚱뚱하다고 생각하는 여자 친구가 있다. 타인과는 한 발 떨어져 있으므로 객관적인 외부인의 시각으로 타인을 볼 수 있다. 그래서 다른 사람의 행동에 모순이 있음을 즉시 알아차린다. 하지만 자기 자신과는 거리를 두지 못하므로 자기 인식이 왜곡된다.

혹여 당신은 뛰어난 이야기꾼인데도, 스스로 매우 재미없는 사람이라고 여기는 건 아닐까? 고대 그리스 델포이 신전에는 "너 자신을 알라"라는 문구가 새겨져 있었다. 오직 당신 자신이 누구인지 알 때만 행복한 삶을 꾸릴 수 있다. 다음의 질문을 자신에게 계속 던지라.

- 나는 누구이며, 다른 사람들과 구별되는 나의 장점은 무엇인가? 어떻

게 하면 이런 장점을 더 자주 드러낼 수 있을까?
- 나는 인생에서 어떤 사명을 추구하는가? 어떻게 하면 이 사명에 더 많은 에너지를 쏟을 수 있을까?
- 나는 어떤 순간에 활짝 피어나는가? 어떻게 하면 이런 순간을 더 자주 맞게 될까?
- 최고의 날과 최악의 날을 구별하는 기준은 무엇인가? 어떻게 하면 최고의 날을 늘릴 수 있을까?
- 어떤 사람 또는 장소가 에너지를 주는가? 이런 에너지원에 더 많은 시간을 할애하려면 어떻게 해야 할까?

이렇게 하면 내성 착각에 빠지지 않고, 자기 자신에 대해 더 잘 알 수 있다. 협박범은 자신이 무엇을 잘하는지 알았고, 그것을 활용해 천국에 들어갔다. 은행 강도와 차량 절도범은 자기 자신으로 사는 데 실패했다. 자신이 누구인지 알게 되면, 자신을 만족시키는 길을 걷게 된다. 잠재력을 발휘해 새로운 인생을 살게 된다.

> "자신이 할 수 있는 일을 늘 하는 사람은, 언제나 본연의 모습을 유지한다."
> _헨리 포드(기업가)

나는 2016년에 내 인생을 근본적으로 바꾸었다. 그때까지 나는 강연자 및 세미나 개최자로 전국을 순회했다. 그러나 나는 이런 여행이 내게 고문이었음을 인정했다. 나는 내성적인 사람이고, 평온함과 고요함을 소중히 여긴다. 많은 사람을 만나면 에너지가 소모된다. 하지만 혼자 일하거나 내가 신뢰하는 사람들과 함께 일하면 힘이 난다.

그래서 나는 대중 강연 횟수를 줄이고, 조용한 작은 방에서 혼자 강연을 했다. 즉, 집에서 유튜브 동영상을 만들었다. 강연 영상은 기대를 훨씬 뛰어넘는 성공을 거두었다. 지금까지 내 강의 영상은 약 2억 회가 조회되었고, 구독자 수도 약 80만 명에 달한다.

신기하지 않은가? 나는 무대에서 물러났다. 그리고 나는 새로운 청취자를 수백만 명이나 얻었다. 나에게 꼭 맞는 길을 선택했기 때문이다. 그리고 그것이 성공으로 이어졌다.

올바른 자기 인식은 행복과 성공으로 안내하는 나침반이다. 그러니 당신을 옭아매는 부정적인 믿음에서 벗어나라. 당신 자신에게 들려주는 이야기부터 바꾸라. 제아무리 천재라도 못 한다고 믿으면 즉시 바보가 된다는 사실을 명심하라.

Summary

1. 나 자신이라는 신대륙은 탐험해 볼 가치가 있다.
2. 나의 강점은 트럼프 카드와 같다. 잘 알수록 더 잘 활용할 수 있다.
3. 자기 제한적 믿음에서 벗어나야만 잠재력을 발휘할 수 있다.

소리 내어
말하는 즉시

불안은
효력을 잃는다

✳

일본의 고속철도를 타면 볼 수 있는 독특한 장면이 있다. 승객이 전부 타고 나면 승무원이 기차 문이 닫히기 전에 양방향을 가리키며 이렇게 외친다. "문에 아무도 없습니다!" 그런 다음 그는 잠금장치를 작동한다. 일본에 처음 온 사람들은 허공에 대고 외치는 승무원의 큰소리에 깜짝 놀라지만, 현지인들은 이런 문화에 익숙해진 지 오래다.

    승무원만 그러는 게 아니다. 기관사도 자기가 하는 일을 일일이 큰소리로 외친다. 예를 들어 신호를 가리키며 "정지 신호를 확인합니다"라고 외친다. 이어 속도계를 가리키고 외친다. "시속 25킬로미터로 역에 진입합니다. 이제 브레이크를 밟습니다." 승강대의 시계를 가리키고 외친다. "오후 3시 16분 정시에 도착했습니다." 승강대에 있는 신호원을 가리키고 외친다. "신호원의 이동 신호가 있을 때까지 기다립니다."

이런 일본 고속철도의 주의 환기 방식을 '지적 환호'라고 한다. 기관사를 비롯한 승강대의 모든 직원이, 현재 자기가 하는 행동을 손가락으로 가리키며(지적) 큰소리로 외친다(환호)는 뜻이다. 왜 이런 독특한 업무 방식이 탄생한 걸까? 심각한 열차 사고의 원인 중 하나가 직원의 부주의한 실수다. 기관사가 자기도 모르는 새 신호를 놓치거나, 너무 빨리 커브를 돌거나, 승객이 탑승하는 동안 출발해 버린다. 업무에 익숙해진 나머지 딴생각에 빠졌다가 큰 사고를 내고 마는 것이다.

그래서 일본 철도 회사는 직원들이 스스로 지금 하는 업무를 의식화하도록 지적 환호를 고안했다. 진행 과정을 큰소리를 외치면서 직원은 그것을 의식하게 된다. 예를 들어 기관사가 딴생각에 잠겼다가도, 지적 환호를 통해 정지 신호에 가까워지므로 브레이크를 밟아야 한다는 것을 의식한다. 이를 통해 직원들의 실수가 최대 85퍼센트까지 줄어들었고, 사고 세 건 중 한 건이 예방됐다고 한다. 그리고 전 세계 기업들이 이 방법을 그들의 업무에 활용하고 있다.

우리도 일상에서 지적 환호를 활용할 수 있다. 당신이 지금 하려는 행동을 손가락으로 가리키며 소리 내어 말해 본다. 그리고 그 행동을 할 것인지, 말 것인지 결정한다.

- 앞에 놓인 접시를 가리키며, "나는 케이크 한 조각을 먹었고, 이제 두 번째 조각을 앞접시에 담으려고 합니다. 하지만 살을 빼기로 했으니 안 먹는 게 좋겠습니다."
- 자동차의 속도계를 가리키며, "시내 제한속도를 넘어 시속 75킬로미터로 달리고 있습니다. 약속에 늦었지만 사고나 면허취소를 원하지 않으니 이제 가속페달에서 발을 뗍니다."
- 집어 든 서류 뭉치를 가리키며, "나는 3분 동안 고민하다가 서류를 내려놓고 일을 미루고자 합니다. 오늘만 벌써 두 번째로 미루는 중입니다. 하지만 이 일을 끝내고 싶으므로 중단하지 않습니다."
- 스마트폰을 가리키며, "30분 동안 적어도 다섯 번 이상 메시지를 확인했습니다. 하지만 스마트폰에 주의를 빼앗기지 않겠노라 결심했으므로, 앞으로 한 시간 동안 스마트폰을 꺼 두겠습니다."
- 침대 옆에 놓인 약봉지를 가리키며, "수면제를 먹으려 약봉지를 듭니다. 이번 주에만 벌써 세 번째입니다. 하지만 나는 약 없이 잠들겠노라 결심했으므로, 약봉지를 다시 내려놓습니다."

"최악의 실수는, 그것이 실수인지 전혀 의식하지 못하는 것이다."

_토머스 칼라일(역사가)

 간식, 스마트폰, 흡연 등 당신이 순순히 굴복하는 나쁜 습관은 의식의 레이더망 밖에서 활동한다. 하지만 지적 환호를 하는 순간 의식의 레이더가 켜지고, 이제 당신은 결정할 수 있게 된다. '나는 이 행동을 하고 싶은가? 이 행동이 내게 도움이 되는가? 아니면 내게 해로우므로 하지 않을 것인가?' 이렇게 당신은 자기 인생의 기관사가 된다.

지적 환호는 무의식적으로 하는 행동을 알아채는 것뿐 아니라, 막연하게 우리를 괴롭히는 감정을 통제하는 데도 효과적이다. 도산 위기에 처한 것도 아니고, 파트너와 심각하게 싸운 것도 아닌데, 뭔가 안 좋은 일이 일어날 것 같은 막연한 불안에 자주 휩싸이지 않는가? 한번 불안해지면 미래가 온통 지뢰밭처럼 여겨진다. 이 불편한 감정을 회피하고자 우리는 스마트폰 같은 쉬운 자극을 찾게 되고, 그런 행동이 우리를 더 큰 불안에 빠뜨린다. 불안의 무한루프에 빠지고 마는 것이다.

이럴 때는 당신의 머릿속이 축구장이라고 상상해 보라. 당신의 모든 생각이 축구 선수이고, 당신은 이 경기를 보도하는 캐스터다. 이 방식의 장점은 의식적으로 생각에 집중하고, 건강한 거리를 두고, 제삼자의 눈으로 자신을 바라볼 수 있다는 것이다. 캐스터가 경기장을 지켜보는 것처럼, 머릿속에서 무슨 일이 일어나고 있는지 지켜보라. 당신의 감정에 이름을 붙이고, 그것이 어떻게 작용하는지 설명하라. 혼자 있다면 큰소리로 말해도 좋다. 예를 들어 다음과 같은 보도일 수 있다.

"방금 새로운 생각이 머릿속 경기장에 등장했습니다. 교체 선수도 아닌데 그냥 경기장으로 난입했습니다. '내일 협상에서 실패하면 어떡하지' 하는 생각입니다. 이 선수의 이름은 실패의 두려움입니다. 이제 사람들이 놀라서 나를 노려보는 장면이 떠오릅니다. 내 앞에는 크게 실망한 상사가 있습니다. 그리고 협상 테이블에서 말을 더듬는 내 모습도 보입니다."

은밀한 두려움은 밝은 곳으로 나오는 즉시 그 효력을 잃는다. 그래서 감정을 알아차리고 구별하여 이름을 붙이는 것이 인지 행동 치료의 기본이다. 막연히 불쾌한 기분이 든다면, 그 감정에서 빠져나와 한 발짝 떨어져 관찰해 보라. 지적 환호로 대응하면 효과적이다. 막연했던 두려움은 의식의 수면 위로 떠오르면서 실체 없는 불안으로 탈바꿈한다. '지금 내가 생각하는 것이 정말 현실적인가? 아니면 실패의 두려움이 도를 넘었는가?' 이렇게 자신의 감정에 빠지지 않고 알아차리는 사람은 감정에 더는 휘둘리지 않고, 그것을 조종하고 바꿀 수 있다.

이제 머릿속 생각 중계 캐스터이자 감독인 당신은 경기를 이렇게 정리한다.

"사실 나는 훌륭한 협상가가 아닐 수도 있습니다. 하지만 지금까지 나는 괜찮은 결과를 냈습니다. 그리고 모든 정황이 이번에도 내가 해낼 수 있다고 말합니다. 따라서 경기를 엉망으로 만드는 이 선수를 다시 교체하는 것이 좋겠습니다. 나는 이 선수를 빼고 자신감 선수를 투입합니다."

지적 환호로 머릿속을 관찰하면, 하루에도 얼마나 많은 생각과 감정이 휩쓸고 지나가는지 깨닫고는 깜짝 놀랄 것이다. 그것을 알아채는 훈련이 차곡차곡 쌓이면, 어떤 감정이 들어도 수용하고 조용히 흘러가게 내버려두는 달라진 모습을 발견하게 될 것이다. 결국 당신은 일본 철도 회사와 비슷한 성공을 거두게 될 것이다. 무의식의 조종에서 벗어나 감정, 생각, 행동에 의식적인 주의를 기울이는 것만으로도 인생의 사고율을 낮출 수 있다.

Summary

1 나쁜 습관은 의식의 레이더망 밖에 있다. 자신이 하는 행동을 큰소리로 외치면 나쁜 습관이 다시 레이더망에 잡힌다.

2 인식되지 않은 생각은 나를 조종한다. 나는 인식된 생각을 통제할 수 있다.

3 나는 감독이다. 어떤 생각을 경기에 뛰게 하고, 어떤 생각을 경기에서 뺄지 결정한다.

항상, 절대, 결코 같은 단어를

입 밖에 내지 말라

※

한 은행원이 한밤중에 큰 고통에 몸부림치며 의사를 불렀다. 의사는 환자의 맥박과 혈압을 쟀다. 환자가 곧 죽을 것을 알아차린 의사는 "마지막 소원이 뭡니까?"라고 물었다. 은행원은 "마지팬 케이크 한 개를 통째로 다 먹고 싶어요"라고 속삭였다.

의사는 그런 칼로리 폭탄이 환자의 허약한 몸에 얼마나 나쁠지 잘 알았기에 깊이 고민했다. 그러나 환자는 더 잃을 것이 없었으므로, 의사는 "마지팬 케이크를 사다 주라고 얘기해 놓겠습니다"라고 말했다. 그런 다음 환자를 가족에 맡기고 돌아왔다.

다음 날 전화가 울렸고, 의사는 환자의 죽음을 알리는 전화일 거라 예상했다. 그러나 놀랍게도 전화를 건 사람은 은행원 본인이었다. "다시 괜찮아졌어요. 다 나았어요." 의사는 도저히 믿기지 않아 곧장 은행원을 찾아갔다. 정말이었다. 맥박, 혈압, 모든 것이 다시 괜찮아졌다. "마지팬 케이크 덕분이에요. 하나도 안 남기고 싹 다 먹었습니다." 은행원이 말했다.

의사는 진료 기록에 환자를 구한 약으로 '마지팬 케이크'라고 썼다.

며칠 후, 의사는 밤중에 죽음과 사투를 벌이는 건축가에게서 급한 연락을 받았다. 환자는 숨이 가빴고, 맥박이 약했고, 혈압도 떨어졌다. 의사는 즉시 은행원을 떠올리고 건축가의 가족에게 마지팬 케이크를 사 오게 했다. 그는 허약한 환자에게 케이크를 가능한 한 많이 먹으라고 지시했다. 그러나 환자는 두 조각을 먹은 후 기침을 시작했고, 결국 숨이 막혀 영원히 눈을 감았다.

의사는 부끄러워하며 사망진단서에 사망 원인으로 '마지팬 케이크'라고 썼다.[10]

같은 마지팬 케이크라도 한 생명은 구하고 다른 생명은 죽일 수 있다. 우리는 모두 다른 특질을 가지고 있다. 신체적 조건이 다르고, 성격이 다르고, 태어난 환경이 다르고, 타고난 재능도 다르다. 그래서 모든 사람은 유일무이하다. 유일무이한 것은 비교 불가다. 비교는 우리 고유의 가치를 떨어뜨릴 뿐이다.

당신은 다른 사람과 자신을 비교하는 편인가? 다른 사람보다 가진 것이 적거나, 인정을 덜 받으면 화가 나는가? 남들보다 불운하거나, 질병에 시달리거나, 관계에 문제가 있다고 생각하면 분노가

치미는가?

　나도 비교로 힘들어하던 때가 있었다. 젊은 시절, 마르쿠스라는 새로운 직장 동료가 우리 회사에 들어왔는데, 그는 사람들과 쉽게 대화하고 금세 친해지는 사교적인 사람이었다. 나는 그를 부러워했다. 몇 달이 지나자, 그는 상사와도 아주 친해져서 마치 친구처럼 편하게 지냈다. 그와 달리 나는 벌써 몇 년 동안 상사와 일했고 아주 잘 지냈음에도, 친구처럼 편한 사이는 아니었다. 마르쿠스가 친근한 호칭으로 상사를 부를 때마다, 나는 질투를 느꼈고, 소외감마저 들었다.

　몇 년이 더 흘러 나도 상사와 꽤 친근해졌다. 그래서 그에게 "마르쿠스와는 친구처럼 지내면서 왜 저랑은 그렇게 하지 않았어요?"라고 가볍게 물었다. 그때 상사는 결코 잊지 못할 대답을 들려주었다. "자네를 존중하는 마음에서 그랬지."

　나보다 서른 살 위인, 경험 많고 현명한 상사는 상황을 정확히 파악했다. 마르쿠스는 사교적인 유형이므로 편하게 대하는 것이 좋은 생각이었다. 하지만 나처럼 내성적인 사람에게는 그것이 맞지 않았다. 게다가 마르쿠스가 나타나기 전까지, 나는 한 번도 상사와 친근하게 지내길 원하지 않았다. 마르쿠스가 마지팬 케이크를 받았다고 해서, 나도 그것을 똑같이 원하는 것은 어리석은 일이었다.

"남과 비교하지 말고, 자신이 가진 것에 기뻐해야 한다. 자기보다 더 행복한 사람을 보고 마음이 편치 못한 사람은 절대 행복해지지 않을 것

> 이다. 나는 바랐던 것보다 더 적게 가졌다. 하지만 어쩌면 내 기대가 내 몫 이상이었는지도 모른다."
>
> _루키우스 안나이우스 세네카(철학자)

행복한 사람과 자신을 비교하며, 얻은 것이 너무 적다고 생각하는 사람은 아무것도 할 수 없다. 출신과 배경을 탓하고, 기회와 행운이 따르지 않았다고 한탄할 수 있을 뿐이다. 반대로 자신이 삶에 너무 많은 것을 요구하고 있다고 생각하는 사람은 즉시 행동에 나설 수 있다. 당신은 삶에 무엇을 요구하는가? 그리고 그 요구가 당신의 행복에 어떤 영향을 미치나?

소셜 미디어 세상에는 좋은 부모, 유복한 환경, 아름다운 몸과 지적 능력을 갖춘 '완벽한' 사람들이 너무 많다. 이런 미디어 환경에 어려서부터 노출된 청소년들 가운데에는 우울증을 앓는 이들이 많다고 한다. 하지만 그런 완벽은 허상일 뿐이다. 유명한 인플루언서들도 알고 보면 나름대로 고충이 많다.

또 삶은 한 번도 우리에게 완벽을 약속한 적이 없다. 우리는 모두 각자 다른 환경을 매일 조금씩 이겨 내며 발전해 나가는 '성장 캐릭터'다. 그러니 '나의 성장'과 '남의 성장'을 일률적으로 비교할 수 없다. 다른 사람과 나를 비교해 봐야 얻는 것은 흔들리는 멘탈과 자기 비난뿐이다. 그래서 비교는 의욕 상실의 주범이다. 꾸준한 노력을 가로막는 적이다.

요즘 많은 유튜브 채널 운영자들이 구독자를 친근한 호칭으로 부른다. 가까운 관계를 형성해 충성도를 높이고자 하는 의도일 테다. 가끔은 나도 그런 문화를 따라야 하나 고민한다. 하지만 오래된 의뢰인과 사업 파트너에게는 극존칭을 쓰면서, 유튜브에서 만나는 낯선 사람들에게 친근한 호칭을 쓰는 것은 어쩐지 작위적으로 느껴진다. 나에겐 맞지 않는 옷 같다. 나는 내 방식대로 하고 싶다. 그래서 여전히 구독자에게 극존칭을 쓰며, 그것을 편하게 여긴다. 다른 사람들이 무엇을 하든, 나는 상관하지 않는다.

언젠가는 세 번 연속 면접에서 탈락해 절망에 빠진 구직자가 찾아왔다. 그는 누구보다 취직을 원했지만, 마음 한편으론 '어차피 거절당할 거, 지원해 봐야 소용없다'라고 강하게 믿고 있었다.

앞선 이야기의 의사가 환자의 개별 경험을 일반화하는 오류에 빠졌다면, 이 구직자는 과거와 현재를 동일시하는 오류에 빠졌다. '과거에 그랬으니, 현재도 마찬가지일 게 분명하다.' 이렇게 싸잡아 결론을 내리는 의뢰인과 상담할 때는 언제나 현실 점검이 도움이 된다.

"그 생각이 100퍼센트 사실인가요? 아니면 다른 가능성은 없을까요?"

"겨우 세 번을 지원했으니, 세 번 다 거절당할 확률이 당연히 높지 않겠어요?"

"이미 내부적으로 채워졌을 가능성은 없을까요?"

"당신의 자질이 이 직업보다 다른 직업에 더 적합하진 않을까요?"

이런 질문을 통해 의뢰인은 미래에 자신에게 좋은 기회가 있을 수도 있다는 사실을 깨달았다. 그는 계속해서 지원했고, 결국 성공했다.

당신은 어떤가? 때때로 실패를 과도하게 일반화하기도 하는가? '늘', '매번', '기본적으로' 등의 단어로 자신을 제한하는가? 아니면 더 객관적인 생각으로 이런 사고의 함정에서 벗어나는가?

'항상', '결코', '절대' 같은 단어는 함부로 쓰면 안 된다. 인생에서는 더욱 그렇다. 항상, 누구에게나, 완벽한 마지팬 케이크는 세상에 없기 때문이다.

만일 내가 외향적인 마르쿠스가 부러워서, 마르쿠스처럼 되려고 노력했다면 나는 지금처럼, 아니 지금보다 더 성공했을까? 지금처럼 천직을 찾아 기쁘게 사람들을 도울 수 있었을까? 결코 그렇지 못했을 것이다. 외향적인 태도를 흉내 내다 타고난 내향적 자질을 잃고, 내게 알맞은 기회를 놓쳐 버렸을 것이다.

오늘날 순응은 가장 위험한 질병이고, 개성을 관에 가두는 못이다. 그리고 비교는 순응으로 가는 골든 티켓이다. 비교를 통해 이겨 봤자 남들처럼 될 뿐이다. 다른 사람에게 향하는 관심을 거두고 내면에 집중하라. 당신이 원하는 것, 진정한 목표에 관심을 두라. 당신의 자질이 빛나게 하라. 그리고 어제의 당신보다 딱 한 걸음 나아갔다면 충분히 훌륭하다. 꾸준한 노력은 비교를 거둘 때 얻을 수 있는 태도다. 한마디로 말해, 마지팬 케이크를 피하라. 당신의 개성에 치명적일 수 있다!

Summary

1. 무엇이 내게 좋은지, 나보다 더 잘 아는 사람은 없다.

2. 앞선 발자국이 많은 길은 내 길이 아니다. 내가 걸어갈 때 내 길이 생긴다.

3. 남이 아니라 나 자신과 비교한다. 어제보다 오늘 더 현명해졌다면, 방향을 제대로 잡은 것이다.

주기적으로

인간관계 필터를 점검하라

한 여자가 마을에 이사를 왔다. 여자는 현자를 찾아가 물었다. "이 마을 사람들은 어떤가요? 다들 친절한가요?"

그러자 현자가 물었다. "전에 살던 마을에서는 어땠나요?"

여자는 인상을 쓰며 대답했다. "그곳 사람들은 끔찍했어요. 이기적이고 탐욕스러웠죠. 그래서 이사를 한 거예요."

현자는 여자를 빤히 보았고, 그의 눈에는 연민의 기색이 역력했다. "이곳 사람들도 전에 살던 마을 사람들과 똑같습니다."

며칠 후, 한 남자가 마을에 이사를 왔고, 역시 현자를 찾아와 이곳 사람들이 어떤지 물었다. 현자는 똑같이 되물었다. "전에 살던 마을에서는 어땠나요?"

그러자 남자가 대답했다. "모두 다정하고 친절하고 사교적이었습니다. 저는 그들을 매우 좋아했어요."

현자는 남자를 지긋이 바라보았고, 그의 눈에는 기쁨이 역력했다. "이곳 사람들도 전에 살던 마을 사람들과 똑같습니다."[11]

같은 사람이라도, 다른 시선으로 바라보면 정반대의 자질이 보인다. 나에게도 비슷한 경험이 있다. 나는 별로 똑똑한 학생이 아니었다. 성적도 좋지 않았고, 어른들에게 칭찬받은 기억도 많지 않았다. 그래서 나도 내가 공부에 재능이 없는 줄만 알았다. 그런데 상급학교에서 만난 선생님 한 분이 그 생각을 뒤바꿔 놓았다. 선생님은 내가 어휘력이 뛰어나고 글을 잘 쓴다고 칭찬했다. 그 후로 내 삶은 완전히 바뀌었다. 나 자신을 괜찮은 학생이자, 잠재적 작가로 보기 시작했기 때문이다.

이와 정반대인 사례도 있다. 내가 아는 한 부서장은 주위에 온통 멍청이뿐이라고 불평한다. 그가 일하는 부서에는 그의 삶을 망치기만 하는 적들로 가득하다. 그런데 그런 '멍청한 적들'을 고용한 사람은 누구인가? 이들을 적으로 생각하는 사람은 누구인가? 직원의 단점에만 집중하여 강점을 보지 못하는 사람은 누구인가? 부서장 자신이다.

같은 대상이라도 보는 방식에 따라 다르게 보인다. 우리는 다른 사람을 본다고 생각하시만, 실은 그를 바라보는 우리의 시선과 마주한다. 당신은 가족, 이웃, 직장 동료 등 당신을 둘러싼 사람들을 어떻게 생각하는가? 좋은 이웃이 있는 좋은 마을에 살고 있다고 확신하는가? 아니면 험악한 세상에 둘러싸여 있는 것 같은가?

인생은 식당 종업원과 비슷하다. 종업원은 손님이 주문한 메뉴만 가져온다. 그리고 손님은 당신이다. 당신이 바보들에게 둘러싸여 있다고 생각하면, 바보들만 만나게 될 것이다. 거짓말쟁이들에게 둘러싸여 있다고 생각하면, 사기꾼만 만나게 될 것이다. 찾으려 들면, 누구에게나 나쁜 점은 있다. 인간은 하루에 25번에서 200번 정도 거짓말을 한다. 그렇다고 전부 거짓말쟁이로 취급해야 할까? 분명 정직할 때도 많지 않은가? 당신은 무엇에 집중하겠는가?

찾으려 들면, 누구에게나 좋은 점과 영웅적인 면모가 있다. 누구에게나 사교적인 면과 유머 감각이 있으며, 열정으로 빛나는 두 눈이 있다. 놀라운 강점과 통찰력, 매력을 모두가 가지고 있다. 모든 사람의 가슴에는 순수한 사랑이 솟아오르는 심장이 있다. 모든 사람은 제각각 독특하다. 모두가 인생의 하늘에서 빛나는 별이다.

그러므로 당신은 누구와 함께 있을지 매일 새롭게 결정할 수 있다. 나쁜 사람들로 둘러싸였다고 생각하는가? 그럼 당신의 인생은 불쾌하다. 좋은 사람들로 둘러싸였다고 생각하는가? 그럼 당신의 인생은 즐겁다.

> "모두가 천재이다. 그런데 나무에 오르는 능력으로 물고기를 평가한다면, 물고기는 평생 자신이 멍청하다고 믿으며 살게 될 것이다."
>
> _알베르트 아인슈타인(과학자)

약점보다 강점에, 단점보다 장점에 집중해 상대를 바라보자는 내 말에 이견을 달고 싶은 사람도 많을 줄 안다. 그들은 이렇게 소리친다. "세상에는 게으르고, 건방지고, 불평불만투성이인 사람들도 분명 있습니다. 이런 사람들을 어떻게 고운 눈으로 볼 수 있겠어요?" 여기서 타인을 바라보는 우리의 시선이 무엇에 영향을 받는지 좀 더 알아보도록 하자.

스웨덴의 레이프 스트룀발 연구진은, 교도소의 중범죄 재소자와 대학생 그룹 중에서 어느 쪽이 거짓말을 더 잘 알아차리는지 조사했다. 결과가 어땠을까? 대학생들은 거짓말의 65퍼센트를 알아챘지만, 재소자들은 거의 90퍼센트를 알아차렸다. 이 조사가 의미하는 바는 무엇일까? 거짓말쟁이가 거짓말을 기가 막히게 눈치챈다는 사실이다.

이에 따르면, 우리가 상대에게서 보는 속성은 우리 내면에 존재하는 것이기도 하다. 남을 증오하는 사람은 세상에서 무엇을 볼까? 그는 증오를 본다. 사기꾼은 상대에게서 무엇을 볼까? 그는 사기를 본다. 부정직한 사람은 무엇을 볼까? 그는 부정직함을 본다. 긍정적인 경우에도 마찬가지다. 사랑이 넘치는 사람은 상대에게서 사랑을 더 많이 본다. 친절을 베푸는 사람은 친절을, 신의를 지키는 사람은 신의를 더 많이 본다.

결국 우리의 내면이 주변 사람들의 자질을 결정한다. 목표를 향해 노력하고, 선한 가치를 믿고 실천하며, 세상을 긍정적으로 바라보는 사람은 타인에게서도 근면, 정직, 성실, 감사 등을 찾아낸다.

그렇게 서로 좋은 면을 끌어내어 발전하도록 돕는다. 내가 열심히 살수록 내 곁에 좋은 사람들이 모인다. 흔히 말하는 '유유상종'의 이치이자, 좋은 사람을 곁에 두는 인간관계의 핵심 비밀이다.

주변 사람들 때문에 괴로운가? 당신에겐 선택권이 있다. 모든 사람에겐 빛과 그림자가 있다. 당신은 무엇에 집중할 것인가? 당신 내면에 있는 좋은 면과 나쁜 면 가운데 어느 것에 물을 주고 키울 텐가?

그런데 여기서 하나만 중요하게 짚고 넘어가자. 선택권이 있다는 사실이 과도하게 책임을 짊어져야 한다는 뜻은 아니다. 어떤 사람들은 타인으로 인해 괴로우면 100퍼센트 자기를 탓한다. 아직 좋은 사람이 못 되어서 *그*에게서 나쁜 점만 끌어낸다는 식이다. 사실 이런 과도한 자기 탓이 괴롭기 때문에 사람들은 상대를 '나쁜 사람'으로 낙인찍는다. 그래야 자책에서 벗어날 수 있기 때문이다.

하지만 낙인찍기보다 훨씬 더 나은 대안이 있다. 바로 상대와 나 사이에 적절한 선을 긋는 것이다. 우리는 상대를 좋은 시선으로 바라보며, 올바르게 행동하기를 기대할 수 있다. 하지만 상대한테는 우리의 바람대로 행동할 의무가 없다. 그가 하는 모든 말과 행동은 그의 책임이다.

그럼에도 불구하고 상대의 행동이 기대와 어긋날 때 우리는 종종 실망한다. 이에 대해 인지 치료사 앨버트 엘리스는 '당위적 사고'라고 지적한다. 즉 '당연히'라는 단어에 기초한 비합리적이고 강박적인 사고라는 뜻이다. 그는 이렇게 말한다.

"우리는 요구권이 없는 것을 요구한다. "내가 명확한 답을 원한다는 것을 그는 당연히 알고 있어야죠!" 아니다. 그는 당신이 당연하게 생각하는 것과 다른 결정을 내릴 수 있다. 그리고 그것 때문에 당신은 불행에 빠진다."

당위적 사고를 버리면, 우리는 상대의 행동을 좀 더 편안하게 받아들일 수 있다. 또 누군가가 당신의 기대를 어기더라도, 당신은 불행에 빠지지 않고 주체적으로 대처할 수 있다. 그리고 다음과 같이 요청할 수 있다.

- "내게 명확한 답을 주면 좋겠습니다."
- "나를 진지하게 여기기를 바랍니다."
- "나는 약속을 지키는 사람을 더 좋아합니다."
- "내 말을 경청하면 고맙겠습니다."

우리는 자기 자신을 아끼고 삶을 가꾸면서, 타인의 좋은 면을 바라보고 기대할 수 있다. 또 타인에게 원하는 바를 요구하면서도, 실망의 늪에 빠지지 않을 수 있다. 이 모두는 우리의 오래된 인간관 필터를 거쳐 이루어진다. 그러므로 우리가 다른 사람을 어떻게 생각하는지 주기적으로 점검해 보자.

- 나는 주위 사람들을 어떻게 보는가? 그들의 장점에 초점을 맞추는가?

아니면 약점에 맞추는가?
- 나는 사람들을 쉽게 신뢰하는가? 아니면 불신하는가?
- 나는 모든 사람을 배울 점이 있는 사람으로 보는가? 아니면 주위 사람을 거의 신뢰하지 않는가?
- 다른 사람들이 나를 좋아한다고 생각하는가? 아니면 그들의 적대감이 느껴지는가?

늙은 인디언 추장의 이야기도 같은 조언을 들려준다. 추장이 아들에게 다음과 같이 말했다. "너의 마음속에서 늑대 두 마리가 싸우고 있어. 하나는 악을 대표하고 하나는 선을 대표하지."
"누가 이기나요?"
"아들아, 네가 먹이를 더 많이 준 쪽이 이긴단다."

Summary

1. 내 주위의 세상은 나를 비추는 거울이다. 나는 거기에서 나를 본다.

2. 내가 친절한 눈으로 세상을 보면, 친절함이 내게로 온다.

3. 나는 상대에게 선한 자질을 기대할 수 있다. 그러나 상대가 다르게 행동한다고 해서 내가 책임져야 하는 것은 아니다.

'왜 나만 이렇게 힘들까?'라는

질문에 대한 답

＊

한 수녀가 운전 중에 가로수를 들이받고 크게 다쳐 병원으로 이송되었다. 수녀는 며칠 동안 혼수상태였고, 의식이 돌아왔을 때는 어마어마한 통증을 느꼈다. 그러나 놀랍게도 수녀는 미소를 지으며 기도를 시작했다.

"목숨을 살려 주셔서 감사합니다.
속도를 더 높이지 않게 해 주셔서 감사합니다.
차에 다른 수녀 없이 혼자였던 것에 감사합니다.
지난 몇 년간 사고 없이 목적지에 도착했던 것에 감사합니다.
다른 사람을 다치지 않게 해 주셔서 감사합니다.
자동차 보험에 가입되어 있으니 감사합니다.
이제 믿음이 더욱 깊어진 것에 감사합니다.

그리고 이 통증이 나날이 줄어,
마침내 치유의 기적을 경험할 수 있게 해 주심에 감사합니다."

나는 열일곱 살 때 심각한 자전거 사고를 당한 적이 있다. 사고 직후 의식을 잃고 구급차에 실려 갔고, 두개골 기저부 이중 골절 진단을 받았다. 의사들은 몇 시간 동안 내 머리를 수술했다. 지금도 그때의 일을 생생히 기억한다. 사고 며칠 전에 실업학교 졸업 시험을 쳤는데, 만약 사고가 일주일만 더 빨리 났다면 나는 한 학년을 다시 다녀야 했을 것이다. 이것을 생각하면 불행 중 다행이라는 마음에 위안이 된다.

병원에서 몇 주를 보냈고 이마에는 흉터가 남았지만, 그 대신 나는 새로운 삶을 얻었다. 그때까지 나는 목적 없이 살았다. 그러나 사고 후 마음의 소리가 내게 이렇게 외쳤다. "이 세상에서 허락된 짧은 시간을 헛되이 보내지 마. 너 자신을 더 발전시켜!" 나는 빅터 프랭클 박사의 유명한 말을 마음에 새겼다.

"삶에 의미가 있다면, 분명 고통에도 의미가 있을 것이다. 중요한 것은, 어떤 고통이냐가 아니라 고통을 어떻게 받아들이느냐."

_빅터 프랭클(정신과 의사)

나는 상급학교(독일은 1~4학년까지가 초등 과정, 5~10학년까지가 중등 과정(기술학교, 실업학교, 김나지움)이고, 11~12학년은 상급 과정으로 대

CHAPTER 3 ─── 생각 설계 : 모든 변화의 시작

학 입학을 준비한다.-역자 주)에 진학해 공부를 더 해 보기로 결정했다. 그리고 그곳에서 내 남은 생애에 큰 영향을 미친 몬탁 선생님을 만났다. 법학을 가르치는 몬탁 선생님은 나를 아주 특별한 학생으로 대우했다. 선생님은 내 표현력을 높이 보았고, 나를 단어 곡예사 또는 재능 있는 작가라며 칭찬해 주셨다.

그리고 몬탁 선생님은 내게 새 이름도 지어 주셨다. 선생님은 항상 나를 "위대한 베를레"라고 부르셨다. 그것도 학급 전체 앞에서. 그것이 내 인생을 바꾸었다. 그때까지만 해도 나는 자신감이 약했다. 심지어 7학년은 유급까지 했었다. 내 성적은 여전히 롤러코스터를 탔다.

그러나 나는 몬탁 선생님을 실망시키고 싶지 않았다. 어떻게 그럴 수 있겠나. 선생님이 나를 위대하다고 불렀기 때문에, 나는 위대해지기로 했다. 나는 공부에 전념했다. 마침내 학교를 진지하게 받아들였다. 그리고 법학 과목에서 학급 최고점을 받았다. "위대한 베를레"라는 이름 덕분이었다. 성공은 다른 과목으로도 이어졌다. 나는 내 혈관에 흐르는 지성과 글쓰기 재능을 발견했다.

자전거 사고가 없었다면 나는 상급학교에 진학하지 않았을 터이다. 상급학교에 진학하지 않았다면 몬탁 선생님도 만나지 못했을 것이다. 이 만남이 없었다면 나는 작가도, 자기 계발 코치도 될 수 없었으리라. 나는 지금의 내가 되지 못했을 것이다.

나는 인생에 우연은 없다고 믿는다. 아니, 우연을 진지하게 받아들이면, 그 사건은 그냥 우연한 일로 끝나지 않는다. 나만 그렇게 생각하는 게 아니다. 경제학자이자 우연 연구자인 크리스티안 부슈는 이렇게 말한다. "우연은 종종 우리의 미래에 가장 큰 변화를 가져오는 힘이자 결정적 요인이다."

부슈는 예기치 못한 일을 당하면, 거기에 숨은 잠재력을 보지 않고 적대시하는 경우가 너무 많다고 말한다. 그리고 자신의 책 《세렌디피티 코드》에서 대단한 업적이 어떻게 우연에서 탄생할 수 있는지를 보여 주는 한 일화를 소개한다.

1905년 겨울, 11세의 프랭크 에퍼슨은 소다 가루를 물에 타서 직접 음료를 만들었다. 그런데 이 수제 음료를 베란다에 놓아두고는 음료가 거기 있다는 걸 그만 깜빡 잊었다. 음료를 젓던 막대가 컵에 그대로 꽂혀 있었다. 다음 날 아침, 그는 딱딱하게 얼어붙은 음료를 발견했다. 그는 막대를 잡고 얼어붙은 음료를 컵에서 꺼내어 핥아먹었다.

18년 후, 프랭크 에퍼슨은 막대 아이스크림 특허를 출원했다. 그의 발명품은 전 세계에서 모든 어린이의 마음을 사로잡았고, 그를 부자로 만들었다.

역경에서도 의미를 찾으려면 찾을 수 있다. 인생이 끊임없이 자신을 넘어뜨린다고 생각하는 사람은 시련을 바꿀 수 없는 일로 여긴다. 그래서 넘어져서 코를 박은 바로 그곳에 묻혀 있는 금맥을 보지 못한다.

불우한 가정환경에서 나고 자랐지만, 더욱 의지를 키워 위로 올라가려 노력하는 아이들이 얼마나 많은가. 여러 차례 수감 생활을 한 전과자의 아들로 막사에서 자란 게르하르트 슈뢰더 전 총리를 떠올려 보라. 건강상의 어려움 때문에 유난히 강인한 성격을 발달시키고, 화창한 날을 누구보다 소중히 여길 줄 아는 사람은 얼마나 많은가. 괴롭힘을 당했던 시절 때문에 정의감을 배웠거나, 다른 사람을 행복하게 하려는 열망을 갖게 된 사람이 얼마나 많은가. 가수 레이디 가가, 미국 전 대통령 버락 오바마, 배우 케이트 윈슬렛, 톱 모델 지젤 번천 같은 유명 인사들도 괴롭힘을 당한 시절이 있었다. 만약 그런 경험이 없었더라도 지금처럼 훌륭한 경력을 쌓을 수 있었을까?

경영 컨설턴트 보도 섀퍼는 그의 책《성공의 법칙 30》에서 다음과 같이 썼다.

"우리의 뼈는 압력을 받아야 한다. 그렇지 않으면 뼈는 약해질 것이다. 심지어 며칠 안에 부러질 수도 있다. 무중력 상태에서 한동안 시간을 보낸 우주 비행사들에게서 이것을 확인할 수 있다. 강해지기 위해서는 역경도 필요하다."

그렇다. 인생은 원래 힘들다. 운명은 때론 가혹하다. 그런데 운명과 맞서 싸우기를 멈추면, 운명은 갑자기 아군이 된다. 인생의 내공은 힘든 순간에 쌓인다. 수녀는 왜 교통사고에 감사해야 하는지 정확히 알고 있었다. 그리고 나는 내 자전거 사고에 감사한다. 이마의 흉터는 훈장이 되었다.

Summary

1 인생에서 일어나는 모든 일은 의미가 있다. 단, 내가 의미를 부여할 때만 그렇다.

2 넘어진 곳을 잘 살펴보면 거기에 금맥이 묻혀 있는지도 모른다.

3 당신을 힘들게 하는 그 역경이 당신을 누구보다 강하게 만든다.

멘탈이 강한 사람들이

세상을 보는 법

※

한 부자가 현자를 찾아가 물었다. "내 가족이 오래오래 행복하게 살려면 무슨 소원을 빌어야 하는지 알려 주시오."

현자는 곰곰이 생각한 후 말했다. "어머니가 돌아가시고, 딸이 죽고, 그다음 손녀가 죽기를 바라십시오."

당혹한 부자가 버럭 화를 냈다. "그게 무슨 헛소리요! 가족이 오래오래 행복하게 사는 방법을 물었는데, 가족의 죽음을 빌다니. 당신에게 다시는 조언을 구하지 않겠소."

현자가 말했다. "좋은 의도로 한 말입니다. 딸보다 어머니가 먼저 죽는 것은 행복한 일입니다. 딸이 손녀보다 먼저 죽는 것도 행복한 일입니다. 자연의 순리대로 일이 흘러가는 것이야말로 진정한 행복입니다."[12]

당신의 눈앞에 집이 있다고 상상해 보라. 무엇이 보이는가? 현관문, 창문, 지붕, 벽이 보일 것이다. 그러나 이 집에서 가장 중요한 것, 즉 집을 받치고 있는 토대는 눈에 보이지 않는다. 인생도 이와 비슷하다. 인생을 지탱하는 토대를 생각하는 사람은 거의 없다. 우리는 토대를 너무 당연하게 여기다가, 그것을 잃은 뒤에야 소중함을 깨닫는다.

그러나 당연한 것은 절대 당연하지 않다. 다섯 손가락은 다섯 개의 기적이다.

- 건강한 두 다리로 걷고 뛰고 춤출 때, 당신은 얼마나 자주 그것에 감사하는가? 불의의 사고로 두 다리를 잃은 사람은 과연 당신에게 뭐라고 할까?
- 매일 아침 냉장고 문을 열고 신선한 과일을 꺼내 먹으면서, 당신은 무슨 생각을 하는가? 깨끗한 물과 음식을 구하기 어려워 굶어야 하는 사람들은 당신을 어떻게 바라볼까?
- 당신은 저녁마다 비와 추위를 막아 주는 아늑한 집에 들어와 따뜻한 침대에 눕는다. 당신이 자연스럽게 반복하는 이 일이야말로, 전쟁으로 하루아침에 집을 잃은 사람들이 가장 부러워하는 일상이 아닐까?
- 매일 출근할 회사가 있고, 오늘도 무사히 직장에 도착했음을 특권으로 알라면 당신은 코웃음을 칠 것이다. 하지만 출근길에 교통사고를 당했거나, 어느 날 갑자기 해고당한 사람들은 깊이 고개를 끄덕일 것이다.

한 동료는 50대 후반에 파킨슨병에 걸렸다. 그는 갑자기 몸의 통제력을 잃었다. 손이 제멋대로 움직였다. 걸음걸이가 불안정해졌다. 계단 오르기, 문서에 서명하기, 우편함 열기, 흘리지 않고 커피잔 들기, OTP 번호 실수 없이 입력하기, 두려움 없이 에스컬레이터 타기 등, 이전에 당연하게 하던 사소한 일이 전부 큰 도전이 되었다.

물론 그는 상당히 좌절했다. 그러나 괴로움에 머물지는 않았다. 그는 여전히 직장에 다니고 있다. 취미 활동도 열심히 한다. 친구들과 자주 연락한다. 그리고 지금도 인생을 즐기고 미래를 꿈꾼다. 걷기가 점점 더 힘들어지지만, 할 수 있는 것이 아직 많다.

나는 그 동료를 만날 때마다, 새로운 삶을 초연하게 받아들이는 모습에 감탄한다. 그를 만나러 갈 때 일상의 괴로움이 머릿속을 맴돌 때가 종종 있지만, 그가 웃는 모습을 보면 모든 걱정과 불안이 사라진다. 그러면 나는 마음이 안정되고 겸허해진다. 정말 중요한 것이 무엇인지 깨닫게 된다.

시련이 불쑥 들이닥쳤다고 해서 모두 불행해지진 않는다. 암울한 상황이어도 목숨이 붙어 있는 한 가진 게 있고, 할 수 있는 일이 있다. 그런 인생의 토대에 집중하는 사람은 위기에 강하다. 함부로 흔들리지 않고, 쉽게 나락으로 떨어지지 않는다. 언제나 통제할 수 있는 일에 집중하기 때문에 평상심을 잃지 않는다. 강한 멘탈이 바로 여기서 나온다.

> "나는 신발이 없다고 울었지만, 발이 없는 사람을 만난 이후로 더는 그러지 않았다."
> _헬렌 켈러(작가, 사회운동가)

무엇이 우리를 행복하게 만들까? 더 높은 연봉과 승진, 새로운 기회, 이상형과의 만남처럼 꿈꾸던 일이 현실로 벌어질 때 행복을 느낄까? 사회학자 마틴 슈뢰더는 행복에 대한 뜻밖의 사실을 알아냈다. 독일에서 1984년부터 매년 8만 명을 대상으로 실행한 설문조사를 분석한 결과, 특별한 사건이 아니라 당연해 보이는 것들이 행복을 좌우한다는 것이다. 우리는 건강하고, 정기적으로 친구들을 만나고, 삶을 통제할 수 있을 때 행복하다. 돈은 예상외로 큰 역할을 하지 않는다. 월 순소득이 2천 유로(약 300만 원)인 사람은 소득이 더 올라도 행복도가 크게 올라가지 않는다.

폭우가 쏟아지면 어떻게 될까? 수위가 높아진다. 하지만 수위는 높아진 채로 유지되진 않는다. 언제나 이전 수위로 돌아간다. 뇌에서 작동하는 '쾌락 적응'이 바로 이런 방식을 따른다. 성공의 폭우가 쏟아질 때, 복권에 당첨될 때, 사랑에 빠지거나 주식 시장에서 큰 이익을 얻을 때, 행복 수위가 높아진다. 하지만 오래지 않아 다시 이전 수위로 돌아간다.

따라서 승리하기 전에 불행했다면, 승리한 후에도 다시 불행해질 것이다. 이전에 행복했어야, 앞으로도 행복할 것이다. 100만 달러짜리 복권에 당첨되든, 큰 사고로 영원히 휠체어 신세를 지게 되든 마찬가지다. 연구 결과에 따르면, 1년 후에는 이전처럼 행복하

거나 불행해진다.[13]

저명한 신경 과학자이자 스탠퍼드 대학의 교수인 앤드루 후버만에 따르면 고통과 즐거움은 뇌의 신경 경로를 공유한다. 그리고 우리의 정신은 균형을 유지하려는 경향이 있어, 쾌락이 지나치면 안정을 추구하는 호르몬을 분비해 균형을 맞추려는 이른바 '시소 효과'가 시작된다. 단기 자극으로 행복을 높이면, 나중에 더 깊이 곤두박질치는 이유가 바로 이것이다. 좌절감과 싸우기 위해 엄청난 양의 과자를 먹어 치워 본 사람이라면 내가 하는 말의 뜻을 알 것이다. 폭식 다음에는 더 큰 좌절감이 밀려올 뿐이다.

그러므로 중요한 것은 행복의 범람이 아니라 평상시 수위다. 일상생활이 편안해야 한다. 집에 가는 것이 즐거울 만큼 안락하게 집을 꾸며 보라. 당신을 위해 곁에 있어 주고, 당신을 웃게 해 줄 친구를 찾으라. 의미 있고 성취감을 느낄 수 있는 일을 하라. 어려운 시기에도 함께 있겠노라 약속할 뿐 아니라 정말로 그렇게 할 사람을 사귀라.

삶에는 온갖 행운과 불운이 수시로 찾아온다. 그때마다 지나치게 행복해하고, 지나치게 좌절감에 휩싸이면, 감정이 남아나질 않는다. 에너지 소모가 너무 많아서 목표를 향해 인생을 이끌어 갈 힘이 없다. 가장 중요한 것은 평온을 유지하는 일이다. 가진 것에 감사하고, 할 수 있는 일에 집중하며, 삶에 대한 통제력을 유지하라. 강한 멘탈은 평정심의 다른 이름일 뿐이다.

작년 11월, 동창회에 처음 나간 나는 30년 만에 학창 시절 친구들을 다시 만났다. 멋진 시절이었다고 모두가 입을 모아 말했다. 그때 우리는 충동적이었고 어리석었으며, 세상은 약속의 땅처럼 우리 앞에 놓여 있었다. 하지만 대부분 젊은이가 그러하듯, 우리도 그 사실을 당연하게 여겼고 쉽게 무시했다. 건강, 열정, 기회, 시간이 무한히 주어질 줄 알았다. 그리고 수십 년이 지난 지금에서야 그것이 얼마나 귀한 특권인가를 깨달았다.

지금도 마찬가지 아닐까? 충분히 가진 것이 많지만, 아직도 가지지 못한 것만 바라보고 있지 않은가? 특별한 행운이 아니라 일상의 평온이 행복의 뿌리다. 인생을 떠받치는 토대가 단단해야 쉽게 흔들리지 않는다. 지금도 가진 것이 많고, 할 수 있는 일들이 있다. 친구를 만나고, 자유롭게 결정하고, 당신이 자식보다 먼저 죽는 당연한 일을 특별한 행운으로 여기라.

Summary

1 인생의 가장 큰 행복은 당연함으로 위장하고 있다. 당연해 보이는 것들이 지속적인 행복감을 준다.

2 내게 없는 것을 찾기보다 가진 것, 할 수 있는 일에 집중하자.

3 인생의 토대를 단단하게 만드는 것이야말로 강한 멘탈의 핵심이다.

> 최소 노력, 최대 효과

어느 노숙자가 내 인생을 선물로 받았다고 상상해 보자. 무엇이 당장 개선될까? 내가 당연하게 여겼던 것들 가운데 무엇을 그는 사치라고 인식할까? 그리고 그는 하루 동안 무엇을 가장 즐길까?

선물 같은 내 인생을 앞으로 더 많이 감사하며 살려면 무엇을 해야 할까?

나의 각오

CHAPTER 4

행동 설계 :
원하는 인생을
만드는
한 걸음 한 걸음

나는 15년간 갇혀 있던 '현실 안주'라는 감옥에서

어떻게 탈출했을까?

✳

세계여행 중이던 젊은 시인이 어느 날 밤 동양의 한 도시에서 만취했다. 다음 날 아침 그는 딱딱한 바닥에서 잠이 깼다. 머리가 깨질 듯이 아팠다. 그가 누운 곳은 철창으로 막혀 있었고, 그 너머로 뭔가 열심히 작업하는 사람들이 보였다. 젊은 시인이 머리를 꾹꾹 누르며 옆에 앉은 노인에게 물었다. "우리가 왜 여기 있죠?"

"주어진 소명에 맞게 살지 않았기 때문이오."

젊은 시인은 어젯밤에 얼마나 술을 많이 마셨는지 생각하며 고개를 끄덕였다. "앞으로 얼마나 더 여기 있어야 할까요?"

"평생." 노인이 말했다.

"종신형? 미쳤어!" 시인은 현기증이 났다. 도대체 무슨 일을 저질렀단 말인가.

노인이 가까이 다가갔다. "하지만 우리는 마음만 먹으면 바로 자유의 몸이 될 수 있소."

"탈옥 말씀이시군요. 하지만 철창을 어떻게 열 수 있습니까?"

"그럴 필요 없소." 노인이 말했다. "우리는 교도소 앞에 앉아, 교도소 뜰에서 일하는 죄수들을 들여다보고 있는 거요."

"우리는 갇힌 게 아니네요!" 시인이 기뻐서 외쳤다.

"아니, 갇힌 게 맞소." 노인이 말했다. "자, 이 거짓된 삶에서 빠져나갑시다."

노인은 왜 시인에게 종신형을 선고받았다고 했을까? 우리는 종종 '현실 안주'라는 머릿속 생각 감옥을 만들고, 거기에 스스로 평생 갇힌다. 철창 곳곳에는 '할 수 없어', '어쩔 수 없잖아'라는 말이 쓰여 있다. 갇힌 삶은 누구에게나 비극일 것이다. 하지만 머릿속의 철창, 갇힌 생각이 훨씬 더 위험하지 않을까? 그것은 우리를 거짓된 삶에 잡아 둔다.

내 의뢰인이던 한 부서장이 이렇게 말했다. "내 자리는 일은 적고 급여는 많은 그런 우대받는 자리가 아닙니다. 나는 온종일 바쁘게 일해야 하고, 동의하기 어려운 상부 결정에도 따를 수밖에 없어요. 하지만 이대로 그만둘 수는 없습니다. 이 자리까지 오르는 데 9년이나 걸렸단 말입니다."

내가 그에게 물었다. "기차를 잘못 탔다면 어떻게 하시겠습니까? 플랫폼에서 오래 기다렸다가 탔으니 계속 타고 가야 할까요?"

"알아차린 순간 바로 내리겠죠. 하지만 그다음에는요? 내 이력서가 엉망이 되겠죠. 40대 중반에 처음부터 다시 시작해야 할 테죠. 모든 게 미지수겠죠. 하지만 현재 직장에서는 적어도 앞으로 무슨 일이 벌어질지는 압니다. 그렇게 생각하면 그리 나쁘진 않습니다."

갇혀 산 기간이 길수록, 철창이 우리를 어떻게 변화시키는지 제대로 인식하지 못한다.

> "거울에 비친 자신을 보는 데 익숙해진 사람은 언제나 자신의 추함을 망각한다." _프리드리히 니체(철학자)

더는 즐겁지 않은 직업을 유지하는 것을 '책임감'이라고, 발전을 방해하는 파트너와의 관계를 '사랑' 내지는 '의리'라고, 아름답지 않은 것을 '아름다운' 것이라고, 우리는 스스로에게 되뇐다. 그리고 그것을 합리적이라고 포장한다. 그러는 데에는 이유가 있다. 인간은 잘 모르는 좋은 상황보다 잘 아는 나쁜 상황을 선호한다. 감방 생활은 앞날이 예측되지만, 새로운 도전은 예측 불가라는 이유로 위험하다고 느낀다.

하지만 그런 태도가 우리를 불만족 상태로 이끈다. 머리로는 현실 안주가 답이라고 생각해도, 가슴은 지금 불편하다고, 더 나아가고 싶다고, 나답게 살고 싶다고 끊임없이 외친다. 머리와 가슴의 괴리 상태는 내면을 불안정하게 만들고, 결국 새로운 길을 가는 동력으로 작용하기도 한다.

자신에게 솔직해지고, 철창을 열라. 당신이 되고 싶은 사람이 되는 데 방해되는 신념은 무엇인가? 당신이 원하는 삶을 사는 데 방해되는 것은 무엇인가? 이 감방에서 어떻게 빠져나갈 수 있을까?

나는 15년 넘게 생각의 감방 안에 갇혀 있었다. 20대 초반에 저널리즘 아카데미에서 보도상을 받은 능력 있는 젊은 저널리스트였음에도, 나는 내게 이렇게 주입했다. "나는 책을 쓸 수 없어."

4쪽 분량의 잡지 기사 작성이 마라톤처럼 느껴졌고, 그 과정에서 많은 어려움을 겪었다. 그런 내가 어떻게 200~300쪽에 달하는 책을 쓸 수 있겠는가? "불가능해!" 나는 속으로 말했다. "나는 책을 쓸 수 없어."

18세 때 나는 처음으로 언젠가 책을 쓰리라 다짐했었다. 23세에 나는 집필 기획안을 완성했다. 28세에 나는 나보다 다섯 살이나 어린 베냐민 폰 슈투크라트바레가 소설 《솔로 앨범》으로 베스트셀러 목록에 이름을 올리는 것을 부러운 눈으로 지켜봤다.

나는 작가로서 필요한 모든 것을 가지고 있었다. 글쓰기 재능, 인내심, 중요한 메시지. 하지만 책을 쓸 수 없다고 생각했기 때문에 책을 쓸 수 없었다. 불가능하다고 생각하는 일을 해내는 것은 불가능하다.

'배니스터 효과'가 그것을 입증한다. 1886년부터 육상 선수들은 1마일(약 1.6킬로미터)을 4분 이내에 주파하기 위해 온갖 노력을 해 왔다. 전 세계 최고 선수들이 기록 단축을 위해 뛰어난 코치들과 훈련했지만, 1950년대까지 누구도 4분의 벽을 넘지 못했다. 그래서 언젠가부터는 그것이 불가능한 일로 여겨졌다.

그러나 1954년 5월 6일 로저 배니스터가 위업을 달성했다. 옥스퍼드에서 열린 작은 대회에서 그는 4분에서 1초를 줄여 마의 벽을 무너뜨렸다. 그 뒤로 일어난 일은 논리적으로 설명하기 어렵다. 배니스터가 기록을 세운 지 불과 46일 만에 호주 선수 존 랜디가 배니스터의 기록을 깼다. 그리고 다음 해에는 단 한 경주에서 세 명이 4분의 벽을 부쉈다.

배니스터 이전에는 그 어떤 선수도 4분 이내에 1마일을 주파하지 못했다. 그런데 배니스터가 성공한 이후 선수들은 줄줄이 4분 이내에 주파했다. 어떻게 이런 일이 벌어질 수가 있을까? 요람 윈드와 콜린 크룩은 그들이 쓴 책 《불신의 힘(The Power of Impossible Thinking)》에서 눈을 찡긋해 보이며 이렇게 묻는다.

"인간의 진화에서 급격한 성장이 있었던 걸까? 슈퍼 러너라는 새로운 인종을 만들어 내기 위한 유전자 실험이라도 있었던 걸까? 아니다. 달라진 것은 정신 자세였다. 과거의 주자들은 4분 이내에 1마일을 주파할 수 없다는 믿음에 갇혀 있었다. 그러나 이 마의 벽이 깨졌을 때, 사람들은 이전에 불가능하다고 믿었던 일이 가능할 수도 있음을 깨달았다."

주자들이 겪은 것을 나도 책 쓰기에서 겪었다. 문제는 기술의 부족이 아니라 믿음의 부족이었다. 철창은 내 머릿속에 있었다.

나의 2002년은 배니스터 효과의 해였다. 나는 생각의 감방에서 부정어를 삭제하여 '나는 책을 쓸 수 있다'로 고쳤다. 이 문장을 자주 반복할수록 힘이 났다. 마침내 철창이 열렸고, 나는 집필을 시작한 이래로 지금까지 40권이 넘는 책을 썼다. 나는 준비된 작가였으나, 그것을 알아차리지 못했을 뿐이었다.

그리고 사람들에게 매일 영감을 주기 위해 '디지털 365 챌린지'를 시작했을 때, 처음에는 이렇게 생각했다. "의미 있는 텍스트를 1년에 365개나 작성하기는 힘들 거야." 하지만 이 챌린지는 벌써 5년째 접어들고 있다. 나는 지금까지 1,600개 넘는 동기부여 글을 썼고, 참가자들로부터 챌린지가 점점 더 좋아지고 있다는 피드백을 받고 있다. 이 장애물 역시 내 머릿속에만 있었다.

나이가 들면 꿈보다 현실의 비중이 커진다. 꿈은 꿈일 뿐이며, 현실을 유지하기도 버겁다고 느낀다. 그러나 나이가 몇이든, 인생은 누구에게나 한 번뿐이다. 하고 싶지만 그 언젠가로 미뤄 둔 일을 성취할 시간은 무한하지 않다. 기차가 인생의 종착역에 도착하기 전에, 필요하다면 기차를 얼른 갈아타야 한다. 생각의 벽을 부수고, 작은 행동을 실천해야 한다. 그러면 당신은 알게 되리라. 갇힌 감옥의 창살은 강철이 아니며, 감옥 밖의 세상도 불안하지만은 않다는 것을.

당신의 가장 큰 꿈은 무엇인가? 직장에서 무엇을 이루고 싶은가? 사업을 한다면 얼마나 성공시키고 싶은가? 얼마나 부자가 될 것인가? 삶에서 어디까지 가 보고 싶은가? 나는 당신이 인생에서 무엇을 성취할지 말해 줄 수 있다. 당신이 성취할 수 있다고 믿는 바로 그것이다.

물론 믿음만으로 모든 산을 옮길 수 있다고 말하려는 게 아니다. 그럴 리가 있겠나. 배니스터는 성공을 위해 죽도록 훈련했다. 그리고 나는 주말을 포함해 하루 14시간씩 책상에 앉아 글을 쓴다. 그러나 믿음과 노력이 합쳐지면, 열심히 노력하고 성공을 믿으면, 당신의 정신이 성공의 길을 닦는다. 가장 오래된 불교 경전 중 하나인 법구경에 이것을 적절히 기술한 글귀가 있다.

정신이 사물보다 앞선다. 정신이 결정한다.
너의 말과 행동이 흐린 정신에서 나오면,
말 뒤에 마차가 따르듯, 너의 뒤에는 재앙이 따르리라.

정신이 사물보다 앞선다. 정신이 결정한다.
너의 말과 행동이 맑은 정신에서 나오면,
늘 따라다니는 그림자처럼, 행복이 너의 뒤를 따르리라.

1마일을 4분 이내에 주파하지 못하는가? 어쩌면 마의 벽은 머릿속에만 존재하는지도 모른다. 그 벽을 두드려 보라. 누군가가 벽 앞에서 가로막힐 때, 다른 누군가는 그 벽을 뛰어넘는다. 당신이 그 벽을 넘는 자가 되기를 바란다.

Summary

1 나는 내 생각의 포로다. 그리고 나는 스스로 자유의 몸이 될 수 있다.

2 때로는 단 한 글자만 제거해도, 불가능에서 '불'자만 빼도 감옥 문장이 격려의 문장으로 바뀐다.

3 가능함을 믿고 꾸준히 노력하면 불가능의 벽이 허물어지고, 성공의 길이 열린다.

듣기 좋은 거짓보다

고통스러운 진실이 낫다

마을 주민들이 삶의 의미에 대한 강연을 듣기 위해 현자를 초대했다. 사람들이 시장 광장에 모였다. 현자가 말했다. "오늘의 강연 주제에 관해 이미 알고 있는 것들이 있으면 말해 보세요."

"아주 많죠!" 마을 주민들은 현자에게 좋은 인상을 주기 위해 이렇게 외쳤다. 현자는 고개를 끄덕였다. "여러분이 이미 그렇게 많이 알고 있다면 내 강연은 여기서 끝입니다." 이렇게 말하고 현자는 마을을 떠났다.

주민들은 실망했지만, 호기심은 더욱 커졌다. 그들은 현자를 다시 초대했다. 현자는 이번에도 "오늘의 강연 주제에 관해 무엇을 이미 알고 있습니까?"라고 물었고, 사람들은 이번에는 "아무것도 모릅니다"라고 외쳤다. 그러자 현자가 말했다. "여러분이 아무것도 모른다면 내 강연은 아무 의미가 없습니다." 그리고 그는 다시 마을을 떠났다.

주민들은 의논 끝에 현자를 다시 초대했다. 현자가 무엇을 이미 알고 있냐고 물었을 때, 군중의 절반은 "많습니다"라고 외쳤고, 나머지 절반은 "아는 게 없습니다"라고 외쳤다. 현자는 싱긋 웃었다. "그렇다면 이미 아는 사람들이 모르는 사람에게 알려 주십시오." 그리고 현자는 떠났다.

주민들은 이제 포기하고 싶어졌다. 그러나 어느 현명한 노부인이 의견을 냈다. "다음에는 아무 말도 하지 맙시다!" 현자가 다시 군중 앞에 서서 질문을 했고, 모두가 침묵했다. 풀밭을 스치는 바람 소리가 들릴 정도로 고요했다. 그리고 이 침묵 속에서 현자는 강연을 시작했다.

마을 주민들은 현자의 비위를 맞추려 했다. 하지만 그들이 예의라고 여겼던 것이 현자에게는 거짓으로 보였다. "많이 안다"는 것은 허세였고, "아무것도 모른다"는 것은 과장이었다. 주민들이 어찌할 바를 모를 때, 현자는 비로소 삶의 의미에 대한 강연을 시작했다. 현자는 아첨의 말보다 차라리 정직한 침묵을 더 좋아했다.

기말 리포트를 작성하기 전에 이렇게 생각하는 대학생들이 있다. '교수님이 어떤 내용을 읽고 싶어 할까? 교수님이 공감할 만한 내용은 무엇일까?' 회의 중에 이런 생각에 몰두하는 직원들이 있다. '상사에게 좋은 인상을 주려면 무슨 말을 해야 할까?' 상대방이 듣고 싶어 하는 말을 하는 것이 사랑의 표현이라고 생각하는 사람들이 아주 많다.

그러나 그것은 진실과는 거리가 멀다. 교수님의 선호와 학생의 선호는 다를 수 있다. 상사는 문제의 진정한 원인과 해결책은 듣고 싶어 하지 않을 수 있다. 또 상대에게 억지로 맞춰 주다 보면, 어느새 관계가 망가지기도 한다.

그럼에도 불구하고, 우리는 예의를 명분으로 듣기 좋은 거짓을 말하는 데 익숙해져 있다. 그리고 솔직한 욕구나 진실을 종종 외면한다. 어쩌면 솔직함이 다른 사람에게 상처를 주면 어쩌나 걱정할지도 모르겠다. 하지만 그 반대일 수도 있다. 오히려 위선이 상처를 주고, 진실은 그렇지 않을 수도 있다.

세계적으로 유명한 심리학자 조던 피터슨은 젊은 시절 아내와 함께 위험한 집에 세 들어 산 적이 있다. 집주인 데니스는 재능 있는 전기 기술자였지만, 한때 동네 폭주족 대장이었고, 알코올의존증이 있었다. 심한 술버릇 때문에 옥살이를 한 이후로는 술을 멀리하려고 애썼지만, 한 달에 한 번 정도 온종일 술독에 빠져 지냈다. 그리고 술을 마시는 날이면 개와 함께 뒷마당으로 나가 달을 보며 미친듯이 울부짖었다.

그는 술을 사는 데 돈을 몽땅 써 버리는 경우가 많았다. 사 놓은 술을 다 마시면 그는 한밤중에 세입자인 조던 부부를 찾아왔다. 그리고는 비틀대며 토스터, 전자레인지, 아끼는 포스터 등을 두 사람에게 내밀었다. 그것을 팔아 술 살 돈을 마련하려는 것이었다. 조던은 몇 차례 물건을 사 주었다.

그러나 어느 날 아내가 앞으로 물건을 사 주지 말라고 했다. "이대로는 안 돼. 집주인 때문에 불안해서 못 살겠어. 게다가 이런 흥정이 데니스에게 좋을 게 하나도 없어." 조던은 아내의 말에 전적으로 동의했다. 하지만 어떻게 해야 만취한 전과자를 새벽에 조용히 돌려보낼 수 있단 말인가. 이 젊은 심리학자는 훗날 자신의 책 《12가지 인생의 법칙》에 그 이야기를 다음과 같이 썼다.

> 나는 위선적인 속임수를 쓰지 않았다. 그 순간 나는 대학 교육을 받고, 성공을 향해 나아가는 운 좋은 젊은이가 아니었다. 그 역시 전과자도 아니고, 혈중알코올농도 0.24퍼센트의 만취 상태로 오토바이 폭주를 즐기던 전기 기술자가 아니었다. 우리는 그저 올바른 일을 해내려고 함께 노력하고 상대방에게 선의의 도움을 주려고 애쓰는 두 남자일 뿐이었다. 나는 그가 술을 끊겠다고 약속한 사실을 언급했다. 그리고 내가 계속 돈을 주면 본인에게 좋을 게 없고, 특히 한밤중에 술에 취해서 뭔가를 팔려고 오면, 아내가 불안해한다고 덧붙였다.

한때 폭주족 대장은 경멸이나 비웃음의 기미를 찾으려는 듯, 오랫동안 조던을 뚫어지게 바라보았다. 그러나 그는 아무것도 발견하지 못했다. 그는 물러났다. 그리고 만취 상태였음에도 그날 나눴던 대화를 정확히 기억했다. 그 후로 다시는 조던 부부의 초인종을 누르지 않았다.

많은 사람이 이렇게 걱정했을 터이다. "이 만취한 폭주족 대장은 진실을 감당하지 못할 거야. 그가 흥분해서 주먹이라도 날리면 어쩌지?" 그렇게 듣기 좋은 말로 비위를 맞추려 애쓰고 계속 물건을 사 줄지도 모른다. 그러나 언제나 다음의 명언을 명심하라.

"고통스러운 진실이 거짓말보다 낫다." _토마스 만(작가)

나 역시 예의상 듣기 좋은 말만 해 주는 게 좋을지, 솔직하게 반응하는 게 좋을지 고민될 때가 종종 있다.

- 한 친구가 처음 쓴 원고를 내게 보여 주며 어느 출판사에 출간을 의뢰하는 게 좋을지 물었다. 나는 친구의 원고를 읽었고, 너무 개인적인 내용이라 책으로 출판하기에는 부적합하다는 느낌을 받았다. 이것을 솔직하게 말해도 될까?
- 직원들이 일을 제대로 안 한다며, 내게 세미나를 열어 주길 청한 CEO가 있었다. 그런데 대화를 해 보니 문제는 직원이 아니라 CEO였다. 이것을 솔직하게 말해도 될까?
- 부부 문제를 토로하면서 원인 제공자가 아내라고 말하는 친구가 있었다. 그러나 내가 보기에 문제의 상당 부분이 그의 책임이었다. 이것을 솔직하게 말해도 될까?

우리는 진실이 다른 사람들을 공격하고 힘들게 할 수 있다고 생각한다. 하지만 그 반대이다. 다른 사람들은 진실을 들을 만큼 강한데, 우리가 너무 약해서 진실을 말하지 못할 때가 많다. 우리는 다른 사람들을 보호하기 위해 거짓을 말한다고 주장하지만, 사실은 자기 자신을 보호할 뿐이다.

다음과 같이 생각하면, 솔직해지는 데 도움이 된다.

상대방의 비위를 맞추기보다 내 마음을 솔직하게 보여 줄 때, 나는 상대방에게 좋은 일을 하는 것이다. 설령 내 말이 마음에 들지 않더라도, 그 사람은 나의 솔직함과 선의를 느끼게 된다. 그러면 우리는 더 가까워진다. 내가 가면을 벗고 그를 마주하기 때문이다. 솔직함은 거울이다. 상대방은 이 거울을 통해, 내가 그를 어떻게 바라보는지를 본다. 그가 어떻게 반응할지는 그에게 맡긴다.

원고를 내게 보여 준 친구를 예로 들면, 처음에 그 친구는 나의 솔직한 피드백에 화를 냈다. 하지만 며칠 후에는 정직하게 알려 줘서 정말 고맙다고 말했다.

"내가 너무 성급했던 것 같아. 하마터면 모르는 사람들에게 창피를 당할 뻔했어. 그 원고는 내가 직접 책으로 만들어 가족끼리 나눌 생각이야. 좋은 해결책인 것 같아."

조금 더 솔직해지면, 더 많은 것을 성취할 수 있다. 사람들은 당장은 버거울지라도 언제나 진실을 선호한다. 진실한 말은 상대로부터 깊은 존중을 이끈다. 전과자이든 현자이든 학자이든, 누구든지 마찬가지다.

Summary

1 듣기 좋은 거짓보다 정직한 침묵, 고통스러운 진실이 낫다.

2 내가 마음을 솔직하게 보여 주면, 다른 사람들도 내게 마음을 더 활짝 연다.

3 거짓은 깊은 관계를 무너뜨리지만, 진실은 무너진 깊은 관계를 재건할 수 있다.

후회에
머무르는 사람
vs
그냥
행동하는 사람

✳

　노을이 물들자 하루 씨가 산책에 나섰다. 하루 씨는 사람들이 그를 어떻게 생각하는지 궁금했다. 한 커플이 공원 벤치에 앉아 이야기를 나누고 있다. 남자가 말했다. "오늘 하루는 정말 끔찍했어. 온통 스트레스야." 하루 씨의 얼굴이 창백해졌다. 왜 안 그렇겠는가.

　그러자 여자가 대답했다. "내 하루는 완전 지옥이었어. 아침 저녁 모두 교통 체증이 시달렸어." 하루 씨의 얼굴은 사색이 되었다. 끔찍한 것도 서러운데 지옥이라니.

　낙담한 하루 씨는 계속 걸었다. 스마트폰에 대고 절규하는 청년의 목소리가 들렸다. "오늘 하루는 암흑이었어요." 하루 씨는 더는 참을 수가 없어, 청년에게 물었다. "밝았던 때는 한순간도 없었습니까? 즐거운 일이 전혀 없었습니까? 아무것도 배운 게 없습니까?

긍정적인 느낌은 전혀 없었습니까?"

허공에서 들려오는 또렷한 목소리에 청년의 눈이 커졌다. 그는 전화기에 대고 흥분하여 외쳤다. "방금 깨달음을 얻었어요!"

"보라고. 그렇게 하면 되잖아!" 하루 씨는 이렇게 말하고 밤에게 자리를 내주었다.

당신의 하루는 어땠는가? 힘든 일투성이었는가, 아니면 감사한 일도 많았는가? 그날 얼마나 고되었든지 간에, 하루를 긍정적이고 생산적으로 마무리할 방법이 있다. 침대에 누워 무엇이 좋았고 만족스러웠는지 돌이켜 보는 것이다. 지옥 같은 하루에도 되짚어 보면 보석 같은 순간이 숨어 있다. 마음의 화면에 오늘의 하이라이트 영상을 띄우고 그것을 되새기며 즐기라. 그런 다음 곰곰이 생각해 보라.

- 이때 나는 어떤 생각을 선택했는가?
- 그런 생각 덕분에 무엇을 해낼 수 있었는가?
- 이때 나는 어떤 가치관을 실천했는가?
- 이것을 통해 나는 무엇을 배웠는가?

잠들기 전에 하는 이런 반추는 자신감을 높이고, 미래의 당신을 강하게 한다. 또한 당신의 두뇌를 편안한 알파 상태로 전환함으로써 숙면을 돕는다. 그뿐만 아니라 반추의 내용은 무의식 깊은 곳에 자리를 잡아, 앞으로 며칠 동안 생각과 행동을 원하는 방향으로 이끈다. 셀린의 경우처럼 말이다.

셀린은 독문학을 전공하는 대학생이다. 어느 날 교수가 그에게 세미나 주제를 추천했는데, 마음으로부터 저항을 느꼈다. 평소 같으면 교수의 제안에 묵묵히 따랐을 텐데, 그날은 다르게 행동했다. 관심을 두던 다른 주제로 세미나에 참석하겠다는 제안을 한 것이다. 셀린은 그 경험을 다음과 같이 반추했다.

- **이때 나는 어떤 생각을 선택했는가?**

  "나는 내 감정이 중요하다고 생각했다. 교수님은 내가 무조건 예스라고 대답하기를 바라지 않는다. 교수님은 내가 내 마음을 솔직히 밝히기를 더 바란다. 나는 그렇게 해야 한다. 무엇보다 나를 위해서."

- **그런 생각 덕분에 무엇을 해낼 수 있었는가?**

  "나는 교수님의 제안에 순응하는 대신 주체적으로 행동했다. '흥미로운 주제이긴 합니다만, 썩 내키지 않습니다. 생각하고 있던 몇 가지 아이디어가 있는데…'라고 역제안했다."

- **이때 나는 어떤 가치관을 실천했는가?**

  "나는 솔직했다. 용감했다. 나를 존중했다. 진짜 나로서 행동했다고 느꼈다. 그래서 불안감과 두려움 없이 말하는 힘이 생겼다."

- **이것을 통해 나는 무엇을 배웠는가?**

    "나는 오래전부터 어머니에게 부담감을 느꼈다. 어머니는 전화할 때마다 언제 본가에 오냐고 묻는다. 어머니는 그런 질문이 내 마음을 불편하게 하고 기분을 상하게 한다는 사실을 인식하지 못하는 것 같다. 나는 이것에 대해 어머니와 솔직하게 이야기하고 싶다."

자기 전에 그날의 성취를 평가하면, 교훈을 얻을 수 있고, 다음 날을 더 강하게 시작할 수 있다. 또 이 훈련은 정반대의 방향으로도 진행할 수 있다. 즉 제대로 해내지 못한 것, 잘 진행되지 않은 일로부터 교훈을 이끌어내는 훈련이다.

당신의 가치관에 어긋나게 행동했고, 불편함을 느꼈던 순간은 언제인가? 그런 상황을 가능한 한 상세히 떠올리라. 앞으로 비슷한 상황에 처하면 당신은 어떻게 행동할 것인가? 달라진 생각과 행동을 하나하나 그려 보고, 완전히 만족할 때까지 그 모습을 반복 재생하라.

"오늘의 깨달음은 어제 저지른 오류의 딸일 수 있다."

_마리 폰 에브너에셴바흐(작가)

셀린은 이 역방향 훈련을 다음과 같이 실행했다.

- **가치관에 어긋나는 행동을 했거나 불편함을 느꼈던 순간**

    "전 남자 친구에게서 온 전화를 계속 받지 않았다. 이런 행동이 비겁하게 느껴져 마음이 좋지 않다. 나는 명확함과 솔직함이라는 나의 중요한 가치관을 위반하고 있다."

- **앞으로 어떻게 다르게 행동할 것인가?**

    "나는 전화를 받아 이렇게 말할 것이다. '너와 연락하고 싶지 않은 내 마음을 존중해 줘. 나는 마음을 추스를 시간이 필요해. 너와 얘기하면 점점 더 혼란스럽기만 해. 다시는 전화하지 말아 줘. 필요하면 내가 전화할게.' 이렇게 나는 명확하고 솔직하게 행동한다."

셀린의 시뮬레이션은 실제로 효과가 있었다. 며칠 후 전 남자 친구에게서 전화가 왔을 때를 회상하며 그녀는 이렇게 말했다. "그가 전화했을 때, 정말 기뻤어요. 이번에는 제대로 말할 수 있겠다는 자신감이 있었죠. 저는 충분히 준비했고, 잘 훈련된 상태였으니까요." 이것이 이 훈련의 마법이다. 상상으로 행동을 바로잡을 때마다, 실제 행동을 위한 신경섬유가 생성된다. 구체적으로 반복하는 상상은 곧 행동으로 이어진다.

- 하루를 정신없이 시작했는가? 한 시간 일찍 일어나 아침에 가장 중요한 일을 처리하고, 차분히 하루를 시작한다고 상상해 보라. 실제로 그렇게 할 수 있을 것이다.

- 잔디 깎기를 또 미뤘는가? 잔디를 깎으면서 신선한 풀 냄새를 맡고, 말끔해진 잔디를 보며 흡족해하는 모습을 상상해 보라. 그러면 곧 그렇게 할 수 있을 것이다.
- 사소한 일로 파트너를 비난했는가? 당신이 파트너에게 얼마나 감사하는지, 그를 얼마나 소중하게 여기는지 말하는 장면을 상상해 보라. 그러면 곧 그렇게 할 수 있을 것이다.

당신이 원하는 상황을 구체적으로 일관되게 반복해서 상상할수록, 긍정적 시뮬레이션이 부정적 경험을 덮는다. 붓질할 때마다 과거에 칠한 색이 점점 옅어지는 것과 비슷하다. 이런 시뮬레이션은 당신의 무의식에 영향을 주어, 가치관에 따라 행동하도록 만든다. 정말이냐고? 물론이다. 무려 2천 년 전에 활동한 철학자 세네카도 시뮬레이션의 효과를 설명하는 멋진 말을 남겼다.

> "하루 전체를 시험 삼아 상상으로 살아 보는 이 습관보다 더 멋진 일이 있을까? (…) 나는 이 능력을 활용해서 매일 나 자신을 책임진다."

당신의 하루는 어땠는가? 이미 지나간 일은 바꿀 수 없다. 하지만 후회로만 남길지, 변화를 위한 동력으로 삼을지는 당신의 선택에 달려 있다. 당신은 잠들기 전에 무슨 생각을 할 것인가? 귀한 하루를 어떻게 쓸 셈인가?

Summary

1 잠들기 전에 나는 머릿속 소프트웨어의 프로그래머가 된다. 지금 생각하는 것을 미래에 실현할 것이다.

2 잠들기 전에 하루 중 가장 좋았던 순간을 떠올리면 힘과 자신감을 얻을 수 있다.

3 후회로 남은 순간에 어떻게 행동했더라면 좋았을지 상상해 본다. 이것이 미래의 나를 강하게 한다.

지금 할 수 있는
아주 작은 일부터

찾아
움직이라

✳

어느 날 한 노교수가 화제의 주인공이 되었다. 이 노교수는 미국에서 가장 신뢰받는 아이큐 테스트를 수년 동안 담당해 왔다. 그런데 그동안 시험 답안을 채점하지 않았다는 사실이 뒤늦게 밝혀졌다. 학계는 노교수가 검사 자료도 없이 어떻게 그렇게 정확한 결과를 낼 수 있었는지 놀라워했다.

진상조사위원회가 노교수를 소환했고, 위원장이 물었다. "시험 답안을 채점하지 않은 것이 사실입니까?"

"일부만 사실입니다." 노교수가 대답했다.

"그게 무슨 뜻입니까?"

"나는 첫 번째 문제의 답만 확인했습니다. 그러면 나머지는 볼 필요도 없습니다."

"첫 번째 질문이 도대체 뭐였습니까?"

"'당신은 얼마나 똑똑하다고 생각하십니까?'였습니다."

"그렇다면 자신을 과소평가하는 똑똑한 사람들을 모두 놓치고 말았겠군요."

"그렇지 않습니다. 그들은 어차피 자신의 지능을 발휘하지 못할 테니까요."

이제 스스로 자신을 마비시키는 가장 확실한 방법을 알려 주겠다. 자기 최면술이 가장 효과적이다. 당신의 단점이나 못하는 일을 간결한 문장으로 만들라. 일반적일수록 좋다. "나는 발표를 못한다." 나머지는 식은 죽 먹기다.

이 문장이 무의식에 각인될 때까지 속으로 계속 반복하면, 정말로 발표를 못하게 될 것이다. 사람들 앞에 서자마자 동화에서처럼 입술이 굳어 버릴 것이다. 자기 최면에 성공한 것을 축하한다.

우리는 모두 유능한 자기 최면술사다. 실제로는 할 수 있는데 할 수 없다고, 실제로는 없는 문제인데 존재한다고, 실제로는 아닌데 한계에 도달했다고, 최면을 건다. 최면으로 자신을 마비시킨다. 당신이 생각하는 당신의 부정적인 면은 무엇인가?

- 당신이 절대 할 수 없는 일은 무엇인가?
- 당신의 나쁜 성격은 무엇인가?
- 당신이 항상 실패하는 것은 무엇인가?

- 해결될 수 없는 당신의 문제는 무엇인가?
- 당신에게 부족한 재능은 무엇인가?

    의뢰인들에게 이 질문을 던졌을 때 나온 답은 다양했다. 나는 무질서하다, 스몰토크에 서툴다, 수줍음이 많다, 자기 의견을 주장하지 못한다, 자제력이 부족하다, 너무 이기적이다, 외국어에 재능이 없다, 손재주가 없다 등등. 그러나 확신하건대, 이런 대답은 현실의 반영이 아니라 그저 성공적인 자기 최면에 불과하다. 날지 못한다고 믿는 새는 영원히 나무를 떠나지 못한다.

    건강염려증 환자가 훌륭한 예시다. 보통 건강염려증 환자가 조심하는 만큼 더 오래 살 거라고 생각한다. 그러나 지나친 염려 뒤에는 종종 다음과 같은 자기 최면이 깔려 있다. "나는 심각한 질병에 특히 취약하다." 이런 부정적 가정은 극단적 결과를 초래한다. 스웨덴의 장기 연구에 따르면, 건강염려증이 심한 환자는 평균보다 일찍 사망하고, 네 배 더 많이 자살한다.

    그렇다면 자기 최면의 해독제는 무엇일까? 나는 상담 때 의뢰인의 논리적 사고를 일깨운다. 다음은 행정 사무원 페터와 나눈 대화이다.

의뢰인   나는 발표를 못합니다.
나   과거에 사람들 앞에서 말하기 힘들었던 적이 자주 있었나요?
의뢰인   물론이죠. 나는 항상 중간에 길을 잃습니다.

나	지금까지는 말을 할 때 자주 뒤죽박죽되었습니까?
의뢰인	네, 계속 그렇습니다.
나	그리고 이제 과거에 일어났던 일이 다음 발표 때도 일어날까 봐 두려운 거죠?
의뢰인	분명히 그럴 거라고 예상합니다.
나	예상한다는 말은, 확신할 수 없다는 뜻이니, 혹시 다음 발표 때 전혀 다르게, 그러니까 생각보다 발표가 잘 풀릴 수도 있을까요?
의뢰인	물론 이론적으로는 그렇습니다. 하지만 나는 좋은 연사가 아님을 계속 경험해 왔습니다.
나	앞으로 발표를 성공적으로 해낼 수도 있다는 것을 부정하진 않으시네요. 다만 과거에 그런 경험을 하지 못했기 때문에, 그걸 믿을 타당한 근거가 없는 것이죠?
의뢰인	간단히 말하면 그렇죠. 바뀔 수 있을지 모르겠습니다.
나	자신에게 다음과 같이 질문했다고 가정해 보세요. 앞으로 무대에서 더 자신감을 가지려면 어떻게 해야 할까? 첫 단계로 해 볼 수 있는 작은 일은 무엇일까?

내 전략은 이렇다. 과거의 경험을 미래에 적용하는 것이 얼마나 비논리적인지 인식시킨다. 그것은 마치 이렇게 말하는 것과 같다. "어제 비가 내렸다. 그래서 오늘도 비가 내려야 마땅하다. 그러므로 항상 비가 내릴 수밖에 없다." 새로운 기대를 품어야 새로운 가능성을 만들 수 있다.

> "뭔가를 할 수 없다고 상상하는 한, 그것을 하는 것은 불가능하다."
>
> _바뤼흐 스피노자(철학자)

언어의 작은 차이가 곧 생각의 큰 차이다. "나는 발표를 못해요"는 최종 판결처럼 들린다. 그러면 평생 발표 무능력의 감방에 갇혀 살게 된다. 뭔가를 시도하는 것 자체가 무의미해진다. 발표를 못한다는 말은 다음과 같은 악순환을 불러온다.

- 사람들 앞에서 발표하지만, (주관적 평가로) 실패한다.
- 사람들 앞에서 발표를 못한다고 생각한다.
- 스스로 못한다고 생각하기 때문에 발표를 피한다. ("창피당하고 싶지 않아!")
- 자꾸 발표를 피하기 때문에 발표 실력이 발전하지 못하고 점점 더 나빠진다.
- 어쩔 수 없이 다시 발표하게 되면, 더욱 형편없는 발표를 하게 된다. 결국 발표를 못한다는 것을 다시 깨닫고 악순환이 반복된다.

그러나 자기 최면을 인식하고, '지금까지는'을 넣어 문장을 만들면 다음과 같은 선순환이 형성된다.

- 사람들 앞에서 발표하지만, (주관적 평가로) 실패한다.
- '지금까지는' 발표를 만족할 만큼 잘하지 못했다고 생각한다. ('발표를

못한다'와 '만족하지 못한다'는 다르다. '만족하지 못한다'는 기준이 자신에게 있음을 뜻한다.)
- 발표 기술을 연마하는 모든 기회를 활용한다. 자원하여 발표하고, 연설 강좌를 듣거나 토론 클럽에 가입할 수도 있다.
- 발표 연습을 계속하기 때문에 점점 나아진다. 자신감이 생기고 마비가 풀린다.
- 다시 발표하게 되면, 연사로서 발전했음을 알게 된다. 이제 당신은 발표를 기대하게 되고, 매번 새로운 것을 배우게 될 것이다.

동기부여 전문가이자 심리학자 웨인 다이어는 자신의 책《행복한 이기주의자》에 다음과 같이 썼다.

"당신이 어떻게 느끼느냐는 오로지 당신의 책임이다. 당신은 스스로 생각하는 것을 느낀다. 그리고 다르게 생각하리라 결정하면, 다르게 생각하는 법을 배울 수 있다. 불행하거나 우울하거나 상처받았다고 느끼는 것이 실제로 자신에게 유익한지 생각해 보라. 어떤 생각이 이런 짓누르는 감정을 유발하는지, 철저히 조사하기 시작하라."

아이큐 테스트 전문가 노교수의 말을 기억하라. 스스로 똑똑하다고 생각할수록 자신이 똑똑하다는 것을 더 잘 입증할 수 있다. 자기 최면은 항상 효력이 있다. '지금까지는' 결과가 만족스럽지 못했더라도, 가능성을 믿고 할 수 있다고 생각하라. 그러면 무엇을 해야 할지가 보이고, 실천 동력도 자연히 생긴다. 지금 할 수 있는 작은 일부터 찾아 움직이라. 부지런히 움직이는 사람들의 실행력이 바로 여기에서 나온다.

Summary

1. 인생에서 결코 이루지 못하리라 생각하는 것이 있다면, 그것을 결코 이루지 못할 것이다.

2. "지금까지는 일이 잘 풀리지 않았다"라고 생각한다면, 미래에는 잘 풀릴 수도 있다고 생각하게 된다.

3. 그러면 성공을 위해 지금 시작할 수 있는 작은 실천에 주의를 집중할 수 있다.

최악의 경우를
상상하면

뜻밖의
해결책이 나온다

"저는 수줍음이 많습니다. 고쳐지질 않아요." 스물아홉 살 생물학자 프랑크가 검지로 턱을 긁으며 말했다.

"하지만 그것 때문에 괴롭다고 방금 말씀하셨잖아요." 내가 말했다.

"그렇습니다. 동료들이 저를 무시합니다. 저와 상관없이 회의가 진행되고, 아무도 제게 의견을 묻지 않습니다. 제가 중요한 아이디어를 낼 수도 있는데 말입니다."

"자신을 드러내고 더 많은 발언권을 갖고 싶나요?"

그는 다시 턱을 긁었다. "그렇기도 하고 안 그렇기도 합니다. 할 말이 많으면 좋겠으면서도, 말을 많이 하고 싶지 않습니다. 저도 제가 답답합니다."

"그럼 반대로 물어보죠. 모든 회의에서 확실히 무시당하고, 아무도 당신을 염두에 두지 않게 하려면 어떻게 해야 할까요?" 그가 어리둥절한 얼굴로 나를 보았다. 그런 다음 이렇게 말했다. "다른 사람들이 말을 걸지 않도록 조용히 있어야겠죠. 가만히 있는데 이목을 끌진 않을 테니까요."

나는 또 물었다. "그리고 회의실에 당신이 있다는 사실을 아무도 눈치채지 못하게 하려면 어떻게 해야 할까요?"

"주도적인 모습을 절대 보여선 안 됩니다. 그냥 쥐 죽은 듯이 있어야겠죠. 심지어 논의 중인 문제의 답을 알더라도 침묵을 지켜야 합니다." 그의 목소리에 점점 힘이 실렸다. 그는 점차 이 대화를 놀이처럼 즐기고 있었다.

"어떻게 하면 다른 사람들에게 '프랑크는 발언할 생각이 전혀 없다'는 신호를 보낼 수 있을까요?"

"아무하고도 눈이 마주치면 안 됩니다. 내 앞에 놓인 회의 자료만 뚫어지게 보고 있어야 해요."

"당신의 수줍은 성격을 널리 알리려면 무엇을 더 해야 할까요? 조금 과장해서 말해 보세요."

"회의 전에 동료들에게 미리 부탁해야겠죠. 나에게 아무것도 묻지 말라고, 마치 내가 회의실에 없는 것처럼 해 달라고…"

반대 해결책 또는 잘못된 길로 가는 방법을 묻는 이 이상한 상담법을 '역설적 개입'이라고 한다. 이 유머러스한 기술은 로고 테

라피의 창시자인 정신과 의사 빅터 프랭클에게서 비롯되었다. 변하고는 싶은데 올바른 해결책을 찾지 못할 때, 프랭크처럼 변화에 대한 거부감이 있을 때, 나는 그에게 반대로 묻는다. 즉 수줍어서 고민인 사람에겐 더 수줍어할 방법을, 예민해서 걱정인 사람에겐 더 예민하게 행동할 방법을 찾으라고 요청한다. 그러면 의뢰인들은 오히려 저항감을 느껴서 하던 행동을 멈추거나 변화를 수용한다. 게다가 이 청개구리 전법은 놀라울 정도로 창의적이다. 어떤 아이디어든 계속 고안해낼 수 있다. 무엇보다 눈을 찡긋해 보이며 유머러스하게 접근하면 놀이처럼 보여 부담도 없다.

"유머는 현자의 우산이다." _에리히 캐스트너(작가)

나는 프랭크에게 이렇게 말했다. "당신의 대답 안에 이미 해결책이 들어 있지는 않은지 같이 점검해 봅시다. 예를 들어, 아무런 질문도 하지 말라고 회의 전에 미리 동료들에게 부탁한다고 말씀하셨는데, 그런 부탁 대신 다른 부탁을 할 수도 있지 않을까요?"

그가 즉시 좋은 아이디어를 떠올렸다. "친한 동료인 율리안에게 미리 부탁하면 되겠어요. 내 전문 주제를 다룰 때 나한테 질문을 해 달라고요. 누군가 내게 말을 시키고, 내가 잘 아는 주제이면, 발언하기가 더 쉽습니다."

우리는 다른 문제들도 점검했다. 반대 해결책에서 올바른 해결책이 나왔다. 그는 회의 중에 친한 사람들과 더 자주 눈을 맞추고,

논의 중인 문제에 대해 주도적으로 의견을 내리라 결심했다.

당신도 아마 이런 경험을 해 본 적이 있을 것이다. 문제를 해결하는 방법은 모르지만, 문제를 악화시키는 방법은 전문가 못지않게 잘 안다. 바로 이런 상황을 거꾸로 활용할 수 있다. 당신이 직면한 가장 큰 어려움에도 이 기술을 쓸 수 있을 것이다.

상황을 더 악화시키려면 어떻게 해야 하는지 자신에게 물으라. 해결되지 않는 문제를 오색 풍선처럼 부풀리고, 반대 해결책을 수집하는 일은 놀이처럼 재미있을 것이다.

예시: 당신은 매사에 너무 친절하여 계속 이용만 당하는 기분이 든다. 어떻게 바꿔야 할지 모르겠다. 그렇다면 이용하기 더 쉬운 호구가 되려면 어떻게 해야 할까?

- "아니오"라는 말을 절대 하지 않는다.
- 매일 아침 거울 앞에서 이렇게 말한다. "내 기분은 중요하지 않아. 다른 사람들을 기분 좋게 하는 것이 가장 중요해."
- 누군가가 나를 설득하려고 들면, 즉시 굴복한다.
- 다른 사람들이 나를 진지하게 여기지 않도록, 어색한 미소와 떨리는 목소리로 말한다.
- "그냥 한번 물어본 거예요" 같은 문장으로 내 요구를 희석한다.

훌륭한 참고 자료다. 이제 이것을 토대로 다음과 같이 자신에게 질문할 수 있기 때문이다. 이것이 잘못된 길이라면, 여기서 나가려면 어떻게 해야 할까? 반대로 하면 된다. 여기에 세 가지 예시가 있다.

- 더 자주 "아니오"라고 말한다. 대답하기 전에 충분히 시간을 갖는다. 그러면 반사적으로 "예"라고 대답하는 일을 방지할 수 있고, 정말로 원하는 것을 말할 수 있다.
- 매일 아침 거울 앞에서 이렇게 말한다. "나는 기분이 좋아질 권리가 있어. 내 기분과 욕구가 중요해. 내 기분이 좋아지는 방식으로 행동할 거야. 다른 사람들이 어떻게 생각하든 그것은 그들의 결정이지, 나와는 상관없어."
- 내가 나를 진지하게 여기면, 그것이 표정과 목소리에 나타난다. 나에게 중요한 일이면, 차분하고 명확하게 또박또박 말한다.

'나는 도대체 왜 그럴까?' 하고 고민하지만, 조금도 바뀌지 않은 채 살던 대로 살아가는 이유가 뭘까? 아마 변하고 싶지만 동시에 변하고 싶지 않은 이중적인 마음 때문은 아닐까? 그럴 때 청개구리 정신을 일종의 지렛대로 삼으면, 놀라울 정도로 좋은 아이디어들이 떠오른다. 그러면 반대 해결책이 해결책으로 바뀌는 마술을 경험하게 될 것이다. 그러니 변화 앞에서 밍기적거릴 때 차라리 문제의 끝까지 가 보라. 문제는 가벼워지고 기분은 유쾌해지고 실행력은 높아질 것이다.

Summary

1 해결책이 떠오르지 않을 때는 이렇게 자문한다. "이 문제를 악화시키려면 어떻게 해야 할까?"

2 청개구리 정신을 이용해, 반대 해결책과 잘못된 길로 가는 방법을 수집한다.

3 반대 해결책을 모두 모아 놓고 이렇게 자문한다. "이것 대신에 무엇을 하면 효과가 있을까?" 그러면 벌써 해결책의 실마리가 손안에 있다.

> 최소 노력, 최대 효과

가장 친한 친구가 당신과 똑같은 문제로 고민하고 있다고 가정해 보라. 그것은 어떤 문제인가?

_____

친구에게 무엇을 절대 하지 말라고 조언하겠는가? 상황을 더 악화시킬 방법은 무엇일까?

1. _____

2. _____

3. _____

이런 반대 해결책을 점검하고 당신에게 적용하라. 이것의 반대는 어떤 모습일까? 여기서 어떤 올바른 길을 도출할 수 있을까?

1. _____

2. _____

3. _____

운을 부르는 행동 설계

도로가 차로 꽉 막혔다. 낯빛이 점점 어두워졌다. 상담 약속에 맞추려면 서둘러야 하는데, 도무지 차가 앞으로 나아가지 못했다. 멀리서 신호등이 녹색으로 바뀌었다. 하지만 내 차 바로 앞에서 다시 빨간색으로 돌아왔다. 저주에 걸린 것 같았다. 도시 전체가 나를 상대로 음모를 꾸민 게 틀림없었다.

나는 짜증이 나서 지름길로 갈 요량으로 옆길로 차를 돌렸다. 그러자 도시가 반격했다. 갑자기 운전 학원 연습 차량이 내 앞에 떡하니 나타났다. 보행 보조기 사용자조차 포뮬러1 선수로 보일 정도로 연습 차량은 아주 느리게 주행했다. '젠장.' 마음이 극도로 조급해진 나는 먼 길을 돌아 원래 도로로 진입했다. 맙소사! 이제 1킬로미터 정체 구간에 갇혀 버리고 말았다.

온종일 불운이 따라다니는 것 같은 그런 기분을 아는가? 문제를 풀려고 노력할수록 더 큰 문제가 발생한다. 짜증이 또 다른 짜증을 부른다. 운수가 하도 사나웠던 터라 밤에 불이라도 날까 봐, 잠들기 전에 연기 탐지기가 잘 작동하는지 확인해야 할 것만 같다.

이런 날에는 때때로 편집증 환자가 된다. '세상이 나를 상대로 사악한 계획을 꾸민 게 분명하다. 길가에 선 나무들은 내 자동차를 뭉개 버리려고 폭풍우가 몰아치기만을 기다리고 있다. 상사가 칭찬하는 이유는 오직 무리하게 초과근무를 시키기 위해서다. 복도에서 만난 남자가 나를 보고 웃는다면, 그것은 미소가 아니라 비웃음이다!'

편집증, 즉 파라노이아란 자신이 주변으로부터 피해를 받을 것이라고 믿는 병리적인 상태다. 그런데 이와 반대되는 증상인 프로노이아도 있다. 프로노이아를 앓는 사람은 자신을 둘러싼 세상이 자신에게 좋은 일을 하기 위해 모종의 계획을 세운다고 믿는다. 둘 다 근거 없는 믿음이고 비이성적 상태이지만, 세상을 보는 관점은 완전히 다르다.

평범한 우리가 편집증 같은 진단을 받을 리는 없다. 하지만 코치로서 나는 '파라노이아적 관점'과 '프로노이아적 관점'을 유용하게 사용한다. 같은 상황이라도 파라노이아적 관점보다는 프로노이아적 관점이 더 나은 결과를 가져오기 때문이다. 예를 들어 보자. 프로노이아적 관점에선 위의 이야기가 이렇게 탈바꿈한다.

길가에 선 모든 나무는 내게 시원한 그늘과 깨끗한 공기를 제공한다. 오늘도 아침 일찍 떠올라 나를 깨워 준 태양에 감사하다. 라디오에서 나오는 전쟁과 테러 뉴스는 평온한 삶의 소중함을 한 번 더 상기시켜 준다.

차에 올라타자 신호등이 연이어 초록색으로 바뀐다. 세 번째 신호등은 빨간색으로 바뀌어 내게 짧은 휴식 시간을 제공한다. 그 사이에 나는 오늘의 목표를 점검한다. 정체가 시작되자 차들이 경적을 울려댄다. 그 소리가 나를 각성하게 하고, 오늘을 좀 더 차분하게 보내리라 결심하게 한다.

사무실에 도착했더니 주차 공간이 꽉 차서 750미터 떨어진 골목에 주차해야 했다. 그 덕분에 햇살을 받고 걸으며, 출근 전에 마음을 안정시킬 수 있었다. 아, 오늘 리더십을 익히려는 경영자와 상담하는 날인데, 관련 자료를 챙겨 오지 못했다! 나쁘지 않다. 내 기억력을 시험해 볼 기회다. 주요 데이터를 종이에 적으며, 아직 기억력이 좋다는 사실과 상담 준비를 열심히 했다는 점에 뿌듯하다. (…)

"매일매일이 인생에서 가장 아름다운 날이 될 수 있게 기회를 주라."

_마크 트웨인(작가)

어떤가. 프로노이아적 관점이 가져다주는 이득에 수긍이 가는가? 아니면 근거 없는 정신 승리일 뿐이라며 코웃음 치는가? 하지만 세상을 보는 관점의 힘은 아무리 강조해도 지나치지 않다. 게슈

탈트 요법 치료사 프리츠 펄스는 세상을 바꾸는 유일한 방법은 세상을 보는 관점을 바꾸는 것이라고 했다. 우리가 세상에서 보는 것은 객관적인 현실이 아니라, 우리의 기대와 관점이 투영된 결과이기 때문이다. 즉 당신은 관점에 따라 세상을 설계한다. 당신은 피조물이면서 동시에 생각하는 방식을 통해 당신의 세상을 창조하는 조물주이기도 하다.

그래도 미심쩍은 당신을 위해 '로젠탈 효과'를 소개한다. 하버드 대학교 심리학과 교수 로버트 로젠탈은 한 초등학교 학급을 맡은 교사에게 아이들의 이름이 적힌 명단을 주었다. 그 반의 20퍼센트가 명단에 이름을 올렸는데, 로젠탈은 지능지수가 높은 아이들만 뽑은 거라고 설명했다.

그리고 8개월 후에 아이들의 지능지수를 검사했다. 그 결과 명단에 오른 학생의 45퍼센트는 지능지수가 20포인트 이상 향상했고, 20퍼센트는 심지어 30포인트 이상 향상됐다. 몇몇 아이들은 지능지수가 140을 넘어 영재로 평가되었다.

그런데 이 실험에는 놀라운 사실이 숨어 있었다. 담임교사에게 알린 것과 다르게 학생들은 무작위로 선정되었다. 즉 명단에 오르지 않은 학생들과 지능지수에서 별로 차이가 없었다. 그렇다면 왜 8개월 후 그들의 성적과 지능지수가 급등했을까? 바로 담임 선생님의 관점 때문이었다. 그들을 영재로 본 교사의 시선과 격려가 큰 힘으로 작용했다.

이 실험에서 인생을 위한 중요한 결론을 도출할 수 있다. 관점은 행동에 영향을 미치고 결과를 바꾼다. 긍정적인 기대는 긍정적인 현실로 나타난다. 우리에게 일어나는 일은 우리 힘으로 통제할 수 없다. 하지만 그에 대해 어떤 관점을 가지고 어떻게 행동할지는 선택할 수 있다.

이미 일어난 과거의 일들, 갑작스러운 사건 사고, 알 수 없는 미래, 그리고 다른 사람이 내리는 나에 대한 평가…. 세상에는 뜻대로 통제할 수 없는 일들이 훨씬 많다. 그래서 무기력해지고, 좌절하고 포기하기가 쉽다. 하지만 세상일은 보기 나름이라면? 긍정적인 관점이 긍정적인 태도를 불러온다면? 그런 태도가 긍정적인 행동으로 이어지고, 결국 결과를 바꾼다면? 당신은 어떤 관점을 택할 것인가?

프로노이아적 관점을 택하면 우리는 현실을 좀 더 창조적으로 볼 수 있다. 지난 과거, 인간관계, 직면한 모든 문제에서 생산적인 해결책을 모색할 수 있다.

- 당신이 만나는 모든 사람은 뭔가 중요한 것을 당신에게 가르치고자 한다. 정확히 무엇일까?
- 당신이 직면한 모든 문제는 당신에게 문제 해결 능력을 키워 주고자 한다. 정확히 어떤 능력일까?
- 과거에 일어난 나쁜 일은 역경에도 무너지지 않는 강한 정신력의 토대가 되고자 한다. 그 토대는 어떤 모습인가?
- 당신의 경계를 침범하는 모든 사람은 당신의 거리 두기 능력을 키워

주고자 한다. 거리 두기가 얼마나 더 쉬워질까?

세상에서 당신이 마주하는 것은 바로 당신이 기대한 결과이다. 최악의 상황도 관점에 따라서는 성공으로 향하는 도약대가 될 수 있다. 눈부신 성취를 거둔 인물 중에는 '실패'라는 단어를 쓰지 않는 이들이 아주 많다. 실패가 아니라 성공으로 향하는 과정일 뿐이었다고 말한다. 그들은 장애물도 프로노이아적 관점으로 바라본 것이 틀림없다. 나도 마찬가지다. 프로노이아적 관점을 선택한 후, 나는 그 어느 때보다도 녹색 신호등을 자주 만난다.

Summary

1 세상은 바꿀 수 없지만, 관점은 바꿀 수 있다.

2 어떤 관점을 선택하느냐에 따라 결과가 완전히 달라진다.

3 좋은 것을 더 많이 기대할수록 좋은 것을 더 많이 인식하게 되고, 더 생산적인 방식으로 행동하게 된다.

감정 소모 없이
원하는 것을 얻는

똑똑한
말하기

※

한 여자가 길에서 행인과 부딪혔다. '이 남자는 눈이 멀었나? 앞을 똑바로 보고 다닐 수는 없나?' 여자는 화가 났다.
"멍청이!" 여자가 남자에게 소리쳤다.
남자는 미소를 지으며 손을 내밀었다. "제 이름은 뮐러입니다."

우리는 모두 타고난 불평꾼이다. 행인과 부딪히면 부주의한 실수를 지적하는 데서 그치지 않고 그의 인격까지 비난한다. 그런 사례는 아주 흔하다. 아이가 수학 문제 몇 개를 틀리면, 계산상 오류를 정정하는 데서 그치지 않고 타고난 멍청이라는 낙인을 찍는다. 당신이 추위를 잘 타는 걸 아는 동료가 자꾸 에어컨을 틀면, 자신을 무시해서 혹은 이기적이라서 그렇다고 비난한다.

당신의 생각을 한번 점검해 보라. 어쩌면 당신의 소망을 진지하게 받아들이지 않는 어떤 사람 때문에 짜증이 날 수도 있다. 또는 그 사람이 당신을 위해 시간을 내지 않아서, 혹은 그 사람이 당신을 칭찬하지 않아서 화가 날 수도 있다. 그러나 이런 충족되지 못한 욕구는 상대에게 제대로 전달되지 못한다. '당신은 늘 그래', '당신 성격은 변한 게 전혀 없어'와 같이 인격적인 비난으로 탈바꿈해 전해진다.

- "왜 내 말을 제대로 들어주지 않고 무시하죠?"
- "왜 항상 나만 혼자서 서류 작업을 해야 하죠?"
- "당신의 아이러니한 냉소에 짜증이 나네요."

우리는 왜 불만이 비난을 낳는 악순환에 빠질까? 왜 우리의 생각은 건설적인 해법을 찾기보다 부정적인 방향으로 끝없이 기우는 걸까?

질문을 바꾸는 게 도움이 된다. 당신은 왜 상대방의 그런 행동이 마음에 안 드는가? 행인의 실수, 아이의 수학 점수, 동료의 에어컨 가동이 눈에 띄게 거슬리는 이유가 뭘까? 그 행동에서 당신은 무엇을 보나?

아마도 당신 자신을 볼 것이다. 당신도 가졌고, 그래서 더욱 화가 나는 그런 특성 말이다. 우리는 종종 인정하고 싶지 않은 자신의 나쁜 특성을 다른 사람에게서 발견하고는 화를 낸다. 이것을 심리학에서는 '투사'라고 부른다. 자신의 어떤 측면을 타인에게 전가함으로써 자신에게 그런 충동이나 특성이 있다는 사실을 부정하려는 방어기제의 일종이다.

독일의 심리학자 토르발트 데트레프센은 《기회로서의 운명(Schicksal als Chance)》에서 다음과 같이 썼다.

"다른 사람의 인색함에 화가 난다면, 본인도 인색하다는 뜻이다. 그렇지 않다면 그것에 화가 날 수 없다. 관대한 사람이라면 다른 사람의 인색함이 왜 신경에 거슬리겠는가? 그는 화를 내거나 흥분하는 일 없이 다른 사람의 인색함을 그냥 사실로 받아들일 수 있을 것이다."

우리는 모두 자기만의 안경을 쓰고 세상을 본다. 누군가의 웃는 모습에서 아이러니한 냉소를 본다면, 그것은 그 자신이 냉소의 안경을 썼기 때문이다. 아이의 수학 성적에 분노가 인다면, 그 자신이 멍청하다고 느껴 유독 예민하게 반응하기 때문이다. 동료의 사소한 행동에서 이기심을 읽는다면, 그것은 자기 마음속 이기심이 들통날까 봐 동료에게 미리 투사한 결과이다.

거울과의 결투를 그만두라. 누군가가 자꾸 미워 보일 때가 있다. 혹은 별것 아닌 일에 불같이 화가 치밀 때도 있다. 하지만 그 원인을 상대방에게서 찾으려 들면 문제는 계속 반복된다. 자기가 어떤 안경을 쓰고 있는지를 살펴야 한다. '이런 예민한 반응은 나와 어떤 관련이 있을까?' '나는 나의 어떤 특성을 여전히 어둠 속에 가둬두고 있을까?' '나는 다른 사람에게, 또 나 자신에게 무엇을 바라는가?' 질문을 자신에게로 돌리라.

> "다른 사람을 나쁘게 만드는 사람은, 그것으로 인해 자신도 나빠진다."
>
> _루키우스 안나이우스 세네카(철학자)

이때 비난을 소망으로 전환하는 방법이 도움이 된다. 비난이 머릿속에 떠오르면 이렇게 묻는다. '나는 뭘 원하기에 이런 비난을 할까? 내가 솔직히 말하지 못하는 숨은 욕구는 무엇일까?' 위에 든 예시를 이어가 보겠다.

- 비난: "왜 내 말을 제대로 들어주지 않고 무시하죠?"
  소망: "내 말을 제대로 들어줬으면 좋겠어요. 그러면 내가 당신에게 중요한 사람이 된 기분이 들 거예요."
- 비난: "왜 항상 나만 혼자서 서류 작업을 해야 하죠?"
  소망: "서류 작업을 도와주면 좋겠어요. 함께하면 더 빨리 더 정확하게 할 수 있을 거예요."
- 비난: "당신의 아이러니한 냉소에 짜증이 나네요."
  소망: "진지한 주제를 다룰 때는 웃지 않았으면 해요. 그래야 내가 존중받고 있다고 느낄 수 있어요."

비난이 아니라 소망을 말하면, 상대로부터 원하는 것을 훨씬 부드럽게 얻어낼 수 있다. 사람은 비난이나 압박을 받으면 완고해진다. 만약 '아이러니한 냉소'라는 비난을 들으면, 상대는 그렇게 웃지 않았다고 부인할 것이다. 그러나 소원을 말하는 것은 요구가 아니라 제안이다. 그리고 어떤 일을 하지 않아도 되는 자유가 클수록, 그 일을 할 확률은 더 커진다. 원하는 것을 솔직히 말하면, 신뢰와 함께 변화도 동시에 얻을 수 있다.

이 방법은 자기 자신을 비난할 때도 도움이 된다. 회의 때 항상 움츠러드는 자신이 못마땅한가? 그 생각을 소망으로 바꿔 이렇게 말하라. "회의 때 내 지식과 기술을 더 자주 드러내면 좋겠다." 자꾸 멍청한 말만 하는 것 같아 불만인가? 그보다는 "말하기 전에 좀 더 깊이 생각하면 좋겠다"라는 기술이 도움이 된다. 집에만 틀어박혀 조용히 지내는 자기 자신이 싫은가? "조금 더 활동적이면 좋겠다"라고 말하고, 오늘 저녁에 공원 한 바퀴를 달리는 것으로 시작하면 어떨까.

비난을 소망으로 전환하는 방법은 의뢰인과 상담할 때도 효과적이다. 의뢰인의 말을 잘 들어주는 일은 두말할 필요 없이 중요하다. 하지만 이런 '고전적' 경청은 문제와 비난에 초점을 맞추어, 상대를 계속 문제에 묶어 두는 부작용을 낳기도 한다. 예를 들어 보자.

의뢰인	때때로 업무에 싫증이 납니다. 모든 업무가 수년 동안 반복된 것들이죠. 이 회사는 마치 기차 침대칸 같아요.
나	일이 힘들다는 말씀처럼 들립니다. 반복되는 일상에 지치셨군요.

의뢰인	맞습니다. 퇴근해서 집에 오면 저녁을 챙겨 먹을 힘도 남아 있지 않을 때가 더러 있어요. 배터리가 점점 방전되고 있습니다. 게다가 주위 동료들은 이 루틴을 좋게 생각하고 아무렇지도 않다고 하니 더욱 힘듭니다.
나	동료들이 이런 일상에 만족하는 게 짜증스러운가요?
의뢰인	그런 것 같아요. 함께 일하는 동료들을 둘러보면, 이런 기분이 드는 게 놀랍지도 않습니다.

대화가 진행될수록 문제가 더욱 악화되는 느낌이다. 그렇다면 비난을 소망으로 바꾸는 방식으로 대화를 나누면 어떻게 될까?

의뢰인	때때로 업무에 싫증이 납니다. 모든 업무가 수년 동안 반복된 것들이죠. 이 회사는 마치 기차 침대칸 같아요.
나	더 도전적이고 새로운 것을 배울 수 있는 직장을 원하시나요?
의뢰인	맞습니다. 나는 나를 발전시키는 일을 좋아합니다. 내가 발전한다고 생각하면 기분이 좋습니다. 하지만 주위 동료들은 이 루틴을 좋게 생각하고 아무렇지도 않다고 하니 힘듭니다.
나	동료들도 당신처럼 생각하고 매일 성장하기를 바란다면 좋겠습니까?
의뢰인	예! 그리고 그런 동료들을 어디서 만날 수 있을까 궁리도 해 보았어요. 그때 이런 생각도 들었죠. 스타트업에 지원하면 어떨까? 아니면…

소망에 초점을 맞추면 해결책이 보이고, 사람을 움직일 수 있다. 상대의 반발심을 자극하지 않고 행동 변화를 이끌어내고 싶다면 비난을 소망으로 전환하라. 당신은 원하는 결과뿐만 아니라 건설적인 대화 상대로서 인기도 얻을 수 있다.

우리는 모두 타고난 불평꾼이다. 그러나 불평꾼을 좋아하는 이는 아무도 없다. 불평은 아무것도 바꾸지 못하기 때문이다. 당신이 정말 원하는 것은 무엇인가. 솔직하고 담백하게 말할수록 문제 해결은 빨라지고 관계는 단단해진다. 비난의 말부터 떠오를 때 이것을 기억하기를 바란다.

Summary

1 나의 인식은 돋보기와 같다. 불만도 소망도 확대할 수 있다. 어느 쪽을 확대하고 싶은가?

2 모든 비난과 문제는 소망으로 바꿔 말하면 기회가 된다.

3 다른 사람이 불평을 말하면 원하는 것이 무엇인지 물으라. 그러면 막다른 골목이 도로가 된다.

세상의 의심과 비교 심리에

휘둘리지 않고 끝까지 하는 힘

✳

　어느 백만장자가 새로 산 스포츠카의 성능을 시험해 보고 싶어서 차를 몰고 시외로 나섰다. 인적이 드문 시골길에 접어들자 그는 속도를 높여 시속 140킬로미터로 질주했다. 옥수수밭과 농장을 지날 때 길가에 선 농부가 거칠게 손가락질하며 "돼지"라고 소리치는 모습이 보였다. 그는 분개하여 백미러로 농부를 노려보았다. 차를 돌려 무례한 농부에게 한마디 쏘아붙일까 생각하는 순간, 끔찍한 충돌이 일어났다. 그의 차에 뭔가가 부딪히더니 공중으로 붕 날아올랐다가 들판 한가운데로 떨어졌다. 스포츠카의 부서진 파편이 여기저기 널렸다.
　농부가 중얼거렸다. "돼지를 조심하라고 특별히 경고했는데, 도대체 뭘 한 거야? 속도를 더 높이다니!"

백만장자는 농부가 자기를 욕한다고 생각해서 분노했고, 사고를 당했다. 만약 농부의 말을 제멋대로 해석하지 않았더라면 어땠을까? 돼지를 간신히 피하지 않았을까?

백만장자처럼 상대의 말과 행동을 개인적인 공격으로 받아들이는 일이 얼마나 잦은지 곰곰이 생각해 보라. 다른 사람들의 생각 말풍선에 당신은 무엇을 적어 넣는가? 자기 자신에 대한 의심과 비난을 적어 넣지 않는가? 그런 해석이 쓸데없는 갈등과 단절, 분노와 수치심을 불러온다. 인간관계에서 교통사고를 일으킨다.

그러므로 다른 사람의 말과 행동을 해석할 땐, 그 판단이 얼마나 확실한지 계속해서 점검해야 한다.

- 길에서 만난 이웃이 인사 없이 지나쳤다고 해서, 그것을 전쟁 선포로 받아들이지 말라. 어쩌면 생각에 빠져 당신을 못 봤을 수도 있다.
- 상사가 팀 전체 앞에서 당신을 질책했다고 해서, 그것이 반드시 모욕인 건 아니다. 어쩌면 그날 상사는 기분이 별로 좋지 않았고, 번개가 나무에 떨어지듯 우연히 당신에게 질책을 쏟아 낸 것일 수 있다. 또는 상사가 당신을 특히 높이 평가하고 기대도 커서 당신을 특별 대우한 것일 수도 있다.
- 친구가 몇 주 동안 소식이 없고 문자에도 응답하지 않는다고 해서, 우정이 끝난 것은 아니다. 어쩌면 그 친구는 지금 개인적인 위기를 겪고 있어서 모든 에너지를 자기 자신을 위해 써야 할 수도 있다.
- 지원서를 낸 지 3주가 되도록 아무런 응답을 받지 못했다고 해서, 반

드시 떨어진 것은 아니다. 인사 담당자가 병에 걸렸을 수도 있고 회사가 내부 문제로 혼란스러울 수도 있다.
- 좋아하는 사람이 당신의 고백을 받아 주지 않는다고 해서, 당신이 매력 없다는 뜻은 아니다. 어쩌면 그 사람은 최근 실패한 관계를 추슬러야 해서 아직 새로운 관계를 시작할 준비가 안 되었을 수 있다.

1980년대 후반, 아직 학생이던 나는 유명 잡지사에 처음으로 글을 투고했다. 매일 저녁 답장을 기대하며 우편함으로 달려갔지만 3주 동안 아무것도 오지 않았다. 나는 나 자신에게 말했다. "그런 유명한 잡지에 18세 학생의 글이 실릴 거라고 정말로 믿었던 거야? 넌 미쳤어. 몽상에 빠져 있다고. 너의 서투른 글에 편집부 전체가 배를 잡고 웃었을 거야!" 내 기분은 땅을 파고 지하까지 내려갔다.

그로부터 일주일 후, 편집장에게서 고대하던 편지가 왔다. 휴가에서 막 돌아왔다는 그는 내 글을 열렬히 칭찬하며 다음 호에 내겠다고 약속했다. 나는 원룸 아파트에서 빙글빙글 춤을 추었다.

나는 왜 그렇게 빨리 희망을 버렸고, 왜 더 끈기 있게 성공을 믿지 않았을까? 나는 왜 내 글의 가치를 잡지사의 판단에 전적으로 맡겼을까? 아직 미숙했던 나는 내 능력을 의심했다. 더 나아가 내 존재의 가치를 의심했다. 내면에 자리한 자기 의심은 편집장의 말풍선에 부정적인 말들을 써 넣었다. '내가 해낼 리가 없지, 모두 나를 비웃을 거야.' 그리고 그의 말 한마디에 천당과 지옥을 왔다 갔다 했다.

그러나 당신이 자신을 어떻게 판단할지는 언제나 당신의 선택에 달려 있다. 인생은 자동차 정기 검사가 아니다. 다른 사람이 합격 여부를 판단하는 게 아니다. 그런 판단은 오직 당신만이 내릴 수 있다. 심리학자 웨인 다이어는 자신의 책《우리는 모두 죽는다는 것을 기억하라》에서 다음과 같이 썼다.

"당신을 모욕하는 것은 당신을 약하게 만들 뿐이다. 당신이 모욕감을 느끼는 순간, 그 감정은 당신을 모욕한 에너지와 똑같이 파괴적인 에너지를 만든다. 그러므로 당신의 에고를 초월해 평온함을 유지하라."

모든 인간에게는 에고와 자아라는 두 개의 법정이 있다. 에고는 외부 세계의 판단에 좌우된다. 칭찬을 받으면 활짝 만개한다. 비판을 받으면 위축된다. 에고는 자신을 비교한다. 에고는 모욕을 감지한다. 에고는 자신을 믿지 않기 때문에 다른 사람도 믿지 않는다. 에고는 부정적인 것을 자신과 연결한다.

그러나 자아는 평온하다. 자아는 무엇이 우리에게 좋고 나쁜지 감지한다. 자아는 답을 이미 갖고 있기에 질문하지 않는다. 자아는 자신을 믿으므로 다른 사람도 믿는다. 자아는 우리에게 자신감을 준다.

> "누군가가 되겠다는 생각은 잊으라 —
> 당신은 이미 걸작이다."

> **당신은 개선될 것이 없다.**
>
> **당신은 그것을 인식하고 깨달아야 한다."**
>
> _오쇼 라즈니쉬(철학자, 작가)

인생에서 가장 중요한 임무는 당신이 누구인지 기억하는 것이다. 자신의 자아를 발견한 사람은 결코 자아 존중을 잃을 수 없다. 그 감정의 이름이 '자존감'인 데는 다 이유가 있다. 이것은 다른 사람이 아닌 자기 자신이 결정한다.

자기가 누구인지 아는 사람은, 다른 사람의 말과 행동에 예민하게 반응하지 않는다. 함부로 부정적인 해석을 덧붙이지도 않는다. 세상의 의심과 비교 심리에 휘둘리지 않고 뚝심 있게 일을 진행한다. 남들이 뭐라 하든 흔들리지 않는 튼튼한 내면이 있기 때문이다.

한 여자가 치료사에게 불평했다. "나는 완전히 쓸모없는 사람인 것 같아요. 상사가 계속 나를 짓밟아요." 그러자 치료사는 지갑에서 50유로짜리 지폐를 꺼내 바닥에 던지고 마구 짓밟아서 구겨지고 더럽게 만들었다. 그런 다음 지폐를 다시 집어 여자에게 내밀었다. "이 지폐는 얼마짜리인가요?"

"여전히 50유로죠." 여자가 말했다. 그때 그녀는 자신의 가치가 상사에 의해 좌우될 수 없다는 것을 깨달았다. 자신의 에고에서 벗어나 자아를 만난 것이다.[14]

질주하는 백만장자는 아마 자아의 힘보다 에고의 힘이 월등했던 것 같다. 만일 자아의 힘을 길러서 비교와 의심으로부터 자유로

웠더라면, '돼지'라는 외침을 친절한 경고로 이해하지 않았을까.

Summary

1 대부분의 '모욕'은 오해이다. 세상을 너무 부정적으로 해석하지 말라.

2 나의 자존감은 다른 사람의 판단과 무관하다. 오직 나만의 판단을 따른다.

3 평정심을 유지한다면, 누군가가 나를 멍청이라고 불러도 나는 평온할 수 있다. 그런 모욕으로 인해 내가 더 멍청해지지는 않는다.

액셀을
밟아야 할 때는

주저하지
말라

※

옛날에 한 여자가 동굴에서 길을 잃었다. 끝내 출구를 찾지 못한 그는 동굴 천장에서 떨어지는 물을 마시고, 동굴 바닥에 자라난 이끼를 먹으며 버텼다. 동굴 안은 어둠뿐이었다. 그렇게 몇 해가 흘렀다. 이제 그는 자신의 과거를 거의 잊었다. 동굴이 꼭 나고 자란 집 같았다.

어느 날, 동굴 탐험가들이 우연히 이 여자를 발견하여 마을로 데려갔다. 그리고 가까운 병원에 입원시켜 치료를 받게 했다. 그러나 시간이 지날수록 그의 상태가 더욱 나빠졌다. 여자는 눈을 뜨려 하지 않았다. 너무 눈부셨기 때문이다. 음식에도 손을 대려 하지 않았다. 빵 냄새만 맡아도 구토가 났기 때문이다. 그리고 배식 카트가 달그락거리는 소리, 환자들의 잡담 등 주변의 소음에 머리가 깨질 것만 같았다.

며칠 뒤, 주치의가 확인하러 갔을 때, 여자는 사라지고 없었다. 도시 전체를 수색했지만 어디서도 그를 찾지 못했다. 언론은 이 사건에 대해 이렇게 썼다. '처음엔 실종, 그다음 잠적!'

만약 당신이 이 마을 경찰이라면, 여자를 찾기 위해 먼저 어디로 갈까? 맞다, 동굴이다. 여자는 동굴로 돌아갔을 것이다. 동굴이 더 안전하고 좋은 곳이어서가 아니다. 다만 그곳이 가장 익숙하기 때문이다.

우리 모두에게 이런 성향이 있다. 변화에 직면하면 맨 먼저 두려움을 느낀다. 그것이 좋은 방향을 가리키는 변화여도 마찬가지다. 더 나은 직업, 더 높은 지위, 재정적 안정, 새로운 관계 등을 얻을 수 있어도 사람들은 종종 그 기회를 거부한다. 우리가 이미 알고 있는 상태는 아직 모르는 상태보다 직관적으로 더 안정적으로 보인다. 미지의 천국보다 익숙한 지옥을 선호하는 것이 인간 본성 중 하나다.

"동굴에 머물도록 해. 그곳에 있으면 넌 안전해. 위험을 감수하지 말고, 쓸데없이 에너지를 낭비하지 마!" 익숙함을 선호하는 이런 성향은 진화 과정에서 인간이 취한 일종의 생존 전략이다. 우리의 조상들은 단 한 번의 선택으로 잘못하면 죽을 수도 있었다. 안 가던 길로 갔다가 영영 돌아오지 못하고, 안 먹던 것을 먹었다가 다시는 깨어나지 못하는 일이 다반사였다. 따라서 조심성 많은 개체가 살아남을 확률이 높았고, 그 결과 우리는 새로운 것 앞에서 공포를 느끼게 되었다.

하지만 현대는 원시시대와 다르다. 현대에는 생사를 가를 만한 위험이 원시시대보다 훨씬 적다. 그런데도 DNA에 각인된 공포는 새로운 것은 일단 거부하고 본다. 그래서 어리석은 길로 스스로를 몰아넣는 경우가 생긴다. 연인을 만나고 싶다던 사람이 누군가가 다가오면 거절하고 친숙한 외톨이 동굴로 돌아간다. 수년 동안 무직 상태였던 사람이 새 직장을 얻은 후엔 무모한 행동으로 익숙한 실업의 동굴로 돌아간다. 가난했던 사람이 갑자기 돈을 벌더니 펑펑 낭비해서 다시 가난의 동굴로 돌아간다.

우리 모두의 머릿속에는 비밀스러운 한계가 있다. 즉, 우리가 허용하는 행복과 성공의 상한선이 있다. 그리고 상한선을 넘어 성공하거나 부를 얻으면, 무의식이 끔찍한 일을 저지른다. 열심히 노력하여 얻은 것을 다시 잃게 만드는 것이다. 내 의뢰인 중 한 사람인 우도가 바로 그런 경우다.

지붕을 만드는 건설 기술자인 우도는 수년 동안 재정적 독립을 위해 힘들게 싸웠다. 그러다가 영리하게 부동산을 거래해서 마침내 그 일에 성공을 거두었다. 그는 갑자기 어마어마한 거액을 손에 넣게 되었다. 그러나 이런 부유함은 우도가 어린 시절부터 키워 온 자아상과 일치하지 않았다. 그는 가난한 가정에서 태어났고, 자신을 늘 돈 문제로 고생하는 사람으로 여겼다.

성공하기 전, 수년 동안 그는 대출로 살아왔다. ATM 기계 앞에

설 때마다 기계가 돈을 내줄지 걱정하며 가슴을 졸였다. 그는 자신의 소규모 사업이 파산하여 결국 거지가 될 거라는 두려움에 떨며 오랜 시간을 보냈다.

그러던 우도가 이제 큰 재산을 가졌다. 그러자 그는 주식과 도박을 시작했다. 위험한 선물 거래를 했고, 의심스러운 신생 기업에 투자해 돈을 잃었다. 밤새도록 룰렛 테이블에 앉아 돈을 잃었다. ATM 기계에서 카드가 무용지물이 되기까지 2년이 걸렸다. 그는 예전에 머물던 동굴로 돌아갔다.

그제서야 우도는 무슨 일이 일어났는지 깨달았다. 부유함이 자신의 자아상과 일치하지 않았던 것이다. 그 둘은 마치 어긋난 셔츠 칼라 같았다. 그래서 그는 원래 자리인 가난으로 돌아갔다.

> "장애물을 찾는 데 시간을 낭비하지 말라. 장애물이 없을 수도 있다."
>
> _프란츠 카프카(작가)

그래서 나는 의뢰인을 상담할 때, 꼭 성공의 상한선을 점검해보게 한다. 겉으로는 모두 성공과 행복을 꿈꾼다고 하지만, 스스로 그것을 헤치는 사람들도 의외로 많다. 어느 정도 성공을 거두면 이 정도로 충분하다면서 스스로 브레이크를 걸고, 심한 경우 아예 성공을 망가뜨리는 선택을 한다.

우리는 스스로 자격이 충분하다고 믿는 것을 실제로 얻는다. 승진하더라도 그럴 자격이 없다고 생각하는 사람은 그런 태도로 인해 금세 다시 그 자리에서 물러나게 될 것이다. 사랑받을 자격이 없다고 생각하는 사람은 금세 사랑을 잃고, 술 없이 살 수 없다고 생각하는 사람은 금세 다시 술병에 매달리게 될 것이다.

- 당신은 인생에서 어느 정도의 행복을 누릴 자격이 있다고 생각하는가? 어디서부터 '과분한 행복'이 시작되는가?
- 당신은 어느 정도의 재산을 가질 자격이 있다고 생각하는가? 당신에게 '과분한 재산'은 얼마부터인가?
- 당신은 어느 정도의 사랑을 받을 자격이 있는가? 어느 시점부터 사랑이 두려운가?
- 한 달에 얼마까지 벌어도 되고, 얼마부터 '부당하게 많은' 금액일까?
- 당신은 자신의 욕구를 얼마나 진지하게 인정할 수 있는가? 어느 시점부터 이기적이라고 느끼는가?
- 어떤 직업적 성공이 당신의 자아상과 양립할 수 있는가? 어느 시점부터 지나치다고 느낄까?

성공 앞에서는 겸손을 버리는 것이 좋다. 인생에서 액셀을 밟아야 하는 구간이 나오면 주저하지 말아야 한다. 이때에도 나아가지 못하면 장애물은 스스로 만든 것이 분명하다. 당신은 지금보다 압도적으로 성공할 수 있고, 한계 없이 성장할 수 있다. 당신이 얻을 성공과 사랑과 행복은 말 그대로 무한하다. 당신 스스로 장애물이 되려 하지 않는다면, 당신이 정한 상한선 앞에 알아서 멈추지 않는다면, 동굴은 영원히 당신 뒤에 버려져 있을 것이다.

Summary

1 익숙한 동굴(또는 지옥)이 아직 모르는 천국보다 더 안전해 보인다.

2 성공이 내 허용 범위를 넘어서면, 나 스스로 그것을 파괴할 것이다.

3 따라서 나는 상한선을 버린다. 나는 성취할 수 있는 모든 것을 누릴 자격이 있다!

나에게 과분한 좋은 일들을 (무의식적으로) 어느 정도까지 거부했었나? 그리고 미래의 성공을 누리고 유지하기 위해, 나는 여기서 무엇을 배울 수 있을까?

하루 동안 의식적으로 반대로 살면 어떻게 될까? 예상 밖의 성공과 발전을 거둘 수 있을까? 거기서 나는 선택과 결정에 대해 무엇을 배울 수 있을까?

나의 교훈

CHAPTER 5

습관 설계 :
이제
애쓰지 않아도
지속되는 변화

의지력은
필요 없다,

트리거를 알면
절반은 성공이다

✳

금단 증상을 겪고 있는 한 마약중독자가 재활 상담사에게 물었다. "선생님도 예전에 중독자였다고 들었습니다. 거기서 어떻게 빠져나오셨습니까?"

"먼저, 어떤 순간에 내가 마약에 손을 대는지 확인했어요. 외로울 때더라고요. 그다음에는 어떻게 하면 외로움을 없앨 수 있을까 생각했죠."

"그래서요?" 중독자가 물었다.

"나처럼 외로운 사람들을 찾아갔죠. 그들과 마약을 했어요."

"그게 뭐예요? 달라진 게 하나도 없잖아요."

"달라진 게 있었어요. 그때 나는 다른 사람과 함께 마약을 하는 이유를 나 자신에게 물었으니까요. 사는 의미를 못 찾아서더라고

요. 그다음 다시 질문했죠. 어떻게 하면 삶이 무의미하다는 기분을 없앨 수 있을까? 두 가지 방법을 찾았어요."

"그게 뭔가요? 정말 궁금합니다."

"첫째, 마약을 한다. 그건 이미 하고 있었죠. 둘째, 사람들에게서 마약을 없앤다. 그게 직업이 되었죠. 아무튼 나는 시작했어요."

인터넷 서핑을 너무 많이 하는가? 건강에 해로운 음식을 너무 많이 먹는가? 너무 늦게 잠자리에 들거나 늦잠을 자는가? 흡연하거나 술을 많이 마시는가? 끝까지 미루다 겨우 작업을 마칠 때가 많은가? 마약중독까지는 아니어도, 우리 모두 고치고 싶은 나쁜 습관을 몇 개는 가지고 있다. 하지만 습관은 결심과 의지만으로 바꾸기가 매우 어렵다. 왜 그럴까?

습관을 담당하는 뇌의 영역을 기저핵이라고 한다. 기저핵은 뇌 중심부 깊숙이 있는데, 우리가 반복적으로 수행하는 행동을 기억하고 그 과정을 자동화한다. 자전거 타기, 운전, 양치질 등 많은 일을 의식하지 않고 저절로 할 수 있는 것은 모두 기저핵 덕분이다.

기저핵이 반복적인 행동을 자동화하는 이유는 에너지를 절약하기 위해서다. 모든 일을 의식적으로 수행하려면 너무 많은 에너지가 소모되는 데다가, 정작 돌발 상황이 발생했을 때 효율적으로 대처하지 못한다. 한마디로 기저핵은 뇌의 절전 모드 기관이다. 기저핵은 우리가 어떤 행동에 익숙해지면, 그 과정을 깊이 고민하지 않게 만든다.

그런데 기저핵은 좋은 습관과 나쁜 습관을 구분하지 않는다. 그저 반복되면 자동화할 뿐이다. 그래서 습관은 의지나 결단만으로 바꾸기가 어렵다. 익숙한 상황이 펼쳐지는 순간, 생각할 틈 없이 행동은 저절로 진행되기 때문이다.

습관을 바꾸려면 단순히 "하지 말자"가 아니라, 자동화가 진행되는 순서를 알아야 한다. 미국의 저널리스트 찰스 두히그에 따르면, 모든 습관은 '습관 고리'라는 3단계 구조로 형성된다.

1. 방아쇠 자극(트리거)
2. 반복 행동
3. 보상

예를 들어, 찰스 두히그는 오후 3시에 쿠키를 먹는 습관이 있었다고 한다. 즉 집중력이 떨어지는 '오후 3시'가 방아쇠 자극(트리거)이었다. 3시가 되면 그는 카페테리아로 가서 초콜릿 칩 쿠키를 사 먹고 몇몇 동료와 수다를 떨며 기분을 전환했다. 즉 '쿠키 섭취와 수다'가 반복 행동이었고, '기분 전환과 연결감'이 보상이었다.

그런데 여기서 중요한 사실이 있다. 이미 기저핵에 저장된 자동화 목록은 웬만해선 삭제되지 않는다. 세 살 버릇이 여든 간다는 옛말처럼, 한번 형성된 습관을 아예 없앨 수 없다. 단지 습관을 다른 루틴으로 교체할 수 있을 뿐이다.

어떻게 나쁜 습관을 더 나은 루틴으로 교체할 수 있을까?

첫 번째로, 방아쇠 자극을 알아내라. 습관이라는 자동조종장치가 작동하려면, 먼저 방아쇠 자극이라는 일종의 버튼이 눌려야 한다. 다음은 내 의뢰인들이 찾아낸 나쁜 습관의 방아쇠 자극이다.

- 과체중과 씨름하는 라스는 퇴근 후 과자를 많이 먹는 습관이 있었다. 그는 집에 도착하자마자 늘 거실로 향하고, 거실 테이블에는 항상 과자가 놓여 있다. 테이블 위의 과자가 방아쇠 자극이다.
- 나탈리아는 하루에 커피를 여섯 잔 넘게 마신다. 그는 자신을 관찰하여 방아쇠 자극이 무엇인지 알아냈다. 근처 교회에서 한 시간마다 종을 울리는데, 그때마다 자기도 모르게 이렇게 생각했다. "커피 마실 시간이군."
- 알렉산드라는 정리정돈 광이다. 그래서 싱크대에 쌓여 있는 설거짓거리를 볼 때마다 프리랜서인 남편과 다투게 된다. 미뤄진 설거짓거리가 방아쇠 자극이다.

일지를 쓰면 방아쇠 자극을 알아차리는 데 도움이 된다. 바람직하지 않은 패턴에 빠지거나, 빠질 위험이 있을 때마다 기록하라. 지금 이 행동을 하도록 부추기는 것은 정확히 무엇인가?

두 번째로, 고치고 싶은 반복 행동을 계속하고 싶은 반복 행동으로 교체하라. 예를 들어 '퇴근 후에 소파에 앉아 TV 채널을 돌리면, 자동으로 맥주를 마시게 된다'는 습관이 있다고 해 보자. 여기서 '소파에 앉는 것'이 방아쇠 행동이고, '맥주를 마신다'가 반복 행동이다. 만약 건강을 생각해 더 좋은 음식을 먹고 싶다면, 이렇게 새로운 행동으로 바꿀 수 있다.

"오후 6시쯤 퇴근해서 집에 돌아와 소파에 앉아 TV를 보면, 거실 테이블에 미리 올려 둔 사과를 하나 먹는다(맥주병은 치우고!)."

심리학자 페터 골비처의 연구에 따르면, 구체적이고 의도적인 목표가 있으면 더 쉽게 습관을 새로운 패턴으로 바꿀 수 있다. 그리고 습관을 통해 얻는 보상을 잘 알면, 즉 자신의 욕구를 잘 알수록 더욱 적절한 대안을 찾아낼 수 있다.

- 맥주가 긴장을 이완시켜 준다면, 명상을 통해서도 같은 목표를 달성할 수 있다. 운동도 좋고, 좋아하는 노래에 맞춰 춤을 춰도 좋다.
- 맥주의 목적이 갈증 해소나 맛이라면, 사과나 차로도 같은 목적을 달성할 수 있다. 오렌지 주스를 직접 만들어 마실 수도 있다. 그러면 오렌지 향과 손수 만드는 즐거움도 함께 누릴 수 있다.
- 맥주를 마시면서 화면 속 주인공들과 연결된 기분을 느낀다면, 친구들을 만나 그런 소속감을 얻을 수 있다. 또는 사진첩을 넘기며 아름다운 추억을 떠올려도 좋다.

습관이 어떤 욕구를 충족시키는지 명확히 알지 못하는 경우라면, 여러 가지 보상을 실험하여, 습관을 효과적으로 대체할 방법을 찾으라. 예를 들어, 업무를 잠시 중단하고 케이크를 먹는 습관이 있다면, 잠깐의 휴식(케이크 없이도 스트레칭으로 가능함), 허기 달래기

(바나나로 대체 가능), 에너지 충전(커피로 대체 가능), 동료들과의 수다(물 한 잔으로 대체 가능) 등이 욕구일 수 있다.

> "늘 행복하려면, 자주 변해야 한다." _공자

의뢰인 아르노는 스트레스가 많은 날이면, 퇴근 후 집에 돌아와 여자 친구에게 전화를 거는 습관이 있다. 그는 종종 여자 친구를 비난했고, 두 사람은 서로를 공격하다가 결국 누군가가 일방적으로 전화를 끊어야 싸움은 끝났다. 저녁 시간이 그렇게 송두리째 망가지고, 관계는 위기에 처했다.

아르노는 상담 중에 자신의 숨은 욕구를 깨닫게 되었다. 그는 여자 친구와 대화하며 스트레스를 풀고 싶었다. 그러나 대화가 싸움으로 바뀔 때마다 괴로움만 더해졌다.

그는 이 습관을 새로운 습관으로 바꾸기로 마음먹었다. 퇴근 후 집에 돌아오면 곧바로 15분 동안 턱걸이를 하기로 했다. 중간에 쉬어 가면서 할 수 있는 한 많이. 그는 운동을 좋아했고, 즐겨 했다. 문틀에 이미 철봉이 설치되어 있었다.

그는 방아쇠 자극을 알아냈다. 스트레스가 많은 날에는 심호흡을 위해 발코니로 나갔다(방아쇠 자극). 그는 항상 발코니에서 여자 친구에게 전화를 걸었다(반복 행동).

그가 세운 새로운 목표는 이렇다. "퇴근 후 발코니에서 심호흡을 하면(방아쇠 행동), 그것은 15분 동안 턱걸이를 하라는 신호이다

(새로운 반복 행동)." 하지만 이미 습관이 된 기존의 반복 행동이 은밀하게 다시 들러붙지 않게 하려면 어떻게 해야 할까?

그는 발코니에 작은 덤벨을 두었다. 그리고 발코니에 나가 그 덤벨을 볼 때마다, 다시 정신을 차렸다. "아! 지금은 턱걸이 시간이지. 여자 친구에게 전화하는 시간이 아니야. 그건 나중에."

이것은 효과가 아주 좋았다. 아르노는 철봉에서 스트레스를 풀었다. 그날의 정신적 스트레스를 육체적으로 푼 것이다. 15분의 턱걸이가 깊은 만족감을 주었다. 그다음 그는 여자 친구와 통화했다.

몇 달 후 그는 내게 이렇게 말했다. "덤벨은 아직도 발코니에 있어요. 하지만 이제는 그것 없이도 곧장 철봉으로 이동합니다. 여자 친구와 통화하면서 덤벨을 보게 되고, 그러면 더 자주 웃습니다. 어쩌면 덤벨이 여자 친구와 나의 관계를 구했을지도 몰라요."

Summary

1 나쁜 습관은 나의 중요한 욕구를 채워 준다. 그러나 같은 욕구를 좀 더 건설적으로 채울 수도 있다.

2 모든 습관에는 방아쇠 자극이 선행된다. 그것을 알아차리면 더 나은 습관을 설계할 수 있다.

3 작은 장치를 통해, 방아쇠 자극이 새로운 습관으로 이어지도록 도울 수 있다.

최소 노력, 최대 효과

없애고 싶은 나쁜 습관은 무엇인가?

_____

_____

나쁜 습관이 채워 주는 욕구는 무엇인가?

_____

_____

이 욕구를 보다 생산적으로 채울 수 있는 다른 방법은 무엇인가?

_____

_____

다음의 '만약에' 문장이 나쁜 습관을 바꾸는 데 도움이 될 것이다.

만약에 내가 앞으로 _____(방아쇠 자극) 하면,

그러면 나는 _____(새로운 행동) 할 것이다.

나는 손톱 물어뜯는
나쁜 습관을

어떻게
고쳤을까?

✹

"나도 어쩔 수가 없어요. 자꾸만 스마트폰에 손이 가요. 그러면 다른 일은 전부 뒤로 밀리고 맙니다."

의뢰인 마르쿠스가 말했다. IT 엔지니어인 그는 일하는 내내 컴퓨터와 스마트폰을 끼고 산다. 그런데 문제는 퇴근하고 나서도 스마트폰을 좀체 내려놓지 못하는 것이었다. 그것 때문에 운동, 식사, 청소 등 일상생활이 엉망이 되었고, 특히 아내와 사이가 점점 멀어졌다. 나는 그에게 물었다.

"전화기를 다른 데 둬 본 적은 있으세요?"

"그럼요." 그가 말했다. "하지만 스마트폰을 급히 보거나 사용해야만 하는 핑곗거리를 금세 만들고, 그럼 벌써 손에 들려 있어요."

"아니면 일정 시간 동안 꺼 두는 시도는 해 보셨어요?"

"물론이죠. 하지만 항상 예정보다 일찍 잠금을 해제합니다."

스마트폰을 땅에 묻어 두라고 하면, 3분 뒤에 다시 꺼낼 게 뻔했다. 그런 그에게 어떤 조언이 효과가 있을까? 그의 무절제한 스마트폰 사용 때문에 아내가 많이 괴로워한다고 들었던 터라, 나는 이렇게 물었다.

"아내에게 스마트폰을 숨기게 하고, 무슨 일이 있어도 약속된 시간 전에 절대 돌려주지 말라고 당부하면 어때요?"

첫 번째 시도에서 마르쿠스는 아내에게 두 시간 동안 휴대전화를 맡아 달라고 청했다. 그러나 겨우 30분이 지났을 때, 그는 급한 볼일이 생겼다며 스마트폰을 돌려 달라고 간청했다. 하지만 아내는 굳건히 버텼다. 그리고 두 시간이 지나 전화기를 돌려받으면서, 그는 스마트폰이 없이도 세상은 계속 돌아간다는 것을 경험했다. 이 방법은 매우 성공적이어서, 이제 그의 아내는 최대 여섯 시간까지 남편의 전화기를 보관한다.

몇 주 후에 마르쿠스는 이 방법으로 생활이 훨씬 여유로워지고, 아내와의 관계도 좋아졌다고 말했다.

미국의 자기 계발 전문가 제임스 클리어가 쓴 책《아주 작은 습관의 힘》에도 비슷한 이야기가 등장한다. 제임스 클리어도 마르쿠스처럼 쉴 때마다 휴대전화에 손을 뻗어 SNS를 확인했다. 그런데 이런 습관이 집중력을 흐트러뜨리고 시간을 잡아먹어, 결국 하던 일을 중단하게 만든다는 것을 깨달았다.

그래서 그는 아예 SNS 비밀번호를 바꿔 버렸다. 누가 그랬느냐고? 자기가 비밀번호를 바꾸면 야금야금 로그인할 게 분명했으므로, 스마트폰 어시스턴트에게 월요일마다 비밀번호를 리셋하게 시켰다. 그리고 금요일 저녁이 되어서야 새로운 비밀번호를 자신에게 보내도록 명령해 두었다. 그렇게 주중에는 일에 집중하고 주말에는 신나게 스마트폰을 사용했다. 저절로 집중력과 생산성이 향상되었고, 새로운 습관에도 빠르게 적응했다.

마르쿠스와 제임스 클리어가 공통으로 들려주는 이야기가 뭘까? 나쁜 습관은 의지력으로 고치기가 거의 불가능하다는 것이다. 당신에게도 고치고 싶은 나쁜 습관이 있는가? 밤에 감자칩을 먹거나, 출근길에 도넛을 사거나, 흡연하는 버릇을 고치려고 시도해 본 적이 있는가? 작심삼일로 실패한 뒤 '난 너무 자제력이 없어' 하고 자책하는 패턴에 익숙하지 않은가? 하지만 나쁜 습관은 자제력으로 고칠 수 없다. 습관은 호흡과 같기 때문이다. 즉 무의식적이고 정기적이다.

"새롭고 복잡한 것에 직면하는 데는 의식, 주의력, 집중력이 필요하다. 뇌는 모든 것을 루틴으로 만들려 노력한다." 뇌과학자 게르하르트 로스의 말이다. 자주 일어나는 일은 무의식적으로 일어나야 한다. 한 발을 다른 발 앞에 어떻게 놓아야 할지 고민하지 않고 걸을 수 있어야 한다. 이런 루틴은 이롭다. 덕분에 뇌는 더 중요한 일에 집중할 수 있다. 예를 들어, 뇌는 보행로에서 부주의한 자전거 운전자를 조심하라고 경고한다. 나는 예방 차원에서 옆으로 한 발짝 비켜 걷는다. 한 발 한 발 걷는 데 집중하다간 자전거가 오는 줄도 모르고 치일 게 분명하다.

그런데 나쁜 습관도 같은 매커니즘으로 작동한다. 즉 뇌는 정기적인 행동을 자동조종장치로 전환한다. 이를테면 전철에서 내려 직장으로 향하는 길에 도넛 가게가 있는데, 출근길의 불안을 도넛으로 달래곤 했다. 그러면 뇌는 이 행위를 자동조종장치에 입력한다. 그러면 전철에서 내리는 순간부터 도넛을 기대하게 된다. 이는 찰나에 일어나는 무의식적 과정으로, 그 사이에 의식이 개입할 틈은 없다.

따라서 도넛을 사지 않는 방법은 딱 하나다. 지하철 몇 정거장 전에 내려 아예 다른 길로 돌아 직장에 가는 것이다. 도넛을 살 수 없게 출근길을 재설계하는 것만이 유일한 방법이다. 의지력을 동원해 두어 번 도넛 가게를 지나칠 수는 있다. 하지만 그런 노력을 매일 하기는 불가능하다.

> "습관은 창밖으로 던질 수 있는 게 아니다. 계단으로 한 칸 한 칸씩 내려보내야 한다."   _마크 트웨인(작가)

도넛이나 스마트폰은 아예 눈에 띄지 않도록 환경을 바꿀 수 있다. 하지만 나쁜 버릇이 몸에 붙어 있다면 어떻게 해야 할까? 나는 초등학생 때 손톱을 물어뜯었다. 수업 중에, TV를 볼 때, 잠들기 전에 나도 모르게 물어뜯었다. 나는 그것을 멈추려고 애썼다. 때때로

꽤 오래 참기도 했다. 하지만 정신을 차려 보면, 어느새 다시 물어뜯고 있었다.

당신이 나쁜 습관을 가졌다면, 그건 크게 위험하지 않다. 하지만 그 습관이 당신을 가졌다면, 당신은 덫에 걸린 것이다. 어떻게 해야 덫에서 빠져나갈 수 있을까?

첫 번째 시도는 부모님이 내게 일깨워 주는 것이었다. 내가 손톱을 물어뜯기 시작하면, 두 분은 "그만!"이라고 외쳤다. 깜짝 놀란 나는 물어뜯기를 중단했다. 이 방법은 집에서 잘 작동했다. 그러나 학교 같은 다른 곳에서는 재발했다.

구원은 약국에서 왔다. 쓴맛 나는 투명 매니큐어를 손톱에 발랐다. 손톱을 물어뜯을 때마다 '앗!' 쓴맛이 입안을 얼얼하게 했다. 덕분에 나는 습관의 무아지경에서 빠져나와 혼잣말을 했다. "방금 손톱을 물어뜯었어. 다시는 그러지 마."

3개월 뒤에 쓴 매니큐어를 끊었는데도, 그 효과는 남아 있었다. 손톱이 입에 닿자마자, 나도 모르게 움찔했다. 손톱을 물어뜯는 게 너무 역겨워 자연스레 그만뒀다.

이같은 개인적인 경험과 여러 연구 결과, 그리고 상담 사례를 종합했을 때, 다음 세 가지 전략이 당신이 나쁜 습관을 알아채고 없애는 데 도움이 될 것이다.

- **전략 1: 나쁜 습관을 가능한 한 행하기 어렵게 하라.**

  과자를 끊고 싶다면, 집에 과자를 두지 말라. 몸에 좋은 간식거리를 챙겨 출근하고, 유혹에 빠지지 않게 돈이나 카드를 가지고 다니지 말라. TV를 너무 많이 시청한다면, 사다리가 있어야 손이 닿는 가장 높은 곳에 리모컨을 두라.

- **전략 2: 나쁜 습관을 부정적인 것과 연결하라.**

  쓴 약물을 과자에 발라 둔다. 아니면 오래된 튀김 기름을 과자에 발라 둔다. 자기도 모르게 얼마나 자주 간식에 손을 뻗는지 깨닫고 깜짝 놀라게 될 것이다. 과자를 입에 넣을 때마다 기분 나쁜 각성과 역겨운 맛을 느끼게 된다. 2~3개월 정도 이렇게 하다 보면, 나의 손톱 물어뜯기와 같은 상태가 된다.

- **전략 3: 대중의 압박을 받으라.**

  당신이 어떤 나쁜 습관을 버리려 애쓰고 있는지, 주위 사람들에게 알리라. 술을 끊고 싶으면 그것을 모두에게 알리라. 그러면 자연스럽게 압박이 생긴다. 뇌과학자 게르하르트 로스는 약속을 정하여 새로운 습관을 시작하라고 권한다. 정기적으로 달리고 싶다면 친구에게 함께하자고 청하고 아침 일찍 만나기로 약속을 정하라. 러닝 동아리에 가입하고 가입비를 내라. 이렇게 해 두면 당신은 쉽게 빠져나갈 수 없기 때문에 의지력을 높이는 데 도움이 될 것이다.

더 달콤하고, 더 나은 인생을 위해서는 때때로 쓴맛이 필요하다.

Summary

1 나쁜 습관은 밀항자이다. 그 습관을 없애려면 먼저 그것을 색출해 내야 한다.

2 습관을 행하기가 어려울수록 그 습관을 버리기가 더 쉬워진다.

3 불쾌하거나 힘든 일과 습관을 연결한다. 높은 비용에 뒷걸음질 칠 것이다.

좋은 습관을
만드는

가장 확실하고
간단한 방법

✳

선생님은 이제 겨우 5학년인 율리아의 독서력에 깜짝 놀랐다. 이 어린 소녀의 독일 고전 문학 지식이 고등학교 졸업생 평균보다 훨씬 더 높았기 때문이다. 율리아는 수업 중에도 스마트폰을 들여다보는 학생이었기 때문에 더욱 의아했다.

율리아는 괴테의 작품에서 누가 밤새도록 말을 타고 바람을 가르며 황급히 달렸는지 알고 있었고, 쉴러의 발라드를 암송할 수 있었으며, 폰타네의 《배나무 아래에서》를 읽었고, 귄터 그라스의 《양철북》도 잘 알고 있었다. 독일어 선생님은 이 나이대에 이렇게 많은 책을 읽은 학생을 만난 적이 없었다.

이 소녀의 독서 교육에 숨어 있는 비결은 무엇일까? 선생님은 학부모 면담 자리에서 율리아의 부모님에게 물었다. "율리아의 문학 지식이 대단합니다. 어떻게 그게 가능했을까요?"

"스마트폰 때문입니다." 아버지가 대답했다.

"스마트폰으로 책을 읽기 때문에, 그렇게 자주 스마트폰을 보는 건가요?" 선생님이 물었다.

"아니에요." 어머니가 끼어들었다. "집에서는 어려운 고전 문학을 10쪽 읽어야 그다음 자기가 좋아하는 스마트폰을 켤 수 있어요. 그것이 규칙입니다."

"하루에 적어도 열 번은 스마트폰을 봐야 하니, 하루에 적어도 100쪽을 읽습니다." 아버지가 덧붙였다. 이제 선생님은 모든 것이 이해되었다.

새로운 습관을 들이는 가장 쉽고 성공적인 방법이 무엇인지 묻는다면, 나는 '욕구의 결합'이라고 답할 것이다. 만들고 싶은 새로운 습관과 절대 포기하고 싶지 않은 습관을 결합하라. 몇 가지 예시를 보자.

- 당신은 매일 아침 커피 한 잔으로 하루를 시작한다. 그런데 건강을 위해 운동을 시작하기가 어렵다. 이때 자신과 이렇게 합의하라. 팔굽혀펴기 5~10회씩 3세트를 한 후에 커피를 마신다. 팔굽혀펴기가 없으면 커피도 없다.
- 축구를 좋아하는 당신은 토요일마다 프로 축구 경기를 시청한다. 그런데 영어 공부를 시작하기가 어렵다. 이때 이렇게 약속하라. 축구 경기

를 시청하기 전에 영어 단어를 최소한 다섯 개 암기한다. 단어 암기가 없으면 축구도 없다.

- 당신은 추리소설의 열혈 독자이다. 그런데 성공 일기를 쓰기가 어렵다. 이때 자신에게 이렇게 통지하라. 저녁에 침대에서 추리소설을 읽기 전에, 그날 성취한 세 가지 일을 일기에 적는다. 일기가 없으면 추리소설도 없다.
- 매일 아침 당신은 눈뜨자마자 스마트폰으로 뉴스를 확인한다. 그런데 매일 아침 명상을 시작하기가 어렵다. 이때 자신과 이렇게 합의하라. 적어도 5분 동안 명상을 한 후에야 스마트폰을 만진다. 명상이 없으면 스마트폰도 없다.

사실 뇌는 새로운 습관을 몹시 싫어한다. 새로운 습관에는 추가적인 사고력이 필요하기 때문이다. 돌려받는 것 하나 없이 에너지를 쏟아부어야 한다. 그러므로 당신의 뇌는 "옛날 방식으로 돌아가, 바꾸지 마"라고 은밀히 속삭인다.

그런데 1970년대 초 미국의 심리학자 데이비드 프리맥은 이렇게 자문했다. "두 가지 활동, 즉 긍정적으로 인식되는 빈번한 활동과 부정적으로 인식되는 드문 활동을 결합하면, 과연 어떤 일이 일어날까?"

예를 들어, 아이스크림은 평생 먹고 싶지만 채소는 입에도 대지 않는 아이가 있다. 이제 부모가 이렇게 말한다. "아이스크림을 줄게. 단, 먼저 접시의 채소를 다 먹으면."

여기서 '프리맥 원리'가 탄생했다. 자신을 조절할 때 활용할 수 있는 원리로, 욕구를 결합하여 뇌를 속이는 것이다. 이런 행위가 반복되면, 하기 싫던 새로운 습관을 이행할 때마다 행복 호르몬으로 즉각적 보상을 받는다. 예를 들어, 채소를 먹을 때마다 아이스크림으로 보상받으면, 나중엔 채소만 봐도 아이스크림이 떠올라 저절로 기분이 좋아진다. 따라서 채소가 예전만큼 싫지 않게 된다.

> "좋은 머리를 갖는 것만으로는 충분하지 않다. 중요한 것은 그것을 올바르게 사용하는 것이다."
> _르네 데카르트(철학자)

프리맥의 원리를 활용하면, 팔굽혀펴기에서 커피 맛이 나고, 영어 단어 암기가 축구 경기만큼 기대되고, 성공 일기가 추리소설만큼 흥미로워진다. 그래서 뇌가 "또 해!"라고 속삭인다.

그렇다면 새로운 습관이 반드시 옛날 습관과 연결되게 하려면 어떻게 해야 할까? 도저히 지나칠 수 없는 일상의 작은 이정표를 세우면 도움이 된다. 커피 머신에 '팔굽혀펴기!'라고 적은 메모를 붙여 두라. 요가로 하루를 시작할 수 있도록 스마트폰을 요가 매트 위에 올려 두고 잠자리에 들라. 새로운 습관을 그냥 지나치지 않도록 추리소설 책 안에 성공 일기장을 책갈피처럼 끼워 두라.

끝으로 질문 하나. 스마트폰을 볼 때마다 책을 10쪽씩 읽는다면, 당신의 지식은 얼마나 쌓일까? 그리고 그것을 방해하는 것은 무엇인가?

Summary

1. 뇌는 에너지를 아끼고자 하므로, 새로운 습관을 포기하라고 은밀히 속삭인다.

2. 원래 좋아하는 오래된 습관과 아직 사랑하지 않는 새로운 습관을 결합하면, 새로운 습관을 사랑할 확률이 훨씬 커진다.

3. 커피를 좋아하는 사람이 팔굽혀펴기 10회를 커피의 전제 조건으로 삼으면, 팔굽혀펴기에서 커피가 연상되고 실천하기도 더 쉬워진다.

비교하는 버릇이

사람을 가장 초라하게 만든다

✳

 카푸친 원숭이들이 분주히 돌을 줍는다. 미국 애모리 대학의 프란스 드 발 교수와 사라 브로스넌 박사가 원숭이 무리에 돌멩이를 가지고 오면 오이와 바꿔 주는 실험을 하고 있기 때문이다. 원숭이들은 오이에 만족하면서 성실히 돌멩이를 날랐다. 그러다가 일부 원숭이에게는 오이를, 일부 원숭이에게는 포도를 주기 시작하자 상황이 바뀌었다. 포도를 오이보다 더 좋아하는 원숭이들이 오이를 거부하고 포도를 요구했다. 심지어 연구자들에게 오이를 던지면서 분노를 표출했다. 끝내 돌멩이 줍기를 그만두고 파업에 들어갔다. 이 유명한 '오이와 포도' 실험은 원숭이에게도 공평함에 대한 인식이 있다는 걸 보여 주어 많은 사람들을 놀라게 했다.

원숭이만 그런 게 아니다. 우리는 모두 부당한 대우를 받을 때의 기분을 잘 안다. 동료와 당신이 같이 일을 했는데, 동료만 칭찬을 받으면 어떤 기분이 드는가? 삶은 우리에게 포도 한 송이를 줘야 마땅한데, 우리가 얻는 것은 고작 오이 한 조각뿐이라면?

- 친구는 인생의 진정한 동반자를 찾았는데, 왜 나는 아직 싱글인가?
- 지인은 백만 달러를 상속받았는데, 왜 나는 용돈 인상만 고대하고 있을까?
- 동료는 모임 때마다 사람들의 환대를 받는데, 왜 내 근처에는 아무도 와서 앉지 않을까?
- 친구는 부업으로 크게 성공했는데, 왜 내 사업은 실패로 끝났을까?

삶이 당신보다 다른 사람들을 더 사랑하는 듯 보일 때, 카푸친 원숭이들처럼 하던 일을 그만두고 싶은 마음이 든다. "아무도 나를 몰라 주는데, 계속 열심히 노력해 봐야 뭐해."

확실히, 타인과의 비교는 의욕을 상실시키고 의지를 꺾는 쪽으로 작용하는 것 같다. 또 자신의 독특함보다는 단점에 집중하게 만든다. 미국 컬럼비아 대학교의 연구진은 여성들에게 젊고 날씬한 톱모델의 사진을 보여 주고 그들의 기분이 어떻게 달라지는지 조사했다. 그 결과 여성들은 예외 없이 기분이 더 나빠졌다.

비교 이론의 창시자인 사회심리학자 레온 페스팅거는 이를 '상향 비교'라고 말했다. 상향 비교란 자신보다 우월해 보이는 사람과 자신을 비교하는 것으로, 동기부여가 되어 성장을 자극할 수도 있지만, 열등감을 불러일으킬 수도 있다.

"비교는 행복의 끝이자 불만의 시작이다."　　_쇠렌 키르케고르(철학자)

그런데 비교에는 함정이 도사리고 있다. 공평과 비교를 적용하려면 모든 사람의 기본값이 같아야 한다. 육체적, 정신적, 경제적 조건이 같고, 추구하는 목표가 같고, 능력이 비슷해야 정확한 비교가 가능하다. 하지만 사람은 모두 다르다. 우리는 독특하고 개별적인 존재다. 그런데도 억지로 비교하면 장점보다 단점만 부각되고, 유리한 상황보다 억울한 상황만 떠오르게 된다.

우리는 다른 사람의 포도가 달콤할 거라 상상하지만, 사실은 시큼할 수도 있다. 완전무결한 모델을 본다고 해서, 내가 그들보다 더 늙거나 갑자기 결점이 늘어나는 것은 아니다. 다른 사람들이 가지고 있다는 이유만으로, 내게 필요하지도 않은 것을 가지려고 애쓸 필요는 없다. 방금 나를 제치고 승진한 사람이 사실은 이전 직책을 매우 그리워하고, 이혼 위기에 처했으며, 심장마비를 겪을 위험이 높다면 어떨 것 같은가?

겉으로는 완벽해 보이는 SNS 인플루언서의 속사정은 아무도 모를 일이다. 일부 조건이 뛰어나다고 해서 하염없이 부러워할 일도, 쓸데없이 열등감에 빠질 일도 아니라는 뜻이다. 타인의 삶과 내 삶을 줄 세우듯 비교할 수는 없다. 차라리 타인의 삶을 전혀 다른 생물을 대하듯 바라보는 게 낫다.

아름다운 숲을 걸을 때 당신은 어떤 기분이 드는가? 당신보다 노래를 더 잘하는 새들이 부러울까, 아니면 새들의 아름다운 노래에 기분이 좋아질까? 당신보다 큰 나무에 질투가 날까, 아니면 나무가 드리우는 그늘에 기뻐할까? 당신보다 빠르고 민첩한 토끼를 보고 질투가 날까, 신기하고 즐거워질까? 우리는 동식물과 자신을 비교하지 않는다. 마음먹기에 따라, 숲에서 새들의 노래를 즐기듯이 우리는 다른 사람의 성공에 기분이 좋아질 수 있다.

그리고 아직 이루지 못한 소원은 삶을 더 흥미롭게 해 주고, 과제에 열중하게 만든다. 반대로 이미 소원을 성취한 사람들은 공허에 허덕이기도 한다. 즉 소원의 성취에 좋은 면만 있는 건 아니다. 아직 가지지 못했으므로, 더 열정적으로 살아갈 수 있다.

- 인생의 동반자를 이미 찾은 사람은 더는 찾을 수 없다. 그러지 못한 사람은 계속 찾을 수 있다.
- 첫 백만 달러 달성에 이미 성공한 사람은 더는 그것을 할 수 없다. 그러지 못한 사람은 계속 도전할 수 있다.
- 첫 세계여행을 경험한 사람은 더는 그것을 경험할 수 없다. 그러지 못한 사람은 앞으로 할 수 있다.

알요샤 롱과 로날드 슈페페는 그들의 공저 《카르마(Karma)》에 다음과 같이 썼다.

"심리학이나 뇌 연구에 따르면, 기대할 때가 가장 기쁜 순간이다. 뭔가 좋은 일을 상상할 때, 뇌는 행복 호르몬을 많이 방출한다. 우리는 행복해진다. 그러나 우리는 기본적으로 현실이 상상하는 것보다 훨씬 더 좋아질 거라고 믿는다. 그리고 불행하게도 여기에 오류가 있다. 여기에는 치명적인 반비례 관계가 있기 때문이다. 상상이 아름다워질수록 현실은 더욱 비루해진다."

어쩌면 생동감은 성취가 아니라 과정에 있는지도 모른다. 계속해서 뭔가를 기대하고 희망하며 노력할 수 있다는 것은 멋지다. 어제의 나와 비교해서 조금씩 나아짐을 발견하는 것만큼 뿌듯한 일도 없다. 하지만 다른 사람과의 비교, 특히 완벽해 '보이는' 타인과의 과도한 비교는 당신을 불행하게 만든다. 그리고 삶을 상대로 파업을 단행하는 것은 어리석은 일이다.

Summary

1 비교는 내가 여느 사람과 '같다'는 것을 전제로 하지만, 나는 유일무이하다.

2 행복은 옷과 같다. 다른 사람에게 맞는 옷이 반드시 나에게 맞는 건 아니다.

3 아직 이뤄지지 않은 모든 소망은 기회이자 행복을 향해 열려 있는 문이다.

현명하게 인생을
설계하는 사람들의

5가지
공통점

✳

알코올중독인 왕자가 있었다. 그는 매일 점점 더 많이 술을 마셨다. 왕자가 비틀대며 궁전을 걸을 때면 하인 셋이 그를 부축해야 했다. 어느 날 세 하인은 왕자의 양심에 호소해 보기로 했다. 첫 번째 하인이 말했다. "왕자님은 가끔 너무 많이 마십니다."

"거짓말!" 왕자는 분개하여 경비병을 불러 첫 번째 하인을 처형했다.

두 번째 하인은 좀 더 신중하게 접근했다. "왕자님은 술을 너무 많이 마시는 게 아닙니다. 다만, 너무 자주 마십니다."

"거짓말!" 왕자가 소리쳤고, 역시 경비병들이 들어와 두 번째 하인을 끌고 나갔다.

세 번째 하인이 될 대로 되라는 심정으로 말했다. "왕자님은 주정뱅이십니다! 계속 그렇게 퍼마시면 왕자님과 가문 모두 시궁창에 떨어지고 말 겁니다."

왕자는 세 번째 하인을 진지하게 바라보며 말했다. "맞는 말이야. 그 사실을 입 밖에 낸 사람은 네가 처음이야. 다른 사람들은 조심스럽게 말한다는 핑계로 거짓말을 했어." 왕자는 세 번째 하인을 승진시켰고, 그 후로 술을 한 방울도 마시지 않았다.

우리는 저마다 문제를 안고 있다. 게으르거나 일중독이거나, 술주정뱅이거나 스마트폰 중독이거나, 사람에 집착하거나 외톨이다. 이 정도는 아니더라도, 모두가 나름대로 문제를 안고 살아간다. 파도가 쉼 없이 밀려오듯 문제는 끝없이 밀려온다. 삶은 문제 해결의 연속이다. 그것만이 진리다.

우리는 문제 앞에 얼마나 솔직한가? 있는 그대로 현실을 직시하는가, 아니면 현실을 포장하는가? 문제를 해결하기 위해 잠재력을 모두 활용하는가, 아니면 어쩔 수 없다고 체념하는가?

위대한 가족 치료사 버지니아 사티어에 따르면, 성숙한 사람을 특징짓는 다섯 가지 자유가 있다. 다섯 가지가 모두 중요하지만, 그중 첫 번째는 나머지 네 개를 내포하고 있다.

1. 마땅히 있어야 할 것, 과거에 있었던 것, 앞으로 있을 것보다는, 현재 실제로 있는 것을 보고 들으라.
우리는 너무나 자주 현실을 외면한다. 상사가 가학적인 야수라는 사실을 무시하고, 애써 이렇게 생각한다. "몇 달만 지나면 그 사람은 자신이 내게 어떻게 했는지 깨닫게 될 거야."

점점 살이 찌고 있다는 사실을 무시하고, 애써 이렇게 생각한다. "요즘 옷은 원래 치수보다 작게 나오는 것 같아. 그리고 계단을 오를 때 숨이 차는 건 당연한 거야."

애정 관계가 무너졌다는 사실을 무시하고, 애써 이렇게 생각한다. "진정한 사랑이었어. 조만간 다시 사랑의 불꽃이 될 거야."

눈앞에 닥친 변화를 두려워한다는 사실을 무시하고, 애써 이렇게 생각한다. "나는 전반적으로 만족하며 살고 있고, 아무것도 바꾸고 싶지 않아."

먼저 자신이 주정뱅이라는 사실을 깨달아야 술을 끊을 수 있다. 당신의 인생을 정직하게 조사하라. 아이러니하게도, 현실을 외면할수록 그것은 인생 깊숙이 침투한다. 예를 들어 당신이 솔직한 감정을 외면할수록, 상사와의 관계는 날이 갈수록 견디기 힘들어질 것이다.

반면 현실에 문제가 있음을 인정하고 직시하면, 진실은 변화의 불을 지핀다. 당신은 상사와 솔직한 대화를 나누거나, 다이어트를 시작하거나, 관계를 재검토하거나, 새로운 직장으로 떠날 수 있다.

2. 다른 사람들이 기대하는 것이 아니라, 당신이 실제로 느끼고 생각하는 것을 말하라.

누군가가 당신을 피크닉에 초대했는데, 사실 당신은 그런 피크닉을 좋아하지 않는다고 가정해 보자. 이때 당신은 기쁜 척하며 초대에 응하는가? 아니면 당신의 감정과 생각을 다음과 같이 표현할 수 있는가?

"초대해 주셔서 한편으로는 매우 기쁘고, 멋진 경험의 기회를 마련해 주신 점에 감사드립니다. 하지만 다른 한편으로 마음이 썩 내키지 않습니다. 피크닉을 생각하면 오히려 스트레스가 생깁니다. 그래서 이번에는 초대에 응하고 싶지 않습니다. 당신에게만큼은 솔직해져도 될 것 같아 이렇게 터놓고 말하는 것입니다."

당신의 상황을 말하는 것은 당신의 권리이다. 얼마나 마음을 열고 대화하는지 스스로 점검해 보라. 모든 형태의 위선과 가식을 피하라. 그리고 진정성이 당신에게 주는 힘에 주목하라.

3. 다른 감정인 척하지 말고, 자신의 감정을 고수하라.

성숙한 사람들은 자기감정이 옳은지 의심하지 않는다. 그들은 모든 감정에 중요한 메시지가 담겨 있음을 알고 있다. 그러므로 자신에게 중요한 사람들이라면 감정을 솔직히 말한다.

당신이 애정 관계에서 질투를 느낀다고 가정해 보자. 두 사람은 그저 동료일 뿐, 아무 관계도 아닐 수 있다. 그러나 질투심은 당신을 갉아먹는다. 어쩌면 우울한 환상이 머리에서 떠나지 않을 것이다.

당신은 이 질투심을 드러낼까? 아니면 혼자만의 비밀로 간직할까? 사랑하는 사람 앞에서 아무렇지도 않은 것처럼 연기할까?

"다른 사람을 속이는 것은 결국 자신을 속이게 되므로, 위험하다."

_엘레오노라 두세(배우)

감정을 부정하는 것이 손쉬운 해결책으로 보일 것이다. 그래서 이성의 합리적 주장을 뚜껑 삼아 끓어오르는 감정의 냄비를 덮으려고 끊임없이 애쓸 것이다. 하지만 자신의 감정을 부정하면, 당신은 힘을 잃게 된다. 부정적인 감정뿐만 아니라 사랑에서 오는 모든 긍정적인 감정도 느낄 수 없게 된다. 그러므로 그냥 이렇게 말하는 것이 낫다.

"내 마음이 지금 어떤지 당신에게 솔직하게 말하고 싶어요. 사실 나는 정말로 질투가 나요. 머리로는 그럴 이유가 없다고 계속 설득하지만, 그래도 질투가 나요. 나에게 당신이 얼마나 큰 의미인지, 내가 당신을 얼마나 사랑하는지 이제 알겠어요."

솔직하게 말하면 당신은 약해질까? 아니다. 오히려 강해진다. 자기감정을 인정할 때마다 당신은 더욱 빛난다.

4. 허락만 기다리지 말고 필요한 것을 요청하라.

당신은 어려운 시험을 앞두고 있고, 그 시험에 이미 합격한 친구가 있다고 상상해 보자. 당신은 친구가 공부를 도와주겠다고 제안하지 않을까, 속으로 기대하고 있다. 하지만 친구는 아무런 말이 없다. 이제 어떻게 할까? 친구가 당신의 속마음을 알아채기를 바라며 기다리는가? 아니면 은근슬쩍 힌트를 주는가? 친구가 끝까지 모른 척하면 당신은 무시당한 기분이 들 것 같은가?

　용기를 내서 친구에게 이렇게 말해 보라. "시험 준비를 좀 도와 줄 수 있겠니?" 필요한 것이 무엇인지 알고 있다면, 직접 구하라. 로마의 철학자 에픽테토스는 이렇게 썼다. "뭔가 좋은 것을 갖고 싶다면, 구하라. 신께서는 이것을 율법으로 정하셨다."

5. 새로운 것을 시도하지 않고 늘 안전을 꾀하기보다, 자발적으로 위험을 감수하라.

변화에는 해방감이 있다. 그러나 오래 머무른 항구를 떠나야 하기 때문에 용기가 필요하다. 직업을 바꾸든, 이사하든, 새로운 취미를 시작하든, 외국어를 배우든, 책을 쓰든, 승진에 도전하든, 사업 아이디어를 실현하든, 배가 한번 출발하면 변화의 거친 바다를 건너야만 한다. 전복될 위험을 감수하는 사람만이 새로운 해안을 발견할 수 있다.

　나는 이런 위험을 회피하는 사람들을 많이 봐 왔다. 그들은 20년 동안 같은 직업, 같은 거주지, 같은 취향, 같은 의견, 같은 두려움, 같은 환상을 갖고 있었다. 이 모든 것이 여전히 좋아서가 아니다. 무의식적으로 변화의 위험을 회피하려 하기 때문이다.

　내가 바로 그런 사람이었다. 오랫동안 나는 독립할 용기가 부족했다("내가 침몰하지 않고 버틸 수 있을까?"). 혹은 글을 쓸 용기가 부족했다("내게 그럴 만한 재능이 있을까?"). 혹은 가끔이 아니라 매일 사람들을 변화의 길로 안내하는 '디지털 365 챌린지'를 자력으로 재정을 마련해 안착시킬 용기가 부족했다. 나는 무의식적으로 위험을 회피했다. 하지만 자유를 택하고 과감히 용기를 냈을 때, 나는 내적으로 성장했고 풍성한 보상을 받았다.

만약 절대로 실패하지 않는다면, 당신은 인생에서 무엇을 하고 싶은가? 안전한 인생은 죽은 자의 인생이다. 살아 있는 한 사건 사고는 끊이지 않는 법, 그렇다면 차라리 스스로 택한 위험을 짊어지라. 보답으로 내적 성장과 만족감을 얻게 될 것이다.

모든 변화의 기초는 인생의 진실을 직시하는 것이다. 거짓 없이 직언하는 친구들을 가까이 두라. 진실이 처음에는 상처를 줄 수도 있다. 하지만 고통은 변화의 원동력이 된다. 왕자처럼 바르게 처신하라. 그는 가장 정직한 하인을 승진시켰다.

Summary

1. 그럴싸하게 포장한 문제는 안으로 곪는다. 그러나 문제를 인정하면 바뀔 수 있다.

2. 내가 숨기는 감정은 나를 약하게 한다. 내가 드러내는 감정은 나를 강하게 한다.

3. 절대 실패하지 않는다고 생각하면, 정말로 원하는 것이 무엇인지 알게 된다.

말투
하나만

바꿨을
뿐인데

✳

1980년대 중반에 내 고향 슈바르츠발트의 작은 마을에 새로운 식당이 문을 열었다. 식당 주인은 이곳으로 이사온 지 얼마 안 된 외지인이었다. 지역 의용소방대가 제복을 차려입고 개업식에 참석해 성대한 축하 행진을 펼쳤다. 주인은 의용소방대에 감사를 표했다. 그는 이 마을의 따뜻한 환대에 감격했다.

그러나 개업 후 몇 주가 지나도록 손님이 오지 않았다. 주인은 빈 식탁에 앉아 하품만 했고, 요리사는 하릴없이 노닥거렸다. 차들은 이 식당을 지나쳐 다른 식당 앞에 멈췄고, 마을 사람들은 식당 주인을 못 본 체했다. 심지어 인사조차 나누지 않았다.

주인은 절망에 빠졌다. 그토록 따뜻하게 맞아 주던 이웃들이 왜 이제는 이 식당을 외면할까? 왜 그를 적대할까? 마침내 누군가가 진실을 귀띔해 주었다.

"개업식 때 의용소방대에 맥주를 대접하지 않아, 모두가 당신에게 화가 나 있어요. 가게가 문을 열 때마다 그들은 개업식에 참석해 맥주를 대접받았거든요. 솔직히 말해 의용소방대가 개업식에 가는 유일한 이유가 바로 그것입니다."

식당 주인은 이 마을 출신이 아니라 그런 풍습을 잘 몰랐지만, 그 사정을 짐작한 마을 사람은 아무도 없었다. 의용소방대는 원하는 것을 말하지 않았고, 마을 사람들은 식당 주인을 구두쇠로 낙인찍었다.

기대와 실망, 그리고 분노. 이는 인간관계에서 흔히 일어나는 갈등 양상이다. 누군가가 기대에 반하는 행동을 한다. 혹은 당연히 해 줘야 하는 일을 하지 않는다. 당황한 당신은 그에게 분노하고, 그에 대한 좋은 감정을 몽땅 거두어 들인다. 심지어 상종 못 할 인간으로 낙인찍는다. 예를 들어 보자.

- 당신은 상사에게 기대를 건다. '팀장은 내가 해낸 일을 모두 알고 있을 거야. 이번에는 분명 연봉을 인상해 줄 거야!' 과연 그럴까?
- 당신 쪽에서 늘 연락하는 친구가 있다. 그 친구는 먼저 전화하거나 메시지를 보내는 법이 없다. 친구의 그런 태도에 화가 난다. 정말로 때때로 먼저 연락해야 한다는 걸 모르는 걸까?
- 몇 시간 전에 치우라고 분명히 말했지만, 아이들 방이 여전히 난장판

이다. 당신이 어질러진 집을 얼마나 싫어하는지 아이들은 모르는 걸까? 아이들은 왜 청소하지 않았을까?
- 직장 동료 몇몇이 퇴근 후 영화관에 가는 것을 보고 당신은 크게 실망했다. 아무도 당신에게 함께 영화를 보지 않겠느냐고 물어보지 않았기 때문이다.

'당신이라면 당연히 내가 ~한 걸 알 거야.' 인간관계에서 피가 거꾸로 솟는 분노 중 90퍼센트는 바로 이런 오해에서 비롯된다. 우리는 종종 상대방의 투시 능력을 과대평가한다. 말하지 않아도 상대가 내 생각, 감정, 욕구를 헤아리고 있다고 여긴다. 그러나 상대는 의외로 거의 모른다. 한쪽은 맥주 대접을 기대하지만, 다른 한쪽은 그런 기대를 짐작조차 못 한다.

겉으로는 매끄럽게 대화를 나누고도 갈등이 발생하는 이유가 뭘까? 심리학자 프리데만 슐츠 폰 툰에 따르면, 우리가 대화를 나눌 때 세 가지 차원이 은밀하게 작용한다. 대화 상대를 어떻게 생각하는가(관계 차원), 현재 내 상태가 어떠한가(자기 선언), 상대방에게 무엇을 기대하는가(요구).

의사소통에는 '요구'가 종종 밀항자처럼 동행한다. 예를 들어, 세미나 참가자들에게 방이 너무 갑갑하다고 말했는데, 아무도 창문을 열지 않으면 기분이 상한다(창문을 열라는 것이 숨은 요구였기 때문이다). 아내에게 어깨가 뭉쳤다고 말했는데, 아내가 주물러 주지 않으면 실망한다(아내로부터 마사지를 받고 싶은 것이 숨은 요구였기 때문이다).

숨은 요구가 거절당하면 화가 난다. '내게 관심이 없군, 내 요구를 무시했어!' 하지만 정말 그럴까? 상대방의 행동을 주관적으로 해석하지 말고, 속으로 기대만 하지 말고, 원하는 것을 직접 요구하면 어떻게 될까?

- 어쩌면 당신의 상사는 이렇게 생각할지도 모른다. '연봉 인상을 요구하지 않는 사람은 분명 현재 연봉에 만족하는 걸 거야.' 요구해야 할 사람은 바로 당신이다.
- 당신의 친구는 당신이 전화하는 걸 아주 당연하게 여길 수도 있다. 당신이 관계 유지를 위해 노력하고 있음을 모를 수도 있다. 이렇게 말해 보라. "생각해 보니까, 항상 내가 먼저 연락을 했더라고. 가끔은 네가 먼저 전화해 주면 좋겠어."
- 아이들은 당신이 어질러진 방을 싫어한다는 것은 알지만, 자기들이 방을 청소해야 한다는 것은 몰랐을 수 있다. 이렇게 말하면 어떨까? "나는 주변이 잘 정돈된 게 좋아. 30분 안에 방을 청소해 주겠니?"
- 동료들은 당신이 퇴근 후에 바로 집에 가서 휴식하고 싶어 한다고 생각했을 수도 있다. 이렇게 말해 보라. "나도 같이 영화 보고 싶어. 그래도 돼?"

'그렇게까지 직접적으로 요청해야 하나? 말하지 않아도 충분히 알 수 있지 않나?' 이런 거부감이 들지도 모른다. 하지만 식당 주인도 맥주 대접 풍습을 전혀 몰랐다. 그리고 누군가가 제때 귀띔해 주었다면 매우 고마워했을 것이다.

생각을 바꾸라. 원하는 것을 명확히 말하는 것이 오히려 상대방에 대한 존중의 표시이다. 당신이 말을 해 줘야 상대방은 당신의 의중을 알게 되고, 그래야 그 기대에 부응할지 말지를 결정할 수 있다. 그러나 당신이 입을 다물고, 침묵으로 상대방을 벌주고, 회피하거나 못마땅한 표정을 짓는다면, 악순환이 시작된다. 침묵은 문제를 해결하기는커녕 오히려 악화시킨다.

"진짜 문제는, 신중하게 침묵했던 일이 점점 더 시끄러워진다는 것이다."

_막스 프리쉬(극작가)

한 지인에게서 애틋한 이야기를 들었다. 1990년대 중반, 그는 한 여자를 짝사랑했다. 두 사람은 일주일에 한 번꼴로 만나 저녁을 먹고, 산책하며 깊은 대화를 나눴다. 작별 인사할 때마다 포옹했지만, 용기가 부족해서 늘 키스는 하지 못했다. 그렇게 어영부영 시간이 흘렀고, 그녀가 먼 곳으로 떠나게 되면서 자연스레 연락마저 끊겼다.

그러다가 최근에 그는 우연히 페이스북에서 그녀를 만났다. 그는 용기를 내 이렇게 썼다. "그때 너를 짝사랑하고 있었어." 그리고 그는 깜짝 놀랄 대답을 들었다. "나도 너를 좋아했었어. 하지만 네 마음이 어떤지 확신할 수 없어서 감히 물어보지 못했어." 두 사람

모두 상대방이 신호를 보내기만을 기다렸던 것이다.

짧은 한마디면 충분했을 텐데! 맥주든 사랑이든 때때로 아주 쉽게 받을 수 있다. 단, 먼저 요구해야 한다.

Summary

1 기대는 식당 주문과 같다. 음식을 받으려면 말을 해야 한다.

2 명확히 말할수록, 원하는 것을 얻을 가능성이 커진다.

3 원하는 것을 누군가가 짐작해 주기를 바라지 말고, 필요한 것을 직접 구하라.

> 최소 노력, 최대 효과

내 기대를 채워 주지 않는 사람은 누구인가?

_____

_____

_____

그 사람이 내 기대를 명확히 알지 못하는 이유는 무엇인가?
내가 원하는 것을 100퍼센트 이해시키려면, 나는 그에게 어떻게 말해야 할까?

나는 다음과 같이 말할 것이다

_____

_____

_____

_____

죽어라
말 안 듣는 사람을

스스로
변하게 하는 기술

✶

어느 날 해와 바람이 서로 다퉜다. 바람이 말했다. "해야, 내가 너보다 더 강해. 나는 마음만 먹으면 저 나그네의 코트를 바로 벗길 수 있어."

해가 말했다. "못 믿겠어. 넌 자신을 과대평가하는 경향이 있어."

"그렇다면 내가 보여 주지." 바람이 말했다. 바람이 세찬 폭풍을 일으키자 나그네는 바람에 맞서 몸을 잔뜩 웅크렸다. 그는 코트 단추를 잠그고 옷깃을 세우고 양팔로 얼어붙은 몸통을 꼭 끌어안았다. 바람이 세질수록 그는 코트를 더 꽉 움켜잡았다. 바람은 결국 포기해야 했다.

"이제 내 차례야." 해가 말했다. 해가 따사로운 빛을 비추자 나그네의 얼굴에 미소가 번졌다. 그는 천천히 코트 단추를 풀었다.

해가 조금 더 세게 빛을 비췄다. 그러자 나그네는 걸음을 멈추고 코트를 벗은 다음 길가 벤치에 앉았다.

이 오래된 우화는 상대를 어떻게 설득해야 하는지 보여 준다. 만약 우리가 누군가에게 뭔가를 강요하면 어떻게 될까?

상대에게 의견을 포기하라고 요구하며 그 근거를 댄다면, 그는 자신의 의견을 더욱 옹호할 것이다. 급여가 낮다고 상사에게 항의하며 그 근거를 댄다면, 상사는 당신의 현재 급여가 왜 타당한지 설명하며 방어할 것이다. 파트너에게 감시를 그만두라고 요구하면, 파트너는 그 어느 때보다 더 열심히 당신을 감시할 것이다. 철저한 계획형 인간에게, 제발 좀 즉흥적으로 변해 보라고 요구한다면, 그는 아예 입을 닫아 버릴 것이다.

한 노인이 정원 흔들의자에 평화롭게 앉아 있었다. 한 무리의 아이들이 몰려와 울타리에 달린 까치밥 열매를 따서 노인에게 던졌다. 이 광경을 본 노인의 아내가 화를 내며 소리쳤다. "당장 그만둬! 안 그러면 혼날 줄 알아!" 아이들은 낄낄대며 계속해서 열매를 던졌다. 이 못된 아이들은 며칠 뒤에도 다시 와서 똑같은 짓을 해 댔다. 노인의 아내가 아무리 양심에 호소해도 소용이 없었다.

마침내 노인이 아내를 만류하며 아이들에게 말했다. "고맙구나. 정원에서 너무 지루했는데, 너희들 덕분에 재밌는 변화가 생겼어. 특히 너희들이 던져 주는 열매를 저녁에 아주 맛있게 먹는단다. 고마워, 정말 고마워." 노인은 울타리로 다가가 웃으면서 말했다. "내일 또 오렴. 그러지 않으면 너희들이 보고 싶을 거야."

아이들은 다시는 나타나지 않았다.

심리학에서는 이것을 '반발심'이라고 부른다. 즐겨 하던 일이라도 누가 시키거나 의무가 되면, 그 일을 더는 하고 싶지 않게 된다. 이것을 이해하면 인생이 훨씬 쉬워질 것이다.

동료와 사이가 나빠진 회사원을 상담한 적이 있다. 두 사람은 이제 서로 대화하지 않았다. 사무실 분위기는 물론이고, 업무 진행도 원활하지 못했다. 나는 처음에는 외교적 해결책을 제안하려 했지만, 이는 저항만 키웠다. 의뢰인은 코트 옷깃을 잔뜩 세웠다.

그다음 나는 햇빛을 비추었다. 나는 의뢰인의 저항에 동조했다. "이 동료는 정말 당신과 앙숙 관계가 분명합니다. 그 사람과 다시는 말을 섞고 싶지 않은 게 당연해요."

의뢰인은 골똘히 생각하더니 말했다. "앙숙이라는 말은 좀 지나친 것 같아요."

"하지만 앙숙이 맞잖아요. 서로 싸우니까요."

"싸우는 건 맞죠. 하지만 우리 둘 다 그것 때문에 힘듭니다."

"그래도 그와 다시는 얘기하지 않겠다는 결심은 확고하잖아요."

"정말로 다시는 말을 하지 않을지, 저도 잘 모르겠어요. 지금은 냉전 중입니다만, 어쩌면 또 달라질 수도 있겠죠."

바람처럼 해서는 의뢰인의 마음을 바꿀 수 없었지만, 해처럼 하니 의뢰인은 스스로 코트를 벗고 동료와 화해할 방법을 제안했다.

> "우리는 다른 사람에게 아무것도 가르칠 수 없다. 그저 그들이 스스로 발견하도록 도울 수 있을 뿐이다."
>
> _갈릴레오 갈릴레이(과학자)

    심리 치료사들은 사람들의 나쁜 행동 패턴을 바꿔 주기 위해 '역설 처방'을 즐겨 사용한다. 예를 들어, 수줍음이 많은 사람에게 다음과 같이 요구한다. "오늘은 아무 말도 하지 말고, 누구의 눈도 마주치지 말고, 모든 사람에게 동정받을 만큼 수줍어하십시오."

    이제 신기한 일이 벌어진다. 수줍음이 많은 사람에게 수줍어하라고 요구하면, 그렇게 행동하기가 갑자기 어려워진다. 일부러 수줍어하는 것이 우스꽝스러워 보인다. 그는 스스로 코트를 벗는다. 억지로 벗기려 하면 오히려 무의식적인 저항만 키운다. 예를 들어 부모가 아이의 수줍음 코트를 억지로 벗기려 하면 할수록, 아이는 코트를 더욱 세게 움켜쥔다. 하지만 아이에게 수줍음 코트를 허락하면, 아이는 마음이 따뜻해져서 스스로 그것을 벗는다. 이 방법은 일상에도 절묘하게 적용된다.

- 상대방의 의견을 더 많이 인정하고 존중할수록, 그는 자신의 의견을 기꺼이 바꿀 준비를 한다. 반대로 상대방의 의견을 반박하면, 저항만 더 키울 뿐이다.
- 가까워지고 싶은 사람이 있다면 너무 매달리지 않는 게 좋다. 그래야 상대는 당신을 더 매력적으로 볼 것이다. 반대로 성급히 다가가거나

끌어당기면, 그는 더욱 뒤로 물러날 것이다.
- 다른 사람의 도발에 덜 분개하고 덜 짜증을 낼수록, 그는 당신을 더는 자극하지 않을 것이다. 반대로 발끈하여 화를 내면, 그는 계속해서 까치밥 열매를 던질 것이다.
- 고객에게 구매하지 않을 자유를 제공하면 구매 욕구가 오히려 높아질 것이다. 반대로 제품을 칭찬만 하면, 고객의 의심을 사게 된다.

이 방법은 셀프 코칭에도 적합하다. 자꾸 게으름을 부리는가? 아예 드러누워 있겠다고 결심해 보라. 말투가 공격적인가? 사람들과 일부러 다투리라 결심해 보라. 결정을 제때 못 내리는가? 아무것도 결정하지 않겠다고 마음먹으라. 극단적인 결정이 외려 무의식적인 행위를 의식하게 만들고 통제해서, 그 어느 때보다도 버릇처럼 행동하기가 더 어렵게 느껴질 것이다.

Summary

1. 누군가에게 내 뜻을 강요할수록 그 사람은 저항한다.
2. 상대방에게 내 뜻을 따르지 않을 자유를 허락하면, 상대방이 자발적으로 내 뜻을 따르는 경우가 많다.
3. 방을 일부러 어지럽히리라 결심하면, 이런 '역설 처방'을 통해 정리정돈 감각이 날카로워진다.

잘되고
싶다면

잘 쉬라

한 팀장이 피로에 찌든 모습으로 현자를 찾아와 물었다. "에너지가 완전히 소진되었어요. 충전이 필요합니다. 안 그러면 쓰러지고 말 거예요."

현자는 창백한 남자가 초조하게 서성이는 모습을 말없이 지켜보았다. 나무에서 새들이 지저귀고, 나뭇잎 사이로 비치는 햇살에 아침 이슬이 반짝였다.

현자가 말했다. "당신의 근심보다 더 넓은 곳으로 가야 합니다."
"그곳이 어디인가요?" 팀장이 물었다.
"여기 이끼에 앉아, 세상을 둘러보세요."

팀장은 자리에 앉아 스마트폰을 꺼내 세계 곳곳의 여행지를 검색하기 시작했다. 먼저 유럽을 둘러보고 그다음 다른 대륙을 살펴보았다. 그러나 그는 계속해서 고개를 저었다.

현자가 말했다. "눈을 감고 새들의 말을 들어 보세요. 당신이 가장 편히 쉴 수 있는 곳이 어디인지 알려 줄 것입니다."

팀장은 스마트폰을 내려놓고 새소리를 들었다. 5분 후 그가 말했다. "새들의 말을 알아들을 수가 없습니다."

"그렇다면 당신 뒤에서 솟아오르는 샘의 소리를 들어 보세요." 현자가 말했다. 팀장은 10분 정도 귀를 기울인 후 말했다. "샘이 뭐라고 하는지 모르겠습니다."

"숨을 깊이 들이마시세요. 이끼, 송진, 풀 내음에서 대답을 찾을 수 있을 것입니다." 현자가 말했다.

팀장은 이끼에 앉아 깊이 숨을 쉬었다. 30분 후 그가 말했다. "안타깝지만 심호흡으로도 대답을 이해하지 못했습니다."

"지금 기분이 어떤가요?" 현자가 물었다.

"어쩐지 좀 낫네요." 팀장은 자리에서 일어나 바지에 묻은 솔잎을 털어 내며 말했다. "하지만 이제 알려 주세요. 어디로 가야 합니까? 내가 온전히 쉴 수 있는 곳은 어디입니까?"

"당신은 이미 그곳에 와 있습니다. 하지만 당신의 영혼이 아직 도착하지 않았습니다." 현자가 말했다.

사람들은 어디에 있을 때 가장 행복해할까? 영국의 두 연구자 조지 맥케런과 수사나 무라토는 2만 2천 명의 참가자들에게 하루에도 몇 번씩 기분이 어떤지 물었다. 그리고 동시에 스마트폰 앱을 사용해 그들의 위치를 파악했다. 결과는 어땠을까?

사람들은 집안, 영화관, 운동장, 술집, 직장 등 그 어디보다 자연에 있을 때 가장 큰 행복을 느꼈다. 숲, 호수, 바다, 산, 초원, 냇가 등 자연 속에서 시간을 보낸 사람은 기분이 좋아진다. 그에 반해 콘크리트로 둘러싸인 환경은 행복을 가로막는 장벽처럼 보였다.

피로를 풀고 에너지를 되찾고 싶은가? 더 자주 야외로 나가라. 자연에서 산책하고, 걷고, 달리고, 헤엄치고, 자전거를 타고, 책을 읽고, 졸고, 꿈꾸고, 그냥 머무르라. 신선한 공기를 마시고, 피부에 닿는 햇살이나 빗방울을 즐겨 보라. 바람은 항상 당신의 귀에 올바른 메시지를 속삭인다.

나는 슈바르츠발트의 계곡 근처에서 자랐고, 여전히 자연을 사랑하고 즐긴다. 나는 숲속 산책, 강 건너기, 아침 안개 속에서 배 타고 호수 건너기 등을 좋아한다. 크게만 보였던 모든 근심이, 넓게 펼쳐진 하늘 아래에서는 아주 작아 보인다.

새들은 나를 깊은 내적 평화로 이끌고, 바람은 내 머리에서 모든 의심을 날려 버린다. 노랑나비가 날아오르면, 내 생각은 더욱 다채롭고 풍성하게 상상의 나래를 편다. 그리고 내 코를 간질이는 햇살이 내 마음을 따뜻하게 해 준다. 자연에서 나는 가장 오래된 나무처럼 땅에 뿌리를 박고 있다. 땅은 나를 지탱하고, 하늘은 나를 보호한다. 나는 자연에 모든 걸 맡긴 채 아무것도 하지 않는다. 나는 나를 느낀다. 개미처럼. 딱정벌레처럼. 덤불 속으로 달려드는 너구리처럼. 나는 자연 속에서 편안함을 느낀다.

시간이 없거나 몸이 불편해 자연의 품에 마음껏 안길 수 없는 형편이어도 실망할 필요는 없다. 자연을 직접 찾지 않아도, 화면이나 소리를 통해 접하는 것만으로도 치유 효과가 있다. 캘리포니아의 연구자들은 만성 통증을 앓고 있는 암 환자들에게 대양의 거센 파도, 힘차게 흐르는 시냇물, 굉음을 내며 쏟아지는 폭포 영상을 보여 주었다. 영상이 끝난 후 측정한 결과, 코르티손이나 아드레날린 같은 스트레스 호르몬의 수치가 20~30퍼센트 감소했다.

> "우리는 자연에 있는 것을 좋아한다. 자연은 절대 우리를 판단하지 않기 때문이다."
> _프리드리히 니체(철학자)

사람들과 함께 있으면 우리는 곧바로 판단에 노출된다. 직장에서 하는 모든 일은 상사를 기쁘게 할 수도 있고, 화나게 할 수도 있다. 길거리에서 미소를 보이면 지나가는 사람이 기쁘게 여길 수도 있고, 기분 나쁘게 받아들일 수도 있다. 인터넷에 쓰는 모든 댓글은 박수갈채를 받거나 욕 폭탄을 받을 수 있다.

다른 사람들은 끊임없이 당신을 판단한다. 그러나 자연에서는 다르다. 아무도 당신에 대해 이러쿵저러쿵 수군거리지 않는다.

- 당신이 은행의 CEO였든, 비숙련 노동자로 해고를 당했든, 숲은 상관하지 않는다.
- 당신이 디자이너 옷을 입었든, 낡은 티셔츠에 구멍 난 양말을 신었든,

강은 상관하지 않는다.
- 당신이 새로 사랑에 빠졌든, 다시 버림을 받았든, 하늘의 구름은 상관하지 않는다.
- 재산이 백만 달러이든, 빚이 수백만 달러이든, 딱따구리는 그것에 아무런 충격도 받지 않는다.

자연은 지금의 당신을 있는 그대로 받아들인다. 자연에서 더 오랜 시간을 보낼수록, 당신은 이것을 더 깊이 느끼게 될 것이다. 당신은 지금 있는 그대로의 자신이 좋다고 느낄 것이다.

자연의 풍요는 경이롭다. 당신이 호흡하는 양보다 더 많은 공기가 있고, 당신이 마실 양보다 더 많은 물이 있으며, 당신의 눈이 포착할 수 있는 것보다 더 많은 아름다움이 있다. 자연의 모든 것이 완벽하다. 그리고 자연의 일부인 당신도 완벽하다.

세계 최고의 휴식처는 스마트폰 검색으로는 찾을 수 없다. 가장 가까운 숲에서 찾을 수 있다.

Summary

1. 사람은 자연에 있을 때 가장 행복하다.
2. 자연은 우리를 말 그대로 치유해 준다.
3. 자연에서 우리는 있는 그대로의 모습으로 편안해진다.

강인한 사람들이

감사 일기를 쓰는 이유

✴

쿵쾅거리는 공기해머 소리에 숙면은 끝났다. 아침부터 호텔 앞 인도에서 공사가 시작되었고, 이 소음에 두 젊은이가 잠에서 깼다. 한 사람은 독일 밴드 BAP의 보컬인 볼프강 니에덱켄이고, 다른 한 사람은 훗날 미국에서 유명한 화가이자 영화감독이 된 줄리언 슈나벨이다.

니에덱켄은 하필이면 자기가 묵는 방 바로 앞에서, 그것도 이른 시간부터 공사할 게 뭐냐며 화를 냈다. 그러자 슈나벨이 이렇게 말했다.

"우리는 직업 선택을 잘한 것 같아. 다른 사람들은 새벽부터 힘들게 일을 시작해야 하는데, 우리는 늦게까지 잘 수 있으니, 얼마나 행복한 일이야!"

나는 니에덱켄의 자서전에서 이 일화를 읽었을 때, 속마음을 들킨 기분이 들었다. 짜증 나는 상황이라면 짜증을 내는 게 당연하다고 여겼기 때문이다. 그런데 정말 당연한 걸까? 상황에 대한 내 태도를 선택할 수는 없는 걸까?

그 이후로 나는 어떤 상황에서 기분이 나빠질 때마다 자문한다. 짜증 내는 게 내게 이득인가? 어차피 벌어진 일인데 화를 내 봤자 기분만 더 상하는 건 아닐까? 이 상황에서 내게 정말로 이득이 되는 선택은 뭘까? 감사할 수 있는 일이 없을까? 화나는 이 상황 뒤에는 어떤 선물이 숨어 있을까?

그래서 나는 태도를 바꾸기로 했다. 짜증 나는 순간에 태도 스위치를 누르는 것이다.

- 함부르크 중앙역. 기차가 20분이나 연착한다는 방송이 나오자마자, 나는 속으로 욕을 퍼붓는다. 그러다가 스위치를 누른다.
  "이렇게 비싼 기차를 탈 여유가 있으니 얼마나 좋은 일인가. 그리고 기차 시간보다 일찍 나와 예상 밖의 상황에 차분히 대처할 수 있으니 얼마나 다행한 일인가!" 짜증이 감사로 바뀐다.
- 출근길에 어느 운전자가 아무 잘못도 없는 내게 경적을 울려 짜증이 난다. 배려심이라곤 없는 운전자에게 혼자 욕을 퍼붓는다. 똑같이 경적으로 응수하고 싶어진다.
  그러나 스위치를 누른다. "함부르크에서 피네베르크로 가던 23번 고속도로에서 자동차가 고장 나 곤란을 겪을 때, 친절하게도 멈춰 내 차를 어찌어찌 고쳐 다시 굴러가게 해 준 젊은이를 생각해 봐!" 감사한 일을 생각하니 화가 가라앉고, 평정심이 돌아왔다.

- 이 책을 쓰려고 책상에 앉았는데, 15분 넘게 아무것도 쓰지 못하고 있다. 빈 모니터만 뚫어져라 바라보며 영감이 떠오르기만을 헛되이 기다렸다. 슬슬 짜증이 치민다.

그러나 스위치를 바꾼다. "책을 쓸 수 있고, 책을 통해 수많은 사람과 소통할 수 있다는 것은 얼마나 큰 특권인가! 그리고 지금까지 아이디어가 그친 적은 없으니, 곧 영감이 떠오를 것이다." 걱정과 불안이 잦아들고, 긍정적인 기분이 나를 물들인다.

"행복한 사람이 감사하는 게 아니다. 감사할 줄 아는 사람이 행복한 사람이다."
_프랜시스 베이컨(철학자)

우리는 언제 감사를 느끼나? 보통은 감사할 일이 있을 때 감사를 느낀다고 생각한다. 연봉이 오르거나 승진하면 감사하다. 사랑을 고백하고 원하는 답을 들으면 감사하다. 복권 당첨으로 거액을 받게 되면 감사하다. 휴가 내내 날씨가 맑으면 감사하다. 누군가에게 칭찬을 들으면 감사하다.

이런 감사에는 조건이 따른다. 나는 채권자가 되고, 삶은 내게 빚을 진 채무자가 된다. 휴가 내내 날씨가 맑으면 나는 행복하다. 그렇지 않으면 불행하다. 다른 사람들이 떠받들어 주면 나는 행복하다. 그렇지 않으면 불행하다.

그러나 베이컨의 말처럼, 감사할 줄 아는 사람은 날씨와 무관하게 행복하다. 월급이 오르지 않아도 행복한 직장 생활을 할 수 있고, 원하는 답을 듣지 못해도 사랑에 빠진 기쁨을 누릴 수 있다. 왜냐하면 베이컨에 따르면, 감사는 상황에 연동되는 기분이 아니라, 상황과 별개로 유지할 수 있는 태도이기 때문이다.

감사를 태도로 바라보면 이점이 매우 많다. 날씨나 다른 사람들의 반응, 기차의 연착처럼 통제할 수 없는 일에 흔들려 일희일비하지 않는다. 헛되게 짜증 내며 에너지를 소모하지 않는다. 더군다나 좋지 않은 상황에서도 긍정적인 전망을 버리지 않는다. 평정심을 유지하며, 좋은 면을 발견한다. 한마디로 멘탈의 힘이 강해진다. 그래서 성공한 사람 중에 범사에 감사하다고 말하는 이들이 많은 것이다.

진정한 행복은 내면에서 나온다. 우리를 행복하게 만드는 것은 사건이 아니라 사건에 대한 우리의 태도이다. 긍정 심리학의 선구자 마틴 셀리그먼은 감사를 행복한 삶의 초석이라고 밝혔다. 우리는 모두 넉넉하게 선물을 받았다. 그러나 우리가 무엇에 감사할 수 있는지를 먼저 찾아야, 보이지 않는 선물이 보이게 된다.

- 당신이 곤경에 처했을 때 당신을 도와준 사람이 있는가?
- 당신 스스로 자기 자신을 믿지 못할 때, 당신을 믿어 준 사람이 있는가?
- 당신에게 특별한 호의나 애정을 주었거나 주고 있는 사람이 있는가?

- 당신 안에 있는, 인생을 좌우할 결정적 재능이나 열정을 일깨워 준 사람이 있는가?
- 당신을 안전하게 돌보고, 지금의 성격을 발달시킬 수 있게 도운 사람이 있는가?

이제 한 명을 정해서 감사했던 상황을 떠올려 보라. 그 상황은 어디에서 일어났나? 그곳은 어떤 모습이고 어떤 냄새가 나는가? 어떤 소리가 들리는가? 그 상황에 완전히 몰입해 보라.

이제 감사하는 사람을 떠올려 보라. 그는 어떻게 생겼나? 그의 목소리는 어떤가? 그는 무어라고 말하는가? 그가 바로 옆에 있는 듯 느껴질 때까지 마음의 눈으로 그 사람의 이미지를 떠올리라. 깊은 감사를 느끼라.

왜 이렇게까지 구체적으로 상황과 사람을 그려야 하느냐고 반문하고 싶은가? 거기에는 이유가 있다. 그 상황에 몰입할 만큼 구체적으로 감사할수록, 감사의 효능을 극대화할 수 있기 때문이다.

심리학자 로버트 에먼스와 마이클 맥컬로는 감사 일기를 쓰는 사람이 쓰지 않는 사람보다 더 낙관적이고, 삶에서 더 많은 기쁨을 누리며, 병원에 가는 횟수가 적다고 밝혔다. 또 감사 일기를 쓰는 사람은 근육이 이완되고, 운동을 많이 하며, 두통이나 복통 같은 신체적 증상으로 고통받는 빈도가 낮다고 보고했다. 또 다른 연구들은, 감사가 신체 염증을 줄이고 혈압을 25퍼센트 낮추며 심장 마비 위험을 최소화할 수 있음을 입증했다.[15]

이점은 많고 부작용은 없으며, 무료인 약이 있다면 당연히 매일 챙겨 먹지 않겠는가? 그 약이 바로 감사 일기다. 감사한 상황과 당시의 느낌을 생생하게 느낄수록 효능이 극대화된다. 그러므로 충분한 양을 복용하기를 원한다면, 저녁이든 아침이든 하루 중 시간을 정해 감사 일기를 쓰라. 꼭 큰 사건일 필요는 없다. 개운하게 잘 잤거나, 좋아하는 노래를 발견했거나, 예쁜 새를 봤을 터이다. 아니면 누군가가 당신에게 작은 호의를 베풀었을 터이다. 그 상황에 다시 몰입해 보라. 그것이 당신을 어떻게 바꿔 놓는가? 당신은 얼마나 환하게 미소 짓고, 그 순간 얼마나 기분이 좋아지는가?

Summary

1 조건이 붙은 감사는 감사가 아니다.

2 감사는 행복에 대한 반응이 아니라, 행복의 전제 조건이다.

3 감사는 어떤 약보다도 효과가 좋다. 고용량을 복용해도 부작용이 없다.

최소 노력, 최대 효과

나는 어떤 사람들에게 감사 편지를 써야 할까?

나는 무엇에 감사하나? 감사 편지를 쓰고 있는 나의 기분은 어떤가? 이것을 통해 어떤 귀중한 감정이 생기는가?

나의 예상

체험 결과

CHAPTER 6

멈춤 없이
나아가기 위한
마지막
조언들

부

진정한
부자의 길

✳

 인생을 즐기며 사는 젊은 재단사가 있었다. 그녀는 돈을 많이 벌지는 못해도 먹고살 만했고, 특별히 부족한 것이 없었다. 그녀의 양복점은 낮은 가격을 유지했고, 가난한 사람들에게는 무료로 옷을 만들어 주었다. 이 재단사는 모든 고객을 위해 기꺼이 시간을 내고, 그들의 이야기에 귀를 기울였다. 그녀는 자기 일을 사랑했고, 고객들 역시 그녀를 사랑했다. 그리고 저녁마다 기분 좋게 휘파람을 불며 퇴근했다.

 하지만 재단사의 어머니는 돈을 너무 적게 버는 딸이 걱정되었다. 그래서 딸을 위해 매주 복권을 샀다. 어느 날 엄청난 행운이 그들을 찾아왔다. 여섯 개의 복권 숫자가 모두 맞아 95만 유로(약 15억 원)에 달하는 엄청난 금액을 손에 쥐게 되었다.

당첨금을 받으러 은행에 방문했을 때 직원이 말했다. "100만 유로에서 5만 유로가 빠진 금액입니다." 재단사는 돈을 받았고, 처음에는 복권 당첨을 대수롭지 않게 여겼다. 인생에는 그보다 더 중요한 일들이 있으니까. 하지만 그 후 며칠 동안 은행 직원의 말이 계속 머릿속을 맴돌았다. "5만 유로만 더 있으면… 그러면 나는 백만장자야!"

"5만 유로를 더 벌어야겠어." 재단사는 결심했다. 양복점 가격을 인상했고, 고객들에게 내던 시간도 줄였다. 그러나 빨리빨리 서둘러 재단을 끝내다 보니 품질이 저하되었고, 그로 인해 고객을 잃었다. 그녀는 매일 저녁 수입을 확인하고 점점 더 절망했다. 이런 식으로 계속 가다간, 100만 유로를 절대 채우지 못할 것 같았다.

걱정과 과로로 눈 밑의 다크서클은 점점 더 넓어졌다. 이제 그녀는 휘파람을 불며 거리를 거닐기는커녕 오히려 조바심에 뛰어다녔다. 몸이 자주 아파 병원을 찾았다. 의사는 번아웃이라며 그녀를 멈춰 세웠다. 병문안 온 어머니가 답답해서 물었다. "돈이 없을 때도 행복했잖니. 그런데 95만 유로나 가진 지금 스트레스를 받고 있다니, 도대체 왜 그런 거야?"

딸이 말했다. "5만 유로가 부족해요."

티베트 불교의 지도자 달라이 라마는 이렇게 말했다. "아이러니하게도, 우리는 원하는 것을 얻더라도 여전히 만족하지 못합니다. 이렇게 욕망은 끝이 없고, 끊임없이 문제를 일으킵니다. 유일한 해독제는 가진 것에 만족할 줄 아는 자세뿐입니다."

불만족의 덫에 걸린 사람이 재단사뿐일까. 만족을 모르기는 보통의 우리도 마찬가지다. 처음 월급 받은 날 무엇을 느꼈는가. 제 힘으로 옷 사고, 음식을 사 먹고, 선물을 주고, 재테크를 시작하는 그 모든 경험에서 짜릿한 만족을 느끼지 않았던가. 하지만 언제 그랬냐는 듯, 만족을 주던 모든 것이 당연하고 익숙해진다. 이제 부족한 것들이 더 눈에 보인다. 더 비싼 옷, 더 맛있는 음식, 고가의 선물, 더 많은 수익… 이것이 없으면 가난하다고 느낀다.

그러므로 재단사는 백만장자가 되더라도 만족하지 못할 것이다. 200만 유로가 안 되니까. 그리고 200만 유로에 도달하더라도 300만 유로가 안 되어 또다시 만족하지 못할 것이다.

내 차가 아무리 크더라도, 누군가는 나보다 더 큰 차를 가졌다. 내 통장에 아무리 돈이 많아도, 누군가는 나보다 더 많이 가졌다. 내 집이 아무리 크더라도, 누군가는 나보다 더 큰 집에 산다. 내 옷이 아무리 비싸더라도, 누군가는 나보다 더 비싼 옷을 입는다.

물질의 저주가 여기에 있다. 물질이 늘어날 수는 있지만, 그것이 곧 지속적인 만족으로 이어지지는 못한다. 객관적으로 부유하더라도 빈곤하다고 느낄 수 있다.

> "세상은 모든 사람의 필요를 충족할 만큼 넉넉하지만, 모든 사람의 탐욕을 충족할 수는 없다." _마하트마 간디(인도의 독립운동가)

돈은 많을수록 좋다. 돈은 자유와 여유를 주고 자존감을 높인다. 그 사실을 부정하려는 게 아니다. 하지만 돈을 더 벌기 위해서 온종일 바쁘다면? 불안감을 떨칠 수 없다면? 삶을 즐길 기회를 조금도 가지지 못한다면? 그렇다면 문제는 버는 돈의 액수가 아니다. 돈을 버는 일에서도 절제할 수 있어야 하고, 만족할 줄 알아야 한다. 즉 통제력을 가져야 한다. 그렇지 않으면 돈은 마약처럼 작용해, 점점 더 높은 복용량을 요구할 뿐이다.

불교에서는 이 악순환에서 벗어나는 길로 소유물을 늘리지 말고 버릴 것을 제안한다. 돈이 많다면 기부하고 가난한 사람들을 도우라. 돈을 유용하게 쓰라. 너무 많은 것을 가지지 말라. 불필요한 것은 나누고 버리라. 소유하지 말고 존재하라 등등.

나도 이 가르침을 따라서 책, 옷, 음반, 취미용품 등 더는 사용하지 않는 물건을 정리해 기부했다. 어떤 것은 쉬웠다. 내가 쓴 책 50권을 청소년 단체에 기부할 땐 뿌듯하고 여유 공간도 생겨서 기분이 좋았다.

하지만 청소년 시절에 처음 글을 쓸 때 사용한 기계식 타자기, 오래전 직장 동료가 준 아름다운 생일 카드, 처음으로 연주한 기타를 기부할 때는 고민이 깊었다. 이렇게 소중한 물건을 다른 사람에게 줄 수 있을까? 이때 경제 심리학자이자 정리의 달인인 아니카 슈베르트페거의 조언이 도움이 됐다. "주변을 정리하면 머리도 정리된다." 정리는 중요한 것과 그렇지 않은 것을 구분하고, 중요한 것만 남기는 삶의 핵심적인 기술이다. 정리할수록 삶은 단순해지고 효율성은 극대화된다.

그래서 나는 오래된 소중한 타자기를 과감히 기부했다. 내 기억 속에 명예의 전당을 마련하고, 중요한 물건과 그에 얽힌 추억을 저장했다. 그랬더니 작별이 쉬워졌다. 당신에게도 이 방법을 추천한다. 사진을 찍어서 남겨도 좋다. 그러면 물건은 다른 사람에게 주더라도 물건에 담긴 의미는 여전히 당신 눈앞에 있게 된다.

모두가 경제적 자유를 꿈꾸는 요즘, 나는 자유의 조건으로 두 가지를 제시한다. 첫째는 행복한 삶을 영위하기에 필요한 돈이고, 둘째는 만족의 기술이다. 당신은 얼마를 가지면 만족할 수 있는가. 구체적으로 생각해 보라. 그리고 적을수록 기뻐하라. 95만 유로가 당첨되지 않은 것을 다행으로 여기라. 부족한 5만 유로를 채우기 위해 인생을 허비하지 않아도 되기 때문이다.

Summary

1 물질적 소유는 바닷물과 같아서 마실수록 갈증이 더 심해진다.

2 많이 가질 때가 아니라 필요한 것이 적을 때 부자가 된다.

3 필요 없는 물건은 나누고 버리라. 물건이 당신을 소유하게 두지 말라.

처세

지나친 겸손은 독이다

"승진은 어떻게 하셨나요?" 나는 젊은 생물학자에게 물었다.

"운이 좋았던 것뿐이에요." 그녀가 대답했다.

"운이 좋다는 게 정확히 무슨 뜻인가요?"

"상사가 나를 좋아해요. 우리는 서로 잘 통해요."

"업무 성과가 아니라 호감 때문에 승진했다는 뜻인가요?"

그녀는 잠시 생각했다. "어떤 면에서는 그렇죠."

"그렇다면 당신은 승진할 자격이 없군요."

그녀는 망설였다. "아마, 다른 사람들도 나만큼 자격이 있었을 거예요."

"상사가 승진자를 잘못 선정했다는 뜻인가요?"

"아니요." 그녀가 즉시 내게 되물었다. "왜 그렇게 생각하시죠?"

"훌륭한 상사는 단순히 호감이 있다는 이유만으로 누군가를 승진시키지 않습니다."

"호감 때문만은 아니었어요." 그녀가 말했다. "업무 능력도 분명 역할을 했습니다."

"왜 당신을 승진시켰냐고, 내가 당신 상사에게 물으면 뭐라고 대답할까요?"

이제야 마침내 그녀는 상사의 눈으로 자신의 성과를 보고 인정하기 시작했다.

당신도 이 생물학자처럼 운이 좋아서 성공했다고 말하는 겸손한 사람인가? 혹시 당신의 능력 때문이라고 하면 잘난 체하는 사람으로 보일까 봐 걱정이 되는가? 이 주제를 다루기에 앞서, 당신이 인생에서 이룬 최대 성공 세 가지를 적어 보라.

- 개인 생활에서의 최대 성공

....

....

- 직장 생활에서의 최대 성공

....

- 인생 최대 발전

이제 어떻게 이 성공을 거두게 됐는지 생각해 보라. 당신의 능력이 성공에 차지하는 비율과 우연 같은 외부 요인이 성공에 차지하는 비율을 기록하되, 두 합이 100퍼센트가 되게 하라.

개인 생활의 최대 성공에서 당신의 능력이 차지하는 비율: _____%
개인 생활의 최대 성공에서 행운과 좋은 지원이 차지하는 비율: _____%
직장 생활의 최대 성공에서 당신의 능력이 차지하는 비율: _____%
직장 생활의 최대 성공에서 행운과 좋은 지원이 차지하는 비율: _____%
인생 최대 발전에서 당신의 능력이 차지하는 비율: _____%
인생 최대 발전에서 행운과 좋은 지원이 차지하는 비율: _____%

자신의 성공이나 실패의 원인을 설명하는 방식을 심리학에서는 '귀인(Attribution)'이라고 한다. 그리고 그것을 평가하는 방법에 네 가지 차원이 있다.[16]

- 내부(자기 안에서 원인을 찾는다.)
- 외부(외부 세계에서 원인을 찾는다.)
- 불변(항상 그러리라 생각한다.)
- 가변(달라질 수 있다고 생각한다.)

먼저 실패의 원인을 내부와 외부로 분류하여 살펴보자.

- 내부: 실패의 원인을 자기에게서 찾는다. 예를 들어, 프레젠테이션을 망친 후 "모두가 보는 앞에서 발표를 망치고 말았어"라고 말한다.
- 외부: 실패의 원인을 외부 세계에서 찾는다. "청중이 집중하지 않아 제대로 전달이 안 된 거야."

이제 내부와 외부의 원인에 불변적 평가와 가변적 평가를 추가해 보자.

- 불변, 내부: "내 프레젠테이션은 항상 지루해." 당신은 항상 그러리라 생각한다.
- 가변, 내부: "이 주제는 나에게 적합하지 않아." 당신은 다른 주제를 다룬다면 상황이 좋아질 수 있다고 생각한다.
- 불변, 외부: "사람들은 내 말을 경청하지 않아." 당신은 사람들이 일반적으로 당신의 말에 귀를 기울이지 않으리라 생각한다.
- 가변, 외부: "내 주제가 사람들의 관심을 끌지 못했어." 당신은 다른

주제라면 사람들의 관심을 끌 수 있다고 생각한다.

성공과 실패의 원인을 해석하는 과정에서 발생하는 오해를 '귀인 오류'라고 한다. 이 중 대표적인 예가 '과도한 일반화'이다. 예를 들어, 프레젠테이션을 한 번 실수했을 뿐인데도 "내 발표는 항상 지루해" 또는 "사람들은 내 말을 원래 경청하지 않아"라고 생각하는 것이다(불변적 귀인). 이런 식으로 형성된 부정적인 인식의 틀은 이후 모든 경험을 왜곡된 방식으로 해석하게 만든다. 모든 청중이 주의 깊게 경청했으나 당신은 단 한 사람, 어젯밤에 거의 잠을 자지 못해 잠깐 하품을 한 그 한 사람만 인식하고는, 또 모두를 지루하게 만들었다고 확신한다. 스스로 매력적이지 않다고 생각하면, 당신은 가장 매력적인 사람으로 뽑히더라도, 그것을 당신이 잘못 생각한 증거로 보지 않고, 동정으로 이해할 것이다.

우리의 뇌는 동물과 비교해 아주 크지만, 그만큼 자책도 크게 느낀다.

"인간은 자신에 대해 나쁜 의견을 갖는 유일한 생명체이다."

_조지 버나드 쇼(극작가)

어떤 불변적 귀인이 당신을 가로막는지 적어 보자.

- 당신은 무엇을 항상 실패하는가?

- 지금까지 절대 할 수 없었던 것은 무엇인가?

- 당신은 항상 어디에서 실수를 저지르는가?

　이런 불변적 귀인을 가변적 귀인으로 바꾸라. 예외를 생각해 내라. 평소보다 상황이 좋아질 수 있는 조건을 찾아내라. 견고한 불변적 귀인을 흔들어 놓으라.
　예를 들어, 스몰토크에 서툴다고 생각한다면 이렇게 바꿔 말하라. "적절한 주제가 없으면 나는 스몰토크가 어렵게 느껴진다."

차이점이 느껴지는가? '스몰토크에 서툴다'라고 말하면, 당신은 절망적인 상황에 놓이고 실제로도 그렇게 행동할 것이다. 그러나 '적절한 주제가 없으면 스몰토크가 어렵게 느껴진다'라고 바꿔 말하면 달라질 기회가 생긴다. 위에 제시된 자책 문장을 가변적 귀인으로 바꿔 말하고, 어떤 새로운 가능성이 열리는지 확인해 보라.

이제 시작 부분에서 기록했던 인생 최대 성공으로 돌아가 보자. 몇 퍼센트가 당신의 능력(내부 귀인) 덕분이었는가? 자신감이 있는 사람들은 대개 80퍼센트 이상을 기록한다. 당신도 그러한가? 아니면 그보다 한참 낮은가?

하지만 인생에서 어떤 것들은 정말 순전히 행운이 아닐까(외부 귀인)? 예를 들어, 헤드헌터가 갑자기 전화해서 좋은 일자리를 제안한다. 귀가 쫑긋할 정도로 연봉이 아주 높다. 아마도 당신은 이렇게 생각할 수 있으리라. "많고 많은 사람 중에 하필이면 나에게 전화를 걸어 이런 횡재를 안겨 주다니, 이런 행운이 어디 있단 말인가!"

이제 외부 귀인이 얼마나 비합리적인지 느껴지는가? 헤드헌터는 무작위로 전화를 걸지 않는다. 자격과 능력을 따져 사람을 고른다. 당신은 행운이라고 생각하지만, 사실은 당신의 능력 때문이다.

- 길에서 누군가가 당신에게 관심을 보였다면, 그것은 단순한 우연이 아니다. 분명 당신의 매력 때문이다.
- 오랜 친구의 추천으로 일자리를 얻었다면, 그것은 우연이 아니다. 친

구는 당신을 그만큼 신뢰하여 이름을 걸고 당신을 추천한 것이다.
- 파티에서 만난 출판사 대표가 수년 동안 서랍 속에 잠들어 있던 당신의 원고를 읽어 보고 싶다고 한다면, 그것은 우연이 아니다. 당신은 그에게 깊은 인상을 주었고, 그래서 그는 당신의 원고가 좋은 책이 되리라 믿는 것이다.

살면서 운이 좋아 얻었다고 생각했던 모든 좋은 일에 당신의 능력이 큰 비중을 차지했음을 인정하라. 당신의 성공은 우연이 아니다. 자기 스스로 과소평가하는 사람의 능력을 먼저 나서서 알아줄 타인은 없다. 지나친 겸손은 결코 미덕이 아니다. 또한 성공에 일조한 자신의 공을 알리는 것도 결코 도 넘은 자랑이 아니다. 조용하지만 당당하게 능력을 인정받는 사람들은 과소평가도, 과대평가도 하지 않는다. 그저 자신이 한 일을 있는 그대로 알릴 뿐이다.

Summary

1 나의 성공은 우연이 아니다. 행운이 찾아왔다면, 그것은 내가 그만큼 노력했기 때문이다.

2 '항상' 일어나는 실수는 없다. 내가 아직 고치지 않은 실수만 있을 뿐이다.

3 운 좋다는 이야기를 함부로 하지 말라. 운이 아니라 당신의 능력이다.

성공

이타심은
진화한
자기 이익이다

작가 프란츠 카프카는 공원을 산책하던 중에 울고 있는 여섯 살 여자아이를 만났다. 카프카가 아이에게 물었다. "무슨 일이니?"

"인형을 잃어버렸어요." 아이가 절망에 빠져 대답했다.

카프카는 잠시 생각한 후 말했다. "걱정하지 마. 너의 인형은 잘 지내고 있어."

아이의 눈이 커졌다. "그걸 어떻게 알아요?"

"인형이 내게 편지를 보냈어. 내일 이 시간에 다시 오면 편지를 보여 줄게."

카프카는 집에 오자마자 인형을 대신해 편지를 썼다. 항상 같은 장소에만 머무르는 게 지루해져서 넓은 세상을 발견하기 위해 집을 나섰다고 썼다. 그리고 자신은 아주 행복하게 지내고 있고, 앞으로 매일 편지를 쓰겠다고 약속했다.

다음 날, 카프카는 아이에게 편지를 읽어 주었고, 아이는 그것을 주의 깊게 들었다. 그는 이 놀이를 몇 번 더 이어 갔다. 인형은 세계 곳곳을 여행하다가 마지막 편지에서 결혼했고, 아이에게 작별 인사를 건넸다. 아이는 그것에 기뻐했다.

카프카는 왜 한동안 아이만을 위한 전속 작가가 되어 글을 썼을까? 부와 명성을 가져다주지도 않는 일에 어째서 진심을 다했을까? 편지는 아이에게만 기쁨을 주었을까, 아니면 카프카에게도 무언가를 선물했을까?

비슷한 경우를 생각해 보자. 막 개봉한 기대작을 보러 영화관에 갔다. 그런데 영화표를 살 돈이 없어 매표소만 뚫어지게 바라보는 아이를 발견했다. 이때 당신이라면 어떻게 할 것인가? 영화를 기다린 만큼 뒤돌아보지 않고 극장에 들어갈 것인가, 아니면 아이에게 영화표를 선물할 것인가? 어느 쪽이 당신을 더 행복하게 할까?

캐나다에서 실시한 연구에 따르면, 영화를 보는 것보다 표를 선물하는 것이 더 큰 행복감을 준다고 밝혀졌다. 선물하면, 친구를 만나거나 맛있는 식사를 할 때와 유사한 신경 경로가 뇌에서 활성화한다. 또 다른 연구에서는 좋은 사회적 접촉이 사망 확률을 절반으로 낮춘다는 사실이 밝혀졌다.[17] 그런데 왜 그럴까? 혹시 선물하거나 남을 도우면, 상대방이 그에 감사하거나 보답을 주어서일까? 아니다. 상대방이 아무런 보답을 주지 않아도, 당신은 행복해진다. 중요한 것은 당신의 '주는 행위'다. 누군가를 도울 때마다 당신의 뇌에서 보상 시스템이 작동한다.

우리의 몸은 약국에서 파는 그 어떤 약보다 더 효능이 좋은 약을 생산한다. 대표적으로 기분을 좋게 하고 통증을 줄여 주는 엔도르핀과 스트레스 감소 호르몬인 옥시토신이다. 그런데 누군가를 도우면 이런 호르몬이 생성된다. 심지어 누군가가 다른 사람을 돕는 것을 보거나 그런 이야기를 읽기만 해도 보상 시스템이 작동한다. 아마 위에 나온 카프카의 이야기를 읽으면서 당신은 기분이 좋아지고 스트레스 수준이 낮아졌을 것이다.

> "이 세상을 위해 당신이 바라는 변화가 있다면, 당신 스스로 그 변화가 되라."
> _마하트마 간디(인도의 독립운동가)

우리는 쉽게 무언가를 요구한다. 더 많은 시간, 더 많은 존중, 더 많은 예의, 더 많은 관심, 더 많은 정직을 바란다. 그러나 요구 조건을 충족하긴 힘들고, 행복과 만족에 이르는 길도 그만큼 멀어진다. 그렇다면 생각을 바꾸는 게 어떨까. 요구하지 말고, 먼저 모범을 보이라. 상대방이 나에게 무엇을 해 줄지 생각하기에 앞서, 내가 그를 위해 무엇을 할지 생각하라. 남을 돕는 것이 바로 자기 자신을 돕는 것이다. 우리의 뇌는 그렇게 진화했다.

누군가로부터 더 많은 존중을 받고 싶다면, 그 사람을 더 많이 존중하라. 누군가가 당신의 성과를 더 높이 평가해 주길 기대한다면, 그 사람의 성과를 더 높이 평가하라. 누군가가 당신을 더 사랑해 주기를 바란다면, 그 사람을 더 많이 사랑하라. 이런 솔선수범은 본인을 기쁘게 만들 뿐만 아니라, 다른 사람의 행동에도 긍정적인 영향을 미친다.

사람들은 주로 다른 사람을 모방함으로써 배운다. 사회 학습 이론의 창시자인 심리학자 앨버트 밴듀라가 실험으로 이것을 입증했다. 밴듀라는 3~6세 아이들을 크게 두 그룹으로 나누었다. 한 그룹에서 아이들은 어른들이 인형을 때리고 모욕하는 모습을 보았고, 다른 그룹의 아이들은 인형의 털끝 하나 건드리지 않는 어른들의 모습을 보았다. 어른들이 나간 후 아이들은 어떻게 행동했을까? 결과는 명확했다. 어른들이 공격적으로 행동하는 모습을 본 아이들이 훨씬 더 많이 인형을 때렸다.

물론 사람이 기계처럼 관찰한 것을 100퍼센트 모방하지는 않는다. 그러나 무엇을 보고 듣고 경험하느냐는 학습에서 매우 중요한 요소이다. 따라서 당신이 보이는 태도가 주변 사람에게 영향을 준다. 만약 당신이 모범을 보이면 상대방도 모범으로 화답할 확률이 높다. 당신이 미소를 지으면 상대도 미소를 지어 보일 것이다. 반대로 싫어하는 행동을 하거나 그런 인상을 주면, 똑같이 돌려받을 수도 있다.

철학자 소크라테스는 선행 안에 진정한 행복이 있다고 보았다. 작은 선행만으로도 충분하다.

- 누군가에게 정말 기뻐할 선물을 주라.
- 기차에서 노인의 짐을 대신 선반에 올려 주고, 유모차를 끄는 엄마가 계단 앞에 서 있으면 도움이 필요한지 물으라.
- 길을 묻는 낯선 사람을 목적지까지 동행하라.
- 지구에 도움이 되는 일을 골라 하라.
- 돈, 시간 등 무엇이든 기부하여 열악한 환경에 있는 사람들을 도우라.

선행은 노력 대비 막대한 효과를 보장한다. 다른 사람을 도울수록 더 행복해지고, 타인의 행동에 긍정적인 영향을 미쳐 세상을 좀 더 낫게 바꾼다. 진정으로 '이기적인' 사람들은 모두 남을 돕는 사람들이다. 확신하건데, 프란츠 카프카는 아이에게 편지를 써 주고 엄청난 보상을 받았을 터이다.

Summary

1 다른 사람들이 나를 위해 무엇을 할 수 있는지 생각한다면, 자신의 행복을 스스로 버리는 것이다.

2 내가 다른 사람을 위해 무엇을 할 수 있는지 생각한다면, 자신의 행복을 스스로 찾는 것이다.

3 다른 사람을 돕는 것이 곧 자신을 돕는 것이다. 다른 사람을 행복하게 하면 자신도 행복해진다.

인간관계

사람 때문에 지치지 말고, 여기서 무엇을 배울까만 생각하라

✳

앵무새는 주인을 기쁘게 했다. 마치 사람인 양 매일매일 수다스럽게 떠들었다. 주인은 말 잘하는 앵무새를 사랑했다. 주인 역시 말하기를 매우 좋아했기 때문에, 앵무새에게 직접 말을 가르쳤고 매일 최고의 먹이를 주었다.

그런데 어느 날 앵무새가 조용해졌다. 새장 구석에 앉아 아무 말도 하지 않았다. 주인은 걱정이 되어 가까이 다가가 물었다. "무슨 일이야? 기분이 안 좋아? 재밌는 얘기가 듣고 싶어?" 주인은 아주 긴 얘기를 앵무새에게 들려주었다. 30분쯤 지나 이야기가 끝났다. 그러나 앵무새는 여전히 구석에서 가만히 있었다.

"말을 안 하면 먹이도 없어. 끝!" 주인은 화가 나서 가 버렸다. 다음 날도, 그다음 날도 같은 일이 반복됐다. 그렇게 며칠 동안 앵무새는 먹이를 먹지 못했고, 점점 약해졌다. "내가 그렇게 많은 말을 가르쳤는데, 어째서 너는 한마디도 하지 않니?" 주인은 일주일이 지나서야 수의사를 불렀다. 하지만 앵무새는 이미 바닥에 누운 채 죽어 있었다.

주인이 수의사에게 말했다. "너무 속상해요. 말을 가르친 사람이 바로 나인데, 이렇게 나를 버리다니요."

현명한 수의사가 대답했다. "당신은 앵무새에게 말을 가르쳤습니다. 앵무새는 당신에게 침묵을 가르치려 했습니다. 헛된 일이었죠. 그래서 그는 죽었습니다."

이 이야기에는 중요한 교훈 두 가지가 담겨 있다.

첫째, 우리는 다른 사람의 의도를 어떻게 해석할지 선택할 수 있다. 앵무새는 악의로 침묵했을까? 아니면 주인에게 귀중한 교훈을 주려는 좋은 의도에서 침묵했을까? 누군가가 당신이 기대하는 행동을 하지 않는다면, 당신은 그의 의도를 주로 어떻게 해석하는가? 상대방이 뭔가 나쁜 의도로 그런다고 생각하는가? 아니면 좋은 의도에서 그런다고 믿는가?

- 상사는 당신을 순전히 비난하려고 야단을 칠까? 아니면 업무를 더 잘하여 발전하도록 돕고 싶은 걸까?
- 직장 동료는 당신을 싫어해서 피하는 걸까? 아니면 당신이 항상 너무 바빠 보여 방해가 되지 않으려는 걸까?

- 부모님은 당신이 아직 미성숙하다고 생각해서 잔소리를 하는 걸까? 아니면 그저 더 많은 인생 경험을 토대로 당신을 돕고 싶은 걸까?
- 애인이 특별히 친하게 지내는 직장 동료의 이야기를 당신에게 자주 말한다면, 그것은 의도적으로 질투심을 유발하려는 걸까? 아니면 당신을 그만큼 신뢰한다는 증거일까?
- 동료의 농담은 사람들 앞에서 당신을 놀리려는 목적일까? 아니면 농담을 사회적 접착제로 활용해 당신과 사람들을 이어 주려는 걸까?

상대방이 악의를 가졌다고 가정하면, 그것은 당신에게 무엇을 일깨워 줄까? 악의이다. 그러면 당신은 앵무새 주인처럼 행동하고, 다른 사람들에게 (감정적) 먹이를 주지 않는다. 당신 자신뿐만 아니라 다른 사람에게도 아무런 이익이 없는 선택이다. 그러나 선의를 가졌다고 믿으면, 자신감, 신뢰, 배우려는 의지가 커진다. 건설적으로 행동할 준비를 하게 된다.

> "선은 (장담하는데) 항상 버려진 악이다." _빌헬름 부슈(만화가)

두 번째 교훈은 이것이다. 누구에게나 배울 점이 반드시 있다. 앵무새가 선한 의도로 그런다고 생각하면, 앵무새의 행동에서 배울 점을 찾을 수 있다. 앵무새가 가르치려고 했던 침묵과 경청에 귀 기울일 수 있다.

공자는 이런 말을 남겼다. "세 사람이 길을 가면 반드시 나의 스승이 있으니, 그중 선한 자를 골라 그를 따르고, 선하지 않은 자를 보고 나 자신을 고친다." 배우고자 하면 다른 사람의 모든 특성에서 배울 점을 찾을 수 있다. 철학자이자 황제였던 마르쿠스 아우렐리우스는《명상록》에 이렇게 썼다.

"행복하길 원하면, 주위 사람들의 장점들을 떠올려라. 예를 들어, 어떤 사람은 근면함, 어떤 사람은 겸손함, 또 다른 사람은 관대함, 또 다른 사람은 또 다른 장점이 있을 것이다. 주위 사람들의 특성 중에서 두드러지고 (가능한 한) 여럿이 동시에 합쳐진 미덕만큼 당신을 행복하게 하는 것은 없다. 그러므로 항상 그들을 가까이 둬야 한다."

주위 사람들의 장점을 자주 생각하라. 주위 사람들을 살펴보고 자신에게 다음과 같이 물으라. '나는 이 사람의 어떤 점이 가장 마음에 드나?' '이 사람의 특성은 무엇인가?' '나는 이 사람의 어떤 점을 존경하나?' '이 사람은 내 인생에 어떤 영감을 주나?' '나는 이 사람에게서 무엇을 배울 수 있나?'

사람에게 치이고 상처받는 횟수가 늘어날수록 사람에 대한 기대 역시 줄어든다. 인간관계에서 선의를 믿기보다는 무관심과 불신의 방어막을 치는 게 자기를 보호하는 데 도움이 된다고 생각한다. 한편으로 그런 태도를 가지게 된 배경을 충분히 이해한다. 그러나 다른 한편으로 보자면, 어차피 다른 사람과 더불어 살아갈 수밖에 없다면 좀 더 현명하고 지혜로운 태도를 갖춰야 하지 않을까. 이왕 함께해야 한다면, 나쁜 쪽보다는 좋은 쪽으로 눈을 돌리는 편이 우리 자신에게 득이 되지 않을까.

상대방의 말과 행동에 선의가 깔려 있다고 가정하자. 그리고 누구에게나 배울 점이 있다고 생각하자. 이런 자세로 주위 사람들을 바라본다면, 모든 만남이 모험이 되어 당신의 발전에 날개를 달아 줄 것이다.

Summary

1. 누군가가 내 기대와 다르게 행동했다고 해서, 그것을 나쁜 행동이라고 짐작하지 말라.

2. 다른 사람에게서 무엇을 배울 수 있는지 자문해 본다면, 모두에게서 영감을 얻을 수 있다.

3. 무관심과 불신보다 선의를 가정하고 발전을 기대하는 것이 사람을 대할 때 가장 현명한 태도이다.

> 최소 노력, 최대 효과

인생에서 가장 중요한 세 사람은 누구인가?

사람 1

사람 2

사람 3

모두에게서 뭔가를 배울 수 있다면, 그들에게서 본받을 점은 무엇인가?

사람 1

사람 2

사람 3

일

타인의 시선에 갇히지 말고, 하고 싶은 일을 하라

✳

왕은 백성들을 좀 더 정직하게 만들 방법을 궁리했다. 그리고 시장 광장에 교수대를 설치하기로 했다. 왕은 성문에 군인들을 배치하고, 성으로 들어오는 모든 사람에게 질문을 던졌다. 만약 거짓으로 답하는 사람이 있다면 즉시 교수형에 처하라고 명령했다.

꾀 많은 나스레딘(13세기 튀르키예에 살았다고 알려진 현자로, 재밌는 민담의 주인공으로 자주 등장한다.-역자 주)이 가장 먼저 성문 앞에 섰다. 한 군인이 그에게 위협적으로 물었다. "성에서 무엇을 할 예정이오? 거짓을 말하면 즉시 교수형이요!" 나스레딘은 침착하게 대답했다. "나는 교수형을 당하러 왔습니다."

군인은 당황하여 나스레딘을 빤히 보고만 있다가, 버럭 화를 냈다. "어서 사실대로 말하시오. 그러지 않으면 정말로 당신을 교수대에 매달겠소!"

나스레딘은 여전히 싱긋이 웃으며 말했다. "당신이 나를 교수대에 매달면, 내 말은 거짓말이 아니게 됩니다." 그는 이 말을 남기고 성문을 통과해 가던 길을 갔다. 아무도 그를 막지 못했다.[18]

나스레딘의 대답은 절묘하다. 그의 대답을 참으로 보고 성문을 통과시키면, 그 말은 거짓이 되어 버린다. 그런데 거짓으로 보고 교수형에 처하면, 그 말은 참이 되어 버린다. 즉 나스레딘의 대답은 무엇이 참이고, 무엇이 거짓인지 애매한 상황을 연출한다. 왜 이렇게 대답했을까? 아마도 이 현자는 참과 거짓, 흑과 백으로 사람과 세상을 구분지으려는 왕에게 일침을 가하고 싶었을 것이다.

인생에는 명백한 일보다 모순처럼 보이는 일이 훨씬 더 많이 일어난다. 그런 일을 마주하면 이 이야기를 기억하라. 진리는 배타적일 필요가 없다. 진리는 서로 보완할 수 있다. 헤르만 헤세는 소설 《싯타르타》에서 주인공의 입을 빌려 이렇게 말한다.

"모든 진리의 반대도 역시 진리입니다. 하나의 진리는 한 면으로만 나타나고 말로 표현될 수 있기 때문입니다. 생각으로 생각할 수 있고, 말로 말할 수 있는 모든 것은 한 면뿐입니다. 모두 다 한 면이고, 모두 다 반쪽에 불과하며, 모두 다 전체성이나 완전성, 단일성이 없습니다. (…) 그러나 세상 그 자체, 우리 주위와 우리 내면의 존재들은 결코 한 면이 아닙니다."

진리의 이런 다면성은 인생에서도 쉽게 발견된다. 인생의 골짜기를 지날 때 당신은 인생에 회의를 느낀다. 하지만 그림자가 드리워졌을 때 비로소 온기와 빛에 대한 사랑도 커진다. 당신은 인생을 더욱 깊게 이해하게 되고 사랑하게 된다.

당신은 이미 지혜롭다. 그럼에도 불구하고 때때로 현명하지 못한 행동을 한다. 지혜로 가는 길은 어리석음으로 포장되어 있다.

당신은 물론 관대한 사람이다. 하지만 때때로 사랑하는 사람 때문에 분노와 고통을 느낀다. 사랑이 클수록 마음이 다칠 확률도 커진다. 그렇지만 사랑을 포기하지 않는다. 그것을 사랑의 속성으로 수용함으로써 내면을 넓히고 더욱 성장한다.

충만한 인생에는 대립이 없다. 원하는 것과 원치 않는 것이 공존한다. 한쪽만 있으면 퍼즐은 맞춰지지 않는다. 반대되는 것들이 공존할 때 비로소 인생의 모든 면을 경험할 수 있다.

사회심리학자 에리히 프롬에 따르면 인생에서 고통은 불가피하다. 우리는 무한히 살고 싶지만, 유한한 존재다. 우리는 사랑하는 사람과 하나가 되고 싶지만, 분리된 존재다. 이런 대립이 고통을 유발한다. 만약 이를 받아들이고 의미를 부여하고 진정한 자아를 발전시키면, 비로소 충만한 인생이 열릴 것이다. 하지만 반대로 대립이 주는 고통을 회피하고 이로부터 도망가면 어떻게 될까?

바로 자기 자신을 잃어버린다. 자유를 버리고 사랑하는 사람에게 완전히 의존해 버린다. 상대방의 자유를 완전히 소유해 버리려고 한다. 집단적 권위에 복종한다. 소비와 향락에 취해 고통을 잊는다. 그리고 실존적 무기력감에 빠져 버린다.

에리히 프롬은 자신의 책《자유로부터의 도피》와《사랑의 기술》에서 실존적 무기력함에서 벗어날 수 있는 세 가지 방법을 제시한다.

- 방법 1: 대세에 순응하거나 권위에 복종하는 대신, 창의성을 발휘하거나 의미 있는 활동을 통해 자신의 강점을 발견하고 개발한다.
- 방법 2: 소비를 통해 외로움을 가리거나 기울어진 애정 관계에 집착하는 대신, 깊은 자기 신뢰로 실존적 외로움을 긍정한다.
- 방법 3: 자기 자신과 세상을 진심으로 사랑하는 능력을 발전시킨다. 프롬에 따르면, 개성을 포기하고 융합을 시도하는 대신, 함께 있되 고유함을 유지하는 것이 성공적인 애정 관계의 특징이다.

우리는 어려서부터 주위에 맞춰 둥글둥글 깎이도록 훈육되기 때문에 이 세 가지 방법을 따르기가 쉽지 않다. 우리는 부모가 원하는 일을 해야 한다. 선생님이 듣고 싶어 하는 말을 해야 한다. 회사가 읽고 싶은 내용을 지원서에 적어야 한다. 그래서 우리의 진실을 다른 사람의 기준에 맞춰 조정하는 것이 습관이 되었다. 게다가 다른 사람의 기대에 부응하는 이런 태도는 사회로부터 보상을 받기 때문에 더욱 그렇다.

"완전히 새로운 진실보다 수백 번 들은 거짓말을 믿기가 훨씬 더 쉽다."

_앨프리드 폴가(작가)

대세에 순응하려다 미로에 갇힐 수 있다. 환경에 적응하는 것으로 안전을 꾀하는 사람은 자기 확신을 잃는다. 융합으로 하나가 되려는 사람은 그 과정에서 자아가 녹아 버린다. 다른 사람과 함께 있더라도 자기 자신으로 남아 있어야 한다. 단지 인정받기 위해 타인의 기대에 굴복하지 말라. 적응의 폭풍이 당신을 덮칠지라도 당신의 가치를 꼿꼿이 높게 유지하라. 중요한 것은 인기를 얻는 것이 아니라, 자기 자신과 평화롭게 지내는 것이다.

뇌과학자 게랄트 휘터가 타당하게 지적했듯이, 우리는 모순과 거짓된 삶에 금세 '얽매인다'. 자신이 원하는 대로 환경을 만드는 대신 시스템에 적응한다. 휘터는 우리의 인생 과제를 '자기 성장', 즉 이런 얽매임에서 해방되는 것으로 본다.

- 당신의 솔직한 생각을 다른 사람에게 말할 수 있는 용기를 키우라. 당신의 과제는 상대방이 듣고 싶어 하는 말을 하는 것이 아니라, 진심에서 우러나온 말을 하는 것이다.
- 동의할 수 없는 부분을 명확히 밝히라. 잘못된 길을 찾아내고 습관의 잠에서 뇌세포를 깨우기 위해 더 많은 대립이 필요하다.
- 당신의 발언이 환영받을지 말지 고민하지 말라. 듣고 싶은 말을 해 주기 때문에 당신을 좋아하는 사람은, 당신을 사랑하는 것이 아니다. 남들로부터 추앙받고 자기애를 재확인하려고 당신을 이용하는 것에 불과하다.

당신의 인생이 어디에 있든 상관없이, 자기 자신에게 충실하라. 재밌다고 느끼지 않는 한 웃지 말라. 마음에 들지 않으면 거절하라. 너무 검열하지 말고 이의를 제기하라. 실수를 저지르거나 실망스러운 하루를 보냈더라도, 있는 그대로 자기 자신을 받아들이라. 사회적 제약에서 매일 조금씩 자기를 해방하는 습관을 들이라. 매일 이룩한 작은 발전을 일기장에 기록하라.

대립을 인정하고 공존을 택하라. 세상의 권위, 다른 사람의 시선, 문화적 압박에 완전히 융화되지 말라. 당신 자신이길 포기하지 말라. 당신은 당신을 잃지 않으면서 세상과 타인과 충분히 함께할 수 있다. 진정한 자아는 당신의 최고 버전이다. 그러니 당신의 진실과 당신 자신에 충실하라. 그러면 성문 뒤에 숨어 있는 오늘날의 가장 위험한 교수대인 순응과 자기기만을 피할 수 있다.

Summary

1. 모순은 없다. 오직 상호 보완하는 진실만 있을 뿐이다.

2. 인생에서 올바른 기준점은 단 하나다. 나는 내 신념을 지킨다.

3. 신념을 지키면서 세상과 공존할 수 있다. 대립을 자연스럽게 수용하면 세상의 다양한 측면을 더 깊이 이해할 수 있다.

태도

입꼬리만 올려도
뇌는 재미있다고 착각한다

✳

"아내가 안경을 낀 후부터 우리는 별거 중이야." 한 남자가 친구에게 말했다.

"안경 낀 아내의 모습이 그렇게 거슬렸어?" 친구가 물었다.

"그게 아니야. 안경을 끼고 자세히 보이는 내 모습이 아내에게 거슬렸던 거야."

힘든 상황을 농담으로 승화하는 사람을 나는 좋아한다. 농담 앞에서는 심각하고 무겁던 마음이 한결 가벼워진다. 유머는 어려운 일을 쉽게 만들어 주고, 에너지를 주며, 파괴적인 생각으로부터 우리를 보호한다. 유머를 통해 문제를 웃어넘기고 회복력을 강화할 수 있다. 한마디로, 유머가 인생을 구한다.

당신은 하루에 몇 번이나 웃는가? 웃을 때는 얼마나 활짝 웃는가? 만약 자주 활짝 웃으면, 당신은 더 행복할 뿐 아니라 더 오래 살 것이다.

미시간주 웨인 주립 대학의 어니스트 아벨과 마이클 크루거는 1950년 이전에 데뷔한 메이저리그 야구 선수 230명의 포토 카드를 조사했다. 그들은 오직 표정에만 주의를 기울여 무표정한 선수, 입가에 미소만 짓는 선수, 활짝 웃는 선수 등 세 집단으로 나눈 뒤, 그들의 평균 수명을 조사했다. 결과는 어땠을까?

무표정한 선수들은 평균 수명이 약 73세인 데 반해, 활짝 웃고 있는 선수들은 평균 80세에 생을 마감했다. 입가에 살짝 미소만 지은 선수들도 무표정한 선수들보다 2년을 더 살아 평균 수명이 75세였다. 미소는 장수의 비결이다.

"나는 비가 오면 기뻐한다. 내가 기뻐하지 않더라도 비는 오기 때문이다."
_카를 발렌틴(배우, 극작가)

매일 똑같은 하루를 살아가기 때문에, 웃을 일이 별로 없다고 한숨짓는가? 하지만 반복되는 일상에서도 보석 같은 순간을 포착해 잘 웃는 사람들이 있다. 그들이 웃는 순간은 결코 특별하지 않다. 누군가가 문을 열어 주어서, 업무를 무사히 마쳐서, 햇살이 콧잔등을 간질여서, 친구가 당신을 향해 손을 흔들어서… 별일 없어도 그냥 미소를 지으면, 정말 기분이 나아진다. 어린이는 하루에

400번 웃지만, 어른은 겨우 15~20번 웃는다고 한다. 우리도 한때 어린이였다. 웃으려고 하면 웃을 수 있다.

오늘 누군가가 당신을 위해 부활절 달걀을 숨겨 놓듯이, 재미있는 상황을 곳곳에 아주 많이 숨겨 놓았다고 상상해 보라. 이제 당신의 임무는 이런 재미있는 '부활절 달걀'을 찾아내는 것이다. 마음을 열고 우스꽝스러운 일을 하고, 재밌는 일을 겪을 때마다 메모장이나 스마트폰에 횟수를 기록하라. 망설이는 당신을 위해 어제 내 웃음 기록을 공개한다.

어제 아침 라디오 프로에서 사회자가 한 정치인에게 이렇게 물었다. "당 지도부가 교회에 너무 적게 남긴 것 같은데, 아닌가요?" 순간 나는 당 지도부가 교회의 벽돌, 양초, 창문, 종 등을 모두 가져가고 기와 몇 장만 남겨 둔 장면을 떠올렸다. 얼마나 엉뚱한가. 사회자의 발음 실수를 평소 같으면 눈치채지 못하고 그냥 흘려버렸을 터이다. 하지만 나는 크게 웃었다. 재미있는 순간 1회차 적립.

그리고 나서 아침 식사로 사과를 한 입 베어 물려는 순간, 'BIO'라고 적힌 스티커가 사과에 붙어 있는 것을 발견했다. 하마터면 '유기농' 종이를 먹을 뻔했고, 이런 식으로 계속 먹으면 언젠가는 내가 폐지함으로 가겠다는 상상을 하며, 다시 웃었다. 그러면 기분이 좋아진다. 재미있는 순간 2회차 적립.

시내로 가는 전차 안에서 내 뒤에 나란히 선 두 학생의 대화를 엿듣게 되었다. 한 학생이 말했다. "숙제했어? 좀 보여 줘. 베껴 쓰게." 다른 학생이 말했다. "나도 그거 물어보려고 했는데." 둘은 동시에 웃음을 터뜨렸고, 나는 속으로 더 크게 웃었다. 재미있는 순간 3회차 적립. 그렇게 적립이 계속된다.

"나누면 두 배로 커지는 것은 행복뿐이다."

_알베르트 슈바이처(의사, 철학자)

일본 야마가타 대학의 과학자들이 1만 7천 명에게 웃음 습관에 대해 질문하고, 5년 동안 그들을 추적 관찰했다. 거의 웃지 않는 사람의 사망 위험이 자주 웃는 사람보다 2.4배 높았다. 또 그라이프스발트 대학의 연구에 따르면, 유머는 불안을 줄인다. 연구진은 수술을 앞둔 어린이 환자를 두 그룹으로 나누어, 한 그룹에겐 클리닉 광대를 보내고, 다른 그룹에겐 아무것도 조치하지 않았다. 그 후 두 그룹의 불안 수준을 비교했는데, 광대를 만난 아이들의 옥시토신 수치가 3분의 1정도 높았다. 즉 광대를 만난 아이들이 덜 두려워하고 더 편안해했다.

유머는 최고의 약이다. 크게 웃으면 심장병과 비만에도 좋다고 한다. 특히 우리의 두뇌는 진짜와 가짜 웃음을 잘 구별하지 못한다고 한다. 별로 기쁘지 않아도, 심지어 스트레스를 받는 상황이어도, 눈을 반달 모양으로 만들고 입꼬리를 올리면 뇌는 그 상황을 더 긍정적으로 받아들인다. 즐거운 감정은 몸과 마음의 합작품이어서, 몸이 웃으면 마음도 저절로 웃게 된다. 재미있어서 웃는 게 아니라, 웃기 때문에 재미있어진다.

나는 한 중소기업에서 리더십을 주제로 강연을 한 적이 있다. 강연자를 소개하는 사람이 마이크를 잡고 15분을 말하는 바람에 관객을 모두 잠재우는 일이 종종 있는데, 이 기업 대표는 짧게 두 문장으로 나를 소개했다. "베를레 씨는《나는 정신병원으로 출근한다》의 저자입니다. 제가 왜 우리 회사에 베를레 씨를 강연자로 초대했는지 아시겠죠?" 그는 큰 웃음과 공감을 받았다. 그 이유는 그의 회사가 정신병원과는 거리가 멀었기 때문이기도 하다.

유머는 일상을 환기한다. 우리의 태도를 더 긍정적이고 가볍게 만든다. 꼭 배꼽 빠지게 웃을 필요도 없다. 의식적으로 잔잔한 미소를 짓는 것만으로도 효과를 볼 수 있다. 만일 당신이 여러 가지 일로 지친 상황이라면, 억지로라도 미소를 지어 보라. 심장 박동이 잦아들고 스트레스 반응이 감소함을 느낄 것이다. 유머는 인생을 더 쉽게 만들 뿐만 아니라, 수명을 7년이나 연장한다.

Summary

1 내가 얼마나 오래 살지는 내 얼굴에 적혀 있다. 미소는 최고의 생명보험이다.

2 세상의 모든 재미있는 순간을 찾다 보면, 생각은 어느새 풍선처럼 가벼워지고 걱정은 사라진다.

3 웃으려고 노력하면, 뇌는 세상을 보다 살 만한 곳으로 인식한다.

세상

그럼에도 사람에게
친절해야 하는 이유

한 어린 소년이 파도에 떠밀려 온 수많은 불가사리를 바라보고 있었다. 불가사리들은 해변으로 나오면 죽는다는 얘기를 부모님께 들은 기억이 났다. 소년은 불가사리를 하나씩 집어 바다에 던졌다. 지나가던 노인이 잠시 소년을 지켜보다 웃으며 말했다. "얘야, 해변을 둘러봐라. 밀려온 불가사리가 수천 마리는 될 거야. 그런 식으로는 모두를 구할 수 없단다."

소년은 잠시 생각하더니, 다시 불가사리를 집어 바다로 던지며 노인에게 말했다. "하지만 얘는 구할 수 있잖아요!" 소년은 계속 불가사리를 바다로 던졌다.

10여 년 전, 크리스마스를 앞두고 대형 마트에서 쇼핑한 날의 이야기다. 내가 마트 계산대에 갔을 때는 이미 여러 명이 줄을 서서 차례를 기다리고 있었다. 쇼핑 카트는 저마다 물건으로 가득 차 있었다. 맨 앞에 계산할 차례가 된 여성이 지갑을 열어 지폐 몇 장을 계산원에게 건넸다. 그런데 계산원은 돈을 세 보더니 고개를 저었다. 금액이 부족한 모양이었다. 당황한 여성이 다시 지갑을 구석구석 뒤졌다. 순서를 기다리는 손님들 사이에 점차 조바심이 번지기 시작했다. 계산원은 짜증이 가득한 얼굴로 말했다.

"쇼핑하기 전에 돈이 충분한지부터 확인하셨어야죠."

줄 선 사람들이 웅성웅성 동의했다. 나는 앞에 나서서 얼마가 부족한지 물었다. 5유로(약 7800원)가 살짝 안 되었다. 나는 지갑에서 5유로를 꺼내 그에게 건넸다. 문제는 빠르게 해결됐고, 계산대의 줄도 조금씩 앞으로 움직였다.

이때 쓴 5유로가 지금까지 내가 써 본 5유로 중에 가장 값지다. 10년이 지난 지금도 기억에 남아, 이 글을 쓰는 동안에도 나를 미소 짓게 하기 때문이다. 그때 계산대에 줄을 섰던 사람은 누구든지 그렇게 할 수 있었다. 하지만 아무도 그러지 않았다.

이타적 행위는 이타적이지 않다. 다른 사람을 돕는 것은 자신을 돕는 행위다. 이는 실험으로도 증명됐다. 미국 심리학자 에드 오브라이언과 서맨사 캐서러는 실험 참가자들에게 5일 동안 매일 5달러씩 주었다. 참가자들은 매일 그 돈을 지출해야 했다. 어떤 사람들은 자신을 위해 소비하며 기뻐했다. 어떤 사람들은 봉사료나 기부 방식으로 다른 사람에게 주었다. 그리고 참가자들은 매일 저녁

만족도를 평가했다.

결과는 명확했다. 자신을 위해 돈을 쓴 사람들의 만족도는 날이 갈수록 줄었다. 하지만 다른 사람에게 돈을 선물한 사람은 매일 행복했다. 그들의 만족도는 변함없이 높게 유지되었다. 선행은 좋은 기분을 만들어 낸다.

> "다른 사람을 매일 도울 방법만 알아낸다면, 단 2주 만에 우울증에서 벗어날 수 있다."
> _알프레트 아들러(정신의학자)

이타적 행위는 향수를 뿌리는 일과 같다. 남에게 향수를 뿌리더라도 몇 방울은 자신에게 떨어질 수밖에 없다. 좋은 일을 위해 기부하고, 이웃에게 선물하고, 직장 동료를 돕고, 슬픈 사람을 위로하고, 학생들의 공부를 지원하는 것은 궁극적으로 자신을 돕는 일이다. 반드시 세상을 구하거나, 기록을 깨거나, 성공의 정점에 올라야 하는 건 아니다. 중요한 것은, 당신이 할 수 있는 일을 하는 것이다.

- 긴축정책으로 인해 회사 분위기가 좋지 않을 때, 모든 직원을 우울함에서 구출할 수는 없다. 하지만 내 옆에 있는 동료에게 그의 능력을 인정하여 기쁨을 선물하고, 쾌활하게 행동함으로써 좋은 기분을 전파할 수는 있다. 단 한 명의 하루를 멋지게 만들어 줄 수는 있다.
- 대도시 길거리에서 쓰레기통을 뒤지거나 구걸하는 사람들의 빈곤을

당신은 없앨 수 없다. 하지만 이들 중 한 명에게 아침을 제공하고 왕족처럼 대할 수는 있다.
- 소중한 친구의 죽음을 되돌릴 수는 없다. 하지만 고인이 왜 당신에게 소중했고, 어떻게 그를 영원히 기억할지 편지에 정성스레 적어 유가족에게 전달할 수는 있다.
- 자연에 버려진 쓰레기를 모두 치울 수는 없다. 하지만 캔 몇 개라도 집어 가까운 쓰레기통에 버릴 수는 있다.

해변에 있던 소년을 기억하라. 모든 불가사리를 구하라는 것이 아니다. 한 사람에게 친절을 베풀고, 또 한 사람을 돕는 것이 세상을 구하고 자신을 행복하게 하는 일이다. 타인을 위한 당신의 작은 행동은 결코 힘이 약하지 않다. 그리고 눈을 크게 뜨고 있으면, 오늘 벌써 곤경에 처한 불가사리를 발견하게 될 것이다.

Summary

1 타인을 돕는 일은 곧 자기 자신을 돕는 일이다.
2 불가능한 일이라도 일단 시도해야 가능성이 생긴다.
3 한 사람을 돕는 작은 행위를 과소평가하지 말라.

인생

불안과 후회를 끊어 내고
오늘을 사는 법

✳

신에게 모든 걸 바치기로 결심한 수도사들이 있었다. 수도사는 평생 여자를 품지 않겠다는 서약을 한다. 그런데 어느 날 수도사 두 명이 길을 가다 강둑에서 울고 있는 한 여자를 발견했다. 그녀는 아버지가 위독하여 돌아가시기 전에 꼭 뵙고 싶은데, 물살이 너무 세 강을 건널 수가 없다고 사정했다. 그러고는 두 수도사에게 물었다.

"저를 안아 강을 건너 주실 수 있나요?"

한 수도사는 서약을 떠올리고 한 발 뒤로 물러섰다. 다른 수도사는 한 걸음 앞으로 나서서 여자를 안고 급류를 헤치며 조심스럽게 강을 건넜다. 그는 여자를 맞은편 강둑에 데려다주고 작별 인사를 한 뒤 다시 강을 건너 돌아왔다.

두 사람은 다시 길을 걸어갔다. 그런데 뒤로 물러나 있던 수도

사가 걷는 내내 계속해서 강을 건너준 수도사의 행동을 지적했다. "당신은 여자를 안았어요. 서약을 어겼습니다." 강을 건넌 수도사는 몇 시간 동안 가만히 듣고 있다가 결국 한마디 했다. "나는 오래전에 그 여자를 내려놓았습니다. 하지만 당신은 여전히 머릿속에서 그녀를 안고 있네요."

후회는 계속해서 여자를 안은 일을 반추하는 수도사의 태도와 비슷하다. 이미 일어난 일이지만, 머릿속에선 현재 진행형으로 끊임없이 상영된다. 그래서 벌써 지나간 일인데도 마치 계속 그 일을 경험하듯 괴로워한다.

하지만 이미 지난 일을 계속 붙잡고 있을 이유가 뭐란 말인가. 괴롭힘을 당했든, 관계가 깨졌든, 배신을 당했든, 다른 사람을 잘못 판단했든, 꿈을 포기해야 했든, 과거에 일어난 모든 일은 지금 당장 내려놓을 수 있다. 강을 건너 준 수도사처럼 행동하라. 여자를 내려놓고 바로 잊으라. 당신을 괴롭히는 생각을 내려놓으라.

"지금 이 순간을 살면, 그 즉시 불행과 고난이 사라지고 기쁨과 여유가 흐르기 시작한다." _에크하르트 톨레(작가, 철학자)

우리의 정신은 끊임없이 과거나 미래를 표류한다. 그리고 과거로부터는 후회를, 미래로부터는 걱정을 지금 여기로 가져온다. 무슨 뜻이냐고? 지금 당신을 괴롭히는 스트레스는 무엇인지 생각해 보라. 오늘 아침에 동료가 보인 태도, 오래전 여러 사람 앞에서 저지른 부끄러운 행동, 어려서 겪은 나쁜 경험 같은 것들이다. 모두 과거에 일어났고 지금은 당신의 머릿속에서만 현재 진행형으로 상영될 뿐이다. 따라서 지금 여기에 집중하기로 마음먹으면, 당신에게 아무런 영향을 미치지 못한다.

미래로부터 온 불안은 어떠한가. '시험에 합격할까? 아니면 떨어질까?' '이 직장에 계속 다닐 수 있을까? 아니면 곧 거리에 나앉게 될까?' '건강을 유지할 수 있을까? 아니면 병에 걸려 인생을 망치게 될까?' '노후에 연금이 충분할까? 아니면 빈곤한 노인으로 살게 될까?' 대체로 막연한 불안이다. 지금 당장 내 힘으로 통제할 수 없는 일들이다. 인간은 미래를 완벽히 예측할 수 없기에 어느 정도 불안을 느끼는 건 어쩔 수 없다. 하지만 먼 미래의 일로 불안에 떨며 지금 현재를 놓친다면, 그게 과연 옳은 행동일까?

인도에서는 원숭이를 포획하기 위해 특별한 방법을 쓴다. 코코넛에 원숭이 손이 겨우 들어갈 정도로 작은 구멍을 뚫고, 그 안에 바나나를 넣어 나무에 걸어 둔다. 간식 냄새를 맡은 원숭이들은 구멍에 손을 넣어 바나나를 움켜쥔다. 그런데 손을 뺄 수가 없다. 구멍이 너무 작아 주먹을 펴야 손이 빠지는데, 주먹을 펴면 바나나를 놓치기 때문이다. 결국 원숭이들은 바나나를 움켜쥔 채로 포획되고 만다.

후회와 불안이 마치 바나나와 비슷하다. 움켜쥐면 해결될 거라는 환상 때문에 끝내 놓지 못한다. 그렇게 지난 과거와 오지 않은 미래에 포획되어 지금 현재를 놓친다. 에크하르트 톨레의 말처럼 지금 이 순간에 집중함으로써 얻는 확실한 기쁨과 여유를 반납하고, 불필요한 불행과 고난으로 스스로를 몰아넣는다.

세상의 여러 현자들이 주는 메시지는 명확하다. 지금 여기에 집중하며 살아갈 것. 그런데 이것이 말처럼 쉽지 않다. '이제 더 이상 옛날 일로 후회하지 않겠어' 하고 결심해 보라. 후회스러운 일이 연달아 떠오를 것이다. 걱정은 밀어내려 애쓸수록 더 많이 밀고 들어온다. 그래서 섬세하게 다뤄야 한다.

첫 번째 방법은 미국 심리학자 스티븐 헤이즈가 고안한 수용전념치료(ACT)다. 수용전념치료는 아픈 감정, 기억, 생각과 싸우지 않는다. 오랫동안 마음의 문을 두드려 온 이런 감정들이 안으로 들어올 수 있게 문을 열어 준다. 감정과 생각은 수용될수록 덜 사나워진다. 우리가 끊임없이 후회와 불안의 쳇바퀴를 구른 이유는 부정적인 감정을 인정하기보다 처리하려고 애썼기 때문이다. 그러나 이런 내적 싸움을 멈추면, 자신에 대한 부정적인 견해를 억누르지 않고 수용하면, 오히려 자신의 가치에 더 집중할 수 있는 에너지가 생긴다.

두 번째 방법은 마음챙김 명상이다. 흘러가는 생각과 감정을 아무런 판단 없이 그저 지켜보라. 당신 자신이 당신의 관찰자가 되는 것이다. 무엇이 보이든, 그저 지켜보기만 하라. 어떤 생각이 나든, 그저 그렇다고 생각하라. 어떤 기분이 들든, 그저 그 기분을 느끼

라. 좋은 것도 없고 나쁜 것도 없다. 모든 것은 지금 이 순간에 존재할 뿐이다. 판단을 멈추면 편안해진다. 이성을 뒤로 물리고 감각을 앞에 세우라. 더 많이 보고, 더 많이 듣고, 더 많이 냄새 맡고, 더 많이 맛보고, 더 많이 만져 보라. 당신은 주변 환경과 하나가 되고, 지금 이 순간에 녹아든다.

인생은 호흡과 같다. 그것은 저절로 발생한다. '누가 잘못해서 혹은 잘해서'와 같은 가치 판단의 차원을 훌쩍 뛰어넘는다. 인생이 그렇다는 것을 믿고 신뢰하면, 과거의 후회와 미래의 불안으로부터 조금씩 자유로워진다. 지금 이 순간이 당신을 안아 급류를 건너고, 당신을 보호하고, 당신에게 필요한 모든 것을 제공한다.

강을 건너게 당신이 도와준 사람도, 당신을 강으로 밀어 넣은 사람도, 모두 잊으라. 다 내려놓고 지금 이 순간에 온전히 집중하라. 인생이 조건 없이 주는 기쁨과 평온을 만끽하라.

Summary

1. 내가 걱정하는 모든 것은 지금 이 순간에 있지 않다. 그것은 어제 또는 내일에 있다.

2. 주먹을 펴고 과거를 내려놓아야만 현재를 위해 내 손이 자유로워진다.

3. 인생은 지금 이 순간에 일어난다. 이것을 깨달을 때, 지금 이 순간의 행복이 나를 안아 준다.

> 최소 노력, 최대 효과

이제 나는 지금 이 순간의 행복에 온전히 집중하게 되었다. 그리고 지금 이 순간에 더 많이 집중할수록, 지금 내가 행복한 이유를 더 많이 찾아낼 수 있다. 예를 들면…

1. 지금 이 순간 내가 느끼는 좋은 기분

2. 지금 이 순간 내가 감사하게 생각하는 것

3. 지금 미소를 짓는 이유

주

1 스티븐 코비, 김경섭 옮김, 《성공하는 사람들의 7가지 습관》, 김영사, 2023
2 Braun, Roman, Die Macht der Rhetorik. Redline, 2018
3 Journal of Experimental Social Psychology, Spending on doing promotes more moment-to-moment happiness than spending on having, 05/2020
4 stern.de, Liebende leben langer, 14.02.2023
5 aerzteblatt.de, Sport als Prävention, 2019
6 Journal of Consumer Research, Happiness from Ordinary and Extraordinary Experiences, 06/2014
7 merkur.de, Wer um diese Uhrzeit aufsteht, ist laut Studie am zufriedensten – und am erfolgreichsten, 06.12.2021
8 oxfordre.com, Self-Talk in Sport and Performance, 29.03.2017
9 spiegel.de, Das Geheimnis von Gluckspilzen, 11.02.2005
10 Peseschkian, Nossrat, Der Kaufmann und der Papagei. Fischer, 2021
11 Singh, Shiva, Das Gluck eines reichen Mannes. Amazon Media, 2021
12 s. Singh, 2021

13 palverlag.de, Waren Sie als Lottomillionar oder querschnittsgelahmter Mensch glucklicher?, 28.05.2021

14 Beaulieu, Danie, Impact-Techniken fur die Psychotherapie. Carl-Auer, 2013

15 spiegel.de, Dankmuskel bitte anspannen, 26.12.2016

16 Bachim, Sacha, Therapie to go. Remote, 2022

17 Klein, Stefan, Der Sinn des Gebens. Fischer, 2011

18 Shah, Idries, Die fabelhaften Heldentaten des weisen Narren Mulla Nasrudin. Herder, 2013

옮긴이 배명자 서강대학교 영문학과를 졸업하고, 출판사에서 8년간 편집자로 근무했다. 그러던 중 대안교육에 관심을 가지게 되어 독일로 유학을 갔다. 그곳에서 뉘른베르크 발도르프 사범 학교를 졸업하고, 2008년부터 전문 번역가로 활동 중이다. 《아비투스》, 《이토록 위대한 장》, 《호르몬은 어떻게 나를 움직이는가》, 《어두울 때에야 보이는 것들이 있습니다》, 《부자들의 생각법》 등 80여 권의 책을 우리말로 옮겼다.

나는 다시 나를 설계하기로 했다

초판 1쇄 발행 2025년 8월 22일
초판 3쇄 발행 2025년 10월 29일

지은이 마르틴 베를레
옮긴이 배명자

발행인 강수진
편집장 유소연
책임편집 유소연
홍보 이여경, 이세원
마케팅 이진희
디자인 [★]규

주소 (04075) 서울시 마포구 독막로 92 공감빌딩 6층
전화 마케팅 02-332-4804 편집 02-332-4808
팩스 02-332-4807
이메일 mavenbook@naver.com
홈페이지 www.mavenbook.co.kr
발행처 ㈜메이븐콘텐츠
출판등록 2024년 11월 22일 제2024-000277호

Korean translation copyright ⓒ 2025 Maven

ISBN 979-11-990929-0-7 (03190)

- 이 책은 저작권법에 따라 보호받는 저작물이므로 무단 전재와 무단 복제를 금지하며, 이 책 내용의 전부 또는 일부를 이용하려면 반드시 저작권자와 ㈜메이븐콘텐츠의 서면 동의를 받아야만 합니다.
- 잘못된 책은 구입하신 곳에서 바꾸어 드립니다.
- 책값은 뒤표지에 있습니다.